本书为国家社科基金一般项目：社会主义核心价值观视域下大学生社会责任感培育机制研究（项目号：17BKS117）的结项成果。

大学生社会责任感培育机制研究

艾楚君　著

DAXUESHENG SHEHUI ZERENGAN
PEIYU JIZHI YANJIU

中国社会科学出版社

图书在版编目（CIP）数据

大学生社会责任感培育机制研究/艾楚君著.—北京：
中国社会科学出版社，2022.7
ISBN 978-7-5227-0285-8

Ⅰ.①大…　Ⅱ.①艾…　Ⅲ.①大学生—社会责任—
责任感—研究—中国　Ⅳ.①G641.6

中国版本图书馆 CIP 数据核字（2022）第 090197 号

出 版 人　赵剑英
责任编辑　杨晓芳
责任校对　王　冉
责任印制　王　超

出　　版　中国社会科学出版社
社　　址　北京鼓楼西大街甲 158 号
邮　　编　100720
网　　址　http://www.csspw.cn
发 行 部　010-84083685
门 市 部　010-84029450
经　　销　新华书店及其他书店

印　　刷　北京明恒达印务有限公司
装　　订　廊坊市广阳区广增装订厂
版　　次　2022 年 7 月第 1 版
印　　次　2022 年 7 月第 1 次印刷

开　　本　710×1000　1/16
印　　张　21.75
插　　页　2
字　　数　302 千字
定　　价　118.00 元

序　言

　　青年是社会的先锋、祖国的未来和民族的希望。青年由于其强健的体魄、充沛的精力、敏锐的思维、进取的勇气、顽强的意志等身心特点和性格特征，往往被赋予接续事业和开创未来的历史使命。习近平总书记指出，"当代中国青年是与新时代同向同行、共同前进的一代"，"广大青年要肩负历史使命，坚定前进信心，立大志、明大德、成大才、担大任，努力成为堪当民族复兴重任的时代新人"。① 大学生是当代青年中的优秀群体，他们接受了系统的教育，具有特定的学科知识和一定的专业技能，具备了一定的事物认知能力和价值判断标准。大学生这一特殊的社会群体是否具有崇高的理想、远大的志向、坚定的信念、过硬的本领、高尚的道德，能否肩负起时代使命和社会责任，能否担当起民族复兴的历史大任，事关党的事业和国家的未来。担当民族复兴大任本质上就是一种基于价值判断和选择的社会责任感。大学生的社会责任感在一定程度上是社会核心价值观念的体现，是社会价值秩序导向的彰显；也能够体现社会伦理价值的曲直，表征民族整体素质的高低，反映国家竞争实力的强弱，关系社会未来发展的走势。因此，在社会主义核心价值观视域下探究大学生社会责任感的培育，是落实立德树人根本任务的

---

　　① 习近平：《坚持中国特色世界一流大学建设目标方向　为服务国家富强民族复兴人民幸福贡献力量》，《人民日报》2021年4月20日。

内在要求，是回答培育时代新人战略命题的必然要求。

社会主义核心价值观是凝聚社会思想、统一社会共识的"最大公约数"，是兴国之魂，是社会伦理之基，内蕴着国家、社会、公民在价值导向、价值目标、价值规范上的内在要求；对公民个体而言，内含了共同理想与历史使命有机统一、担当社会责任与实现人生价值有机统一的价值伦理要求。培育践行社会主义核心价值观内在地要求提升大学生的社会责任感，培育大学生社会责任感的价值旨归也在于引导大学生践行社会主义核心价值观。社会主义核心价值观与大学生社会责任感二者存在理论渊薮同源、现实要求同频、培育目标同符、价值诉求同向的内在耦合，即二者存在着价值意蕴目标一致、培育内容交融共生、形成过程内在统一、践履路径同频共振四个方面的逻辑关联。在社会主义核心价值观视域下探究大学生社会责任感的具体内涵、生成机理、培育机制既有着重要的现实意义，也有着内生性的生成场域。

作为意识形态领域的社会责任感，是社会个体或群体在一定社会历史条件下形成的，位于内心深层，以符合社会需求、道德规范和伦理秩序为取向，以实现个人价值与社会价值为目标，主动积极承担责任并履行义务并在社会公共领域加以具体体现的行为选择。社会责任感具有客观性、价值性、主动性和时代性的特点，由责任认知、责任情感、责任意志、责任行为组成。据此，大学生社会责任感是大学生这一群体在一定社会历史条件下形成的，以实现自我价值、推动社会发展、建设美好国家为价值旨归，对自我社会角色应当承担的任务、职责、义务等的心理认知、情感体验、自觉意识和积极负责的具体行为的综合。

在社会主义核心价值观视域下，讨论大学生社会责任感的具体内涵，必须依据社会主义核心价值观在国家、社会、公民三个层面的价值目标、价值导向、价值规范，映射于大学生社会责任感具体维度上的具体内容。我们认为，在国家层面的社会责任感包括为实现"富强"明大任担当，为发展"民主"塑政治意识，为提升"文明"强文化自信，为推动"和谐"练过硬本领。在社会层面的社会责任感包括以"自由"为根本,实现全面发展;以"平等"为取向,尊重基本权利;以"公正"为目标,维护社会公平;以"法治"为手段,培育法律意识。在公民层面的社会责任感包括以"爱国"为内核,厚植家国情怀;以"敬业"为核心,强化职业精神;以"诚信"为导向,夯实道德伦理;以"友善"为基础,遵循交际准则。

以内化社会主义核心价值观为逻辑理路,研究大学生社会责任感生成机理,是构建大学生社会责任感培育机制的逻辑前提。借鉴心理学上知识获得、贮存、转化和作用的认知过程,大学生社会责任感的内在生成包括责任认知、责任情感、责任意志和责任行为四个内在基本因素,要经历"入耳""入情""入脑""入行"四个内在基本环节。其中责任认知是生成的基础,责任情感是生成的关键,责任意志是生成的根本,责任行为是生成的验证。

本书编制了《社会主义核心价值观视域下大学生社会责任感测量量表》,采用德尔菲法、专家团体焦点访谈法、问卷调查法、统计分析法等质性与量化相结合的研究方法,对 1086 个样本数据进行因子分析、信效度检验,揭示出社会主义核心价值观视域下大学生社会责任感测量量表在国家、社会、个人三个层面的责任均包含四个一级维度以及相应的三个二级维度,具体内容包括责任认知(准确性、整体性、深刻性),责任情感(认同感、归属感、效能感),责任意志(坚定性、自觉性、自制性),责任行为(决心、信心、恒心)。该量表的总体信度高达 0.984,内容效度与结构效度符合心理测量学对量表编制的要求。在制定测量量表的基础上,选取 11 个地区 22 所高校的 1123 名在校大学生作为研究样本,进行了实证调查研究。实证研究中获得 46 个研究结果,进而提炼出四个研究结论:社会主义核心价值观视域下大学生社会责任感总体上高出均值 30% 以上,表现出积极正向的状态;影响大学生社会责任感的因素重要程度各不相同;人口统计学因素对大学生社会责任感的影响呈现出多样性差异；大学生社会责任感在学校类型和学科上大多在 0.01 水平下存在显著差异。根据四个研究结论，提出了培育大学生社会责任感的 19 条启示。

结合实证研究的结论，我们认为应当建立起社会主义核心价值观视域下大学生社会责任感培育机制，主要有价值引领机制，包括目标导向机制、教育内化机制、内容融通机制；协调联动机制，包括学校教育的主导性机制、社会教育的保障性机制、家庭教育的原生性机制；效能递增机制，包括夯实心理认知机制、筑牢动力内化机制、践责能力提升机制、建立分类实施机制；群体示范机制，包括健全青年典型选树机制、完善先进典型宣传机制、深化先进典型学习机制；监督矫治机制，包括完善监督机制、健全矫治机制；线上线下共享机制，包括日常责任网络化教育机制、网络责任日常化教育机制；大数据采集分析机制，包括搭建多点联动大数据采集平台、打造专业化大数据分析队伍。

对大学生社会责任感培育效果进行评价是落实立德树人根本任务的内在要求，是坚持问题导向的重要手段，也是构建长效机制的重要途径；需要遵循知识评价与价值评价相结合、客观评价与主观评价相结合、结果评价与过程评价相结合、定性评价与定量评价相结合的原则。

目　录

导　论

　　未来属于青年，希望寄予青年。党的十八大以来，以习近平同志为核心的党中央高度重视青年的成长成才和青年工作，习近平总书记多次深入高校考察指导，与青年座谈，给青年群体回信，发表系列重要讲话，做出重要批示，反复强调"青年一代有理想、有本领、有担当，国家就有前途，民族就有希望"①，勉励新时代青年要肩负起历史使命和时代责任。习近平总书记在庆祝中国共产党成立一百周年大会上的讲话中指出："新时代的中国青年要以实现中华民族伟大复兴为己任，增强做中国人的志气、骨气、底气，不负时代，不负韶华，不负党和人民的殷切期望！"②

　　青年肩负起时代责任，以中华民族伟大复兴为己任，就要具有强烈的社会责任感。社会责任感是个体价值取向、道德品质、行为操守、人格修养的综合体现，也是一个民族砥砺奋进、团结奋斗的精神动力。青年是时代的先锋，是社会最为灵敏的晴雨表。青年的社会责任感是其道德品质、价值取向、性格特征、精神风貌的综合反映，也体现着民族整体素质的高低，反映出国家竞争实力的强弱，关系社会未来发展的走

---

　　① 习近平：《决胜全面建成小康社会　夺取新时代中国特色社会主义伟大胜利——在中国共产党第十九次全国代表大会上的报告》，《人民日报》2017 年 10 月 28 日。
　　② 习近平：《在庆祝中国共产党成立 100 周年大会上的讲话》，《人民日报》2021 年 7 月 2 日。

势。新时代中国青年是实现第二个百年奋斗目标的先锋力量，必须以高度的社会责任感肩负历史使命和时代责任，才能为实现中华民族伟大复兴而接续奋斗。

大学生作为青年群体中的优秀分子，政治觉悟和知识水平高，认知能力和专业技能强，掌握了系统的专业知识，"朝气蓬勃、好学上进、视野宽广、开放自信，是可爱、可信、可为的一代"①。

大学生是重要的人力资源，是建设社会主义现代化国家的生力军，是实现中华民族伟大复兴源源不断的力量。因此，在这一现实语境中，大学生往往被赋予责任担当的历史使命，肩负着未来的希望和期许。当代大学生拥护党的领导，能够听党话、跟党走，理想信念坚定、志向抱负远大、爱国情怀深厚、文化素养较高，关心时政，求知欲望和成才意识强烈，有开拓创新精神，主体意识较强，注重自我价值的实现，能够正确认识历史与时代赋予的使命，能够担当起民族复兴的大任。但是，也应当看到，由于多方面原因，当代大学生中社会责任感弱化和缺失的现象不同程度地存在。

还值得注意和重视的是，大学生在对社会理想、社会价值以及各种有关社会责任、时代使命的宏大叙事表现出冷漠和疏离时，人们也从正面的角度出发将之视为大学生在价值取向问题上的理性和务实态度。但实际上，这更加反映了由于缺乏内在的责任情感认同、价值观念内化而导致的思想混乱冲突。

当前，世界正处于百年未有之大变局，我国正处于实现"两个一百年"奋斗目标的历史交汇期，在全面深化改革中"三期叠加"的影响不断深化，意识形态领域中的多种思潮相互碰撞与交锋，社会热点层出不穷。各种利益主体的价值诉求多元化、利益需求多样化，

---

① 习近平：《把思想政治工作贯穿教育教学全过程　开创我国高等教育事业发展新局面》，《人民日报》2016年12月9日。

民众对社会事务的参与权、对公共管理的话语权的需求日益明显；再加上个性化、普及化、传播迅速的各种自媒体已经成为各类媒体形态的主要表现形式，现实中个人情绪容易扩散为网络群体情绪，个人问题容易演变为社会问题等等，客观上，都会以观念的形式波及和影响大学生的思想认知和责任意识，给大学生社会责任感培育带来新的挑战。

　　事实上，对社会责任感的关注是全球共同的话题，对大学生社会责任感的培育，党和国家历来十分重视。就全球范围内来看，20世纪80年代末期以来，随着全球经济一体化的加速推进，社会日益主张个人主义，倡导遵循市场规律，将新自由主义思潮传播开来，导致功利主义盛行，深刻地影响着社会成员的价值观念和行为选择，人们"往往偏向于选择急功近利的行为方式，仅仅将自己的行为限定在不被社会惩罚的低层次范围内"①，在追求实现自身价值利益的同时，社会责任观念呈弱化趋势。人们在对个体的社会责任感认知及由此做出的行为选择与市场运行、社会秩序关系进行辩证考量后，普遍意识到个体的社会责任，包括对自我、对他人、对集体、对国家乃至对全人类的责任感，应当受到观照和重视。因此，1989年，联合国教科文组织在北京召开了"面向21世纪的教育"国际研讨会，会议认为，人的道德、伦理和价值观将是21世纪人类面临的共同挑战，并且指出高度的"责任感"是21世纪人才的主要特征之一。2001年12月，"人类基金会"在法国里尔市举办第一届全球公约大会，提出全球应致力于建设一个"多元、尽责、协力"的世界，并通过了《人类责任宪章》，该宪章将责任观念作为其普遍性原则和伦理基础，将"责任"作为规范和约束人们一切社会活动的普适伦理和社会法则，并以此引领世界公民致力于为人类的未来与命运而尽责。

---

① 谢军：《责任论》，上海人民出版社2007年版，第149页。

我国历代思想家、教育家、政治家、军事家无不把履行责任、担当使命作为道德追求和精神价值的最高境界；近现代以来的大批仁人志士、革命先烈、英雄模范、时代楷模也无不将担当对国家、社会、民族的责任作为价值追求。在我国传统社会中，以"内圣外王"为核心价值理念和主要特质的儒家文化，深刻形象地描述了社会个体的理想人格，内蕴着深厚的社会责任，体现了既具有内在性又具有超越性的"家国天下"之责任伦理。近代以来，在我国革命、建设和改革的不同时期，社会责任感始终是统一人们思想、凝聚社会共识的逻辑主线，体现在抵御外来侵略、追求民族独立、建设社会主义国家、进行改革开放，实现国家富强、民族昌盛、人民幸福的生动实践中。改革开放以来，由于社会的转型，外来文化的进入，社会情绪的聚焦等多方面的原因，少数大学生在社会责任的表达方式上有非理性化、情绪化的倾向，学术界开始关注和探讨大学生社会责任感的培育问题。随着社会主义市场经济体制的建立和完善，经济领域的改革带来了人们主体意识、思想观念、价值取向等方面的变化，不可避免地影响和冲击着大学生的思想意识、价值取向和社会责任担当精神。

对此，一方面，党和国家高度重视公民道德建设和大学生思想政治教育，中共中央印发《公民道德建设实施纲要》，提出要"坚持尊重个人合法权益与承担社会责任相统一""每个公民都应当积极承担自己应尽的社会责任，承担法律义务和道德责任""增强学生的社会责任感"。① 2004 年，中共中央国务院颁布的《关于进一步加强和改进大学生思想政治教育的意见》，分析了大学生思想政治方面存在的主要问题，指出要"使大学生正确认识社会发展规律，认识国家的前途命运，认识自己的社会责任""使大学生在社会实践活动中受教育、长才干、作贡

---

① 中共中央、国务院：《新时代公民道德建设实施纲要》，《人民日报》2019 年 10 月 28 日。

献，增强社会责任感"。① 2010 年颁发的《国家中长期教育改革规划纲要（2010—2020）》中，提出要"促进学生全面发展，着力提高学生服务国家服务人民的社会责任感"②。党的十八大报告在阐述如何"努力办好人民满意的教育"时，提出"把立德树人作为教育的根本任务"③，把"培养学生社会责任感、创新精神、实践能力"④ 作为基本路径。这是马克思主义人才观的新发展，社会责任感、创新精神、实践能力三者相辅相成，不可偏废，辩证统一于促进学生的全面发展中，社会责任感的强弱决定了大学生在具体实践中能否正确地改造客观世界，能否服务于国家需要和社会发展。社会责任感、创新精神、实践能力三者既是对学生能力素质结构的要求，也是人才培养的路径，还是人才评价的标准。至此，培养和提升学生的社会责任感上升为国家意志。另一方面，进入 21 世纪以来，由于党和国家的重视以及教育顶层设计中对社会责任感的观照，教育界、学术界对大学生社会责任感的研究呈现方兴未艾之势，学者们基于不同的学科视域和学术立场，对大学生社会责任感及其相关问题展开了多维度、全方位的深入探究，取得了丰硕的理论研究成果，对大学生社会责任感培养的实践产生了积极的指导作用。

党的十八大以来，党和国家从确保中国特色社会主义事业后继有人的战略高度出发，进一步把培养大学生社会责任感纳入相关政策设计中，如《新时代爱国主义教育实施纲要》中提出，要强化学生的责任

① 中共中央、国务院：《关于进一步加强和改进大学生思想政治教育的意见》，《光明日报》2004 年 10 月 15 日。

② 中共中央、国务院：《国家中长期教育改革规划纲要（2010—2020 年）》，《人民日报》2010 年 6 月 7 日。

③ 胡锦涛：《坚定不移沿着中国特色社会主义道路前进　为全面建成小康社会而奋斗——在中国共产党第十八次全国代表大会上的报告》，《人民日报》2012 年 11 月 9 日。

④ 胡锦涛：《坚定不移沿着中国特色社会主义道路前进　为全面建成小康社会而奋斗——在中国共产党第十八次全国代表大会上的报告》，《人民日报》2012 年 11 月 9 日。

担当；《新时代公民道德建设实施纲要》中提出，要引导学生增强社会责任感；《中共中央关于加强和改进新形势下高校思想政治工作的意见》中则明确提出，要引导学生"准确理解和把握社会主义核心价值观的深刻内涵和实践要求，加强社会责任意识教育"①。

如何提升培育大学生社会责任感的实效，一直是理论界和教育界关注的重点和焦点。理论界对大学生社会责任感培育的学理探究进一步深入。高校在培养社会主义事业建设者和接班人中，始终把培育和提升大学生社会责任感作为落实立德树人根本任务的重要内容，作为"如何培养人"的重要抓手，在实践中深化了认识、形成了规律、总结了经验、取得了实效，并不断构建起科学完善、体系严谨的大学生社会责任感培育机制。

党的十九大报告中指出："培育和践行社会主义核心价值观。要以培养担当民族复兴大任的时代新人为着眼点，强化教育引导、实践养成、制度保障……把社会主义核心价值观融入社会发展各方面，转化为人们的情感认同和行为习惯。"② 这一方面为全社会培育和践行社会主义核心价值观提供了根本遵循和行动指南，另一方面也为研究探讨如何培育大学生社会责任感提供了新的视域。

倡导"富强、民主、文明、和谐，自由、平等、公正、法治，爱国、敬业、诚信、友善"③，积极培育和践行社会主义核心价值观，分别确定了国家层面、社会层面、个人层面的价值要求。社会主义核心价值观是理论逻辑、历史逻辑、现实逻辑的有机统一，是提振民族精神气质、抵御各种不良思想侵蚀、筑牢中华民族思想根基的强大精神

---

① 《中共中央国务院印发〈关于加强和改进新形势下高校思想政治工作的意见〉》，《人民日报》2017 年 2 月 28 日。

② 习近平：《决胜全面建成小康社会　夺取新时代中国特色社会主义伟大胜利——在中国共产党第十九次全国代表大会上的报告》，《人民日报》，2017 年 10 月 28 日。

③ 胡锦涛：《坚定不移沿着中国特色社会主义道路前进，为全面建成小康社会而奋斗——在中国共产党和第十八次全国代表大上的报告》，《人民日报》2012 年 11 月 9 日。

力量，也是凝聚价值共识、汇聚磅礴力量、展现中国精神的固本培元工程。

探究社会主义核心价值观与大学生社会责任感二者之间在价值目标上的一致性、主旨内容上的关联性、行为转化上的同步性、实践路径上的交融性等多方面的内在耦合和逻辑关联，可以更好地阐释大学生社会责任感的科学内涵；根据社会主义核心价值观三个层面的价值要求探索其映射于大学生社会责任感的具体内容，体现大学生社会责任感可以被感知和测量的属性；分析以内化社会主义核心价值观为逻辑理路的大学生社会责任感生成机理；建立起大学生社会责任感培育机制。从而教育引导大学生把践行社会主义核心价值观作为自身的社会责任和自觉的基本遵循，并内化为许国许民的担当品格，是落实立德树人根本任务的内在要求，是培育堪当重任的时代新人的必然选择，也是亟待深入探究的教育理论与实践问题。

第一节　研究背景与意义

一　研究背景

人是一切社会关系的总和。马克思主义将社会责任作为"人"这一主体实现社会价值的客观现实依据，并指出人的社会责任是由主体的需要及其与客观世界的相互联系而产生的。大学生既是一个特定群体，也是一种社会角色的标志。这一特殊社会群体，正处于成长成熟和实现其自身社会化过程的关键时期。他们思想活跃、富有激情、思维敏捷，掌握了较为全面系统的专业知识，具备了一定的认知水平和专业技能，能够独立承担社会责任和完成特定使命。因此，大学生往往被赋予承载社会、民族和国家未来与希望的价值旨归。

《2020年全国教育事业统计结果》显示，目前，我国"各种形式的高等教育在学总规模 4183 万人，高等教育毛入学率 54.4%"①。这一群体的体量规模在人类教育发展史上少有，教育、培养、引领这一群体，使他们能够为建设社会主义现代化国家而接续奋斗，确保中国特色社会主义事业后继有人、薪火相传，是前所未有的事业。因此，高等教育肩负着为党育人、为国育才的神圣使命，致力于培养德智体美劳全面发展的社会主义建设者和接班人。要使大学生这一群体正确认识时代责任，以中华民族复兴为己任，能够成大才、担大任，就必须着力培育大学生的社会责任感，使他们将社会责任感作为一种道德自觉，内化为思想道德的核心价值。从这个意义上讲，培育大学生社会责任感是落实立德树人根本任务的必然要求。

"青年一代有理想、有本领、有担当，国家就有前途，民族就有希望。"② 这是对包括大学生群体在内的新时代青年的素质能力要求、成长路径选择等重大问题的进一步深化，理想、本领、担当三者不是简单的语序排列，而是有着其内在的逻辑关联，理想之"魂"、本领之"体"必须附于担当之"行"，突出强调了担当社会责任之于坚定理想、练就本领的重要意义。有理想、有本领、有担当，既是新时代大学生成才的基本标准，又是新时代大学生成长的路径选择，还是培养新时代大学生的方法脉理；揭示出了大学生成长成才与时代同向同行的内在规律。因此，探讨如何提升大学生社会责任感，是落实党的教育基本方略的内在需要。

当代大学生以"00 后"为主，他们出生和成长于物质生活资料丰腴的时代，生活环境和教育条件优越。因此他们好学上进、视野开阔、自信开朗、思维活跃，易于接受新生事物，能够自立自强。但他

---

① 《2020 年全国教育事业统计结果发表》，《光明日报》2021 年 3 月 2 日。
② 习近平：《决胜全面建成小康社会　夺取新时代中国特色社会主义伟大胜利——在中国共产党第十九次全国代表大会上的报告》，《人民日报》2017 年 10 月 28 日。

们普遍缺乏对历史的深切体悟和对社会的深刻认知，对于战火纷飞的硝烟、民族存亡的生死考验、血与火的洗礼，都只是从历史教科书中获得的感性认知；社会财富的创造、追求幸福的奋斗、创业过程的艰辛，他们还没有亲身参与，对现阶段国情、社情、民情还没有深入了解。因此他们往往以自我为中心，以"小我"为目标，从个人本位的角度与理想状态来理解世界和认知事物，缺乏奋斗精神、顽强品格和担当精神。这些现象和问题都折射出少数大学生社会责任感缺失和弱化的现状。概括起来，主要表现在以下几个方面。

一是个人理想与社会理想不能辩证统一。个人理想与社会理想是辩证统一、相辅相成的关系，社会理想以个人理想为基础，个人理想以社会理想为导向。当代大学生有自己的理想追求和志向抱负，但由于受到实用主义、功利主义、自由主义、后现代主义等消极社会思潮的影响，少数大学生推崇个人主义，把个人理想同社会理想区隔开来，缺乏对自己负有历史使命与社会责任的正确认识以及建立在这种认识基础上的责任担当，呈现出社会理想模糊甚至阙如的状况。在生活理想层面，少数大学生没有把生活理想的实现寄托在学业进步上，反而过早地追求个体层面的物质需求、游戏娱乐需求和友谊情感需求等，向往"精致"和"躺平"，追求小而美的"小确幸"，缺乏奋斗精神，贻误增长本领的青春黄金期。在职业理想层面，少数大学生呈现出较为鲜明的重个人轻集体和社会的现象，在考虑职业选择时，往往把薪酬待遇、地域优势、工作稳定性和环境舒适度放在首要位置，较少考虑社会和国家的需求。在道德理想层面，少数大学生出现了偏离社会主流价值观、漠视道德理想、道德审美扭曲、价值观念错位、炮制传播负面信息等道德失范现象。

二是个人价值与社会价值不能有机融合。在社会发展中，社会价值具有长期性、整体性和历史阶段性等特征，而个人价值则具有个体性和现时性的特征，"社会发展的需要与个人利益的需要之间、全体社会成员的长远需要与社会个体的暂时需要之间并不完全一致，如果个人不能适应社会发展和理解社会价值取向，就会出现社会价值与个人价值的对立"①。开放多元的社会使得大学生拥有了多元化的价值选择，少数大学生身上呈现出从理想主义转向现实主义、从避实就虚到务本求实、从崇尚他人到崇尚自我、从单一选择到多样化选择等一系列特征。甚至有些大学生认为社会价值太大、太远、太空，还不如直接关注自身发展的状态和现实利益，凭借自身的努力为自己创造更为优渥的生活条件，追求符号化的物质消费和精神享受；还有少数大学生因为社会竞争加剧而导致内卷严重，认为努力也很难实现个人价值，干脆选择降低自身追求目标消极对待，选择"佛系"生活；他们对集体和国家利益的关注程度开始下降，呈现出政治理想和热情消退，社会主义理想信念缺失，社会责任感弱化，即使就某些社会热点问题发表看法，也往往脱离社会实际，缺乏对社会价值和现实可能性的理性思考，在一定程度上带有心理宣泄和自我表现的成分。

三是责任认知与责任行为不能有效结合。强烈的担当意识和较高的责任认知能否在公共语境和现实情境中转化为具体的责任行为，是检验大学生社会责任感的重要环节。但少数大学生存在责任认知与责任行为不同程度的不对称、不一致等状况，甚至形成二元对峙的矛盾。在责任认知上，他们关心国家和民族的前途命运，可以畅谈自己肩负的时代责任，能较好地认知责任感的重要性，但在日常行为中却又表现出对现实社会事不关己的冷漠心态，推崇个人主义，追求绝对自由，强调实用主义；认同互助友爱、集体利益的责任观念，对不负责任的现象和行为深恶痛绝、愤恨不已，但在具体行为选择上，却又奉行中庸的处世哲学。也就是说，责任认知水准高，责任行为意识淡薄。部分青少年缺乏对自

---

① 吴云、李春光：《论社会价值与个人价值的矛盾及其调适》，《理论探讨》2008 年第 2 期。

己行为负责的意识，知行不一致，责任认识与责任行为存在明显断裂。比如说，在公众场合缺乏文明礼貌、随意污染环境、损害公共财产等；少数大学生在个人感情问题上的功利性、随意性强，也都是缺乏道义责任的具体行为体现。

这就需要从学理层面阐释大学生社会责任的内涵，探究大学生社会责任感如何形成，更需要从实践层面构建起大学生社会责任感培育的长效机制。

中国特色社会主义进入新时代，实现"两个一百年"奋斗目标和中华民族伟大复兴中国梦成为时代的鲜明主题。蓝图目标昭示远景、激荡人心、凝聚力量。习近平总书记多次强调："实现中华民族伟大复兴的中国梦，需要一代又一代有志青年接续奋斗"①，"中华民族伟大复兴终将在广大青年的接力奋斗中变为现实"②。实现中华民族伟大复兴中国梦的生动实践非一朝一夕之功，不可能一蹴而就，需要当代大学生参与其中，也需要一代又一代的青年大学生赓续接力。当代大学生生逢其时也责任重大，他们亲历了全面建成小康社会，也将在 2035 年、21 世纪中叶等重要时间节点亲历基本实现现代化、建设社会主义现代化强国等里程碑式的重大历史事件。也可以说，当代大学生是实现中华民族伟大复兴中国梦的参与者、建设者、享有者。因此，必须着力培养当代大学生的社会责任感，教育引导他们认识到自身的历史使命与时代责任，才能激发出他们的潜能，凝聚起他们的力量，使他们积极投身社会主义现代化国家建设，担当起接力奋斗实现中国梦的使命与责任。

因此，理论工作者和教育工作者不断探索提升大学生社会责任感

---

① 习近平：《在知识分子、劳动模范、青年代表座谈会上的讲话》，《人民日报》2016 年 4 月 30 日。

② 习近平：《决胜全面建成小康社会　夺取新时代中国特色社会主义伟大胜利——在中国共产党第十九次全国代表大会上的报告》，《人民日报》2017 年 10 月 28 日。

的课题，且就培育大学生社会责任感的实效性，做出了不懈的探索。社会主义核心价值观的提出，为此提供了新的研究视域。事实上，培育践行社会主义核心价值观，培育大学生社会责任感，本质上都是教育的实践活动，二者在一致的价值目标、内在的耦合关联、路径的同频共生等诸多方面具有相同的逻辑面向和客观属性。基于此，以社会主义核心价值观作为研究视域，探讨大学生社会责任感的培育机制，是对"培养什么样的人、如何培养人、为谁培养人"这些根本问题的回应。

以社会主义核心价值观为视域，培育大学生社会责任感，建立起科学严谨、运行有序、层次分明、务实管用，兼具学理性与实践性、逻辑性与灵活性、时代性与继承性、科学性与实效性等特征的大学生社会责任感培育机制，需要在相关理论分析的基础上，观照当前建立大学生社会责任感培育体制机制的现实，从中审视问题、找出症结。总体上看，结合实证调查研究的结论，大学生培育践行社会主义核心价值观的积极性高，履行社会责任的意识强；在社会主义核心价值观的视域下培育大学生社会责任感，取得了较为丰硕的研究成果，积累了较为丰富的实践经验，也建立起了相关的体制机制。但还存在一些问题，这些问题也是在社会主义核心价值观视域下建立大学生社会责任感培育机制的症结所在，主要表现为内化过程介入性较强，理想化注重培育实效；教育引导同一性较强，单一化选择培育路径；组合要素断裂化较强，同质化设计培育机制。

一是内化过程介入性较强，理想化注重培育实效。所谓"介入性"是指在某一事物的发展变化过程中，为加快变化发展过程或促使事物发展达到预期效果，采用不同方式作用于该事物。作为价值观念、思想意识存在的社会责任感培育过程，就是将社会责任感内化为主体自我意识的过程。这一内化的过程就涉及应然与实然之间的矛盾问题。"马克思主义哲学认为所谓价值，就是指客体的存在、属性及其变化同主体的尺度是否一致或相接近。"① 如何使客体与主体的尺度一致或相接近，本质上不仅仅是规律和经验的总结，而更应当在遵循规律的基础上，开展历史性批判和创新性实践。在教育引导、培育生成大学生社会责任感中，学术界和理论界进行了广泛深入的研究，提出了不少真知灼见。其中，将社会责任感内化为大学生的主体自我情感体验和意志品格，是研究者们关注的重点和焦点。对于如何内化，学者们往往较为强调用教育教学、价值引领、榜样示范等手段，这固然是培育中的重要一环，但都是出于应然状态价值导向的设计；而从应然的培育效果语境中设计内化过程的外在介入，使得人们认为按照预先设计的内容来促进内化过程，就可以达到理想化的效果。实则不然，一方面，大学生社会责任感内化的过程是一个外界教育引导的过程，也是一个主体发挥主观能动性、积极性的过程，需要遵循心理发生、情感体验和责任意志形成的内在规律，在"介入性"的教育引导中要注重实然效果，并根据实然状态进行适当调整。否则，大学生的社会责任感很难自觉地体现在自我日常生活和言行旨趣中，我们强调的培育效果就只能处于理想的状态。这就启示我们，构建大学生社会责任感培育机制，要注重应然语境与实然状态之间的平衡，找到外在介入与主体内化之间的生成性场域。

二是教育引导同一性较强，单一化选择培育路径。教育引导是一种理念，也是一种方法，还是一种具体实践。教育引导是大学生获取责任认知的前提，是培育大学生社会责任感的关键环节。而教育引导的形式可以多种多样，同一内容的教育引导，也可以用不同的路径、方式方法加以呈现，其教育引导的效果当然也就会千差万别。同时，教育引导要注重受教育者的个体差异性和接受心理特点，这是教育的基本遵循，这就要求针对不同层次、不同区域、不同年龄的受教育者的身心特点和接

---

① 李星：《实然语境与应然价值的双重变奏——大学生社会主义核心价值观之内化机理》，《当代青年研究》2014 年第 4 期。

受能力。但是，在具体的实践中，对社会主义核心价值观视域下大学生社会责任感的培育，很多时候忽视了这一点，具体表现就是，教育引导的同一性比较强。尽管制度安排上有分类实施的要求，各高校也能够结合自身的办学特色、人才培养规格而开展具体工作，但在具体培育过程中，无论是主题的确定、内容的设计，还是路径的选择，都呈现出同一性特点，即不分学科、不分专业、不分年级、不分民族都采用同一个主题，确定同一个方案，规定相同的内容。在教育引导上，实证调查分层分类分群体的研究分析不够，针对不同群体培育大学生社会责任感的理论指导不够，实践中鲜有分群体分年级的主题教育。事实上，不同群体，比如说不同学科背景、不同专业群体、不同年级的大学生，在认知水平、心智结构、心理品格尤其是接受水平等方面存在差异，这就应该分类实施，使得培育路径呈现出多样性和多元化特征。这就要求我们在培育大学生社会责任感时的观照不同群体的价值诉求。

三是组合要素断裂化较强，同质化设计培育机制。机制本质上就是各种要素的排列组合，根据系统论的相关观点，各种要素的排列组合只有从无序走向有序，才能优化体系、系统和机制。大学生社会责任感培育机制的建立，实际上就是将涉及大学生社会责任感的相关组合要素进行有序组织与排列，使形成的机制释放出最大的合力，达到最佳的培育效果。这些组合要素包括制度安排、内容选定、教育力量、培育形式、实践活动等。将这些较为庞杂的组合要素进行优化有序组合，需要遵循一定的规律，把握一定的原则，采用一定的标准。学者们关于培育机制的理论探索，由于学科视域不同，研究方法各异，采用的方法和原则也不尽相同。这有利于形成多元化、多样化的研究成果，为建立大学生社会责任感培育机制提供更多的指导。但在有关培育机制的建立上，有的研究成果仅仅侧重于考虑某一个方面，出现顾此失彼的现象；有的又力求面面俱到，导致貌似内容丰富实则主线不明，使得在培育机制上组合要素出现断裂化倾向；也导致同质化设计培育机制现象比较明显，有的从理论与实践两个方面开展，有的跳不出"学校、社会、家庭、主体"四位一体的窠臼，有的从理论教育、实践内化、文化熏陶、榜样作用等一些维度提出观点。这就启示我们，在构建大学生社会责任感培育机制中，要按照优化、科学、系统的原则，将所有涉及大学生社会责任感培育的要素，按照一定的标准和严格的逻辑进行效能最大化的设计。

二　研究意义

学者们丰富的研究成果和富有创造性的学术观点，对丰富和发展社会责任理论产生了积极的作用，对丰富思想政治教育学具有重要的意义，对探究培养大学生社会责任感的实践路径、体制机制具有重要的指导意义。社会主义核心价值观提出以来，如何教育引导大学生培育和践行社会主义核心价值观也成为学界研究的热点，学理上从建构认知维度和探索实践方法的角度深化了对大学生培育践行社会主义核心价值观的规律性认识，探究了大学生践行社会主义核心价值观的内化机理；实践中将社会主义核心价值观融入教育教学、宣传引导、社会实践等现实生活。本书以社会主义核心价值观为研究视域，探究大学生社会责任感培育机制的学术价值，具体包括以下几点。

一是丰富相关学科理论。本书在已有学术成果的基础上，借鉴多学科理论，从较为宏观的视野，解析"责任""责任感""大学生社会责任感"等核心概念，在概念内涵和外延的界定中突出以践行社会主义核心价值观为价值导向。借鉴心理学上知识获得、储存、转化和作用的认知过程，以内化社会主义核心价值观为逻辑理路，揭示大学生社会责任感的内在生成机理和规律。从系统论的角度，构建起较为科学合理的大学生社会责任感培育机制。一方面将丰富德育、教育学、思想政治教育学的学科理论，另一方面以社会主义核心价值观为研究视域，深化和丰富大学生培育践行社会主义核心价值观的研究。

二是构建大学生社会责任感培育的理论体系。本书立足社会主义核心价值观视域，探究社会主义核心价值观与大学生社会责任感之间的内在耦合与逻辑关联，在实证研究的基础上，构建起大学生社会责任感培育的理论体系。对创新大学生社会责任感理论研究的路径方法、回应社会主义核心价值观培育中的热点问题、提升大学生社会责任感具有重要的理论意义。

三是建立大学生社会责任感培育的逻辑理路。本书既有学理上的阐释，又有基于现实语境的实证调查，可以更加清晰地认识社会主义核心价值观视域下大学生社会责任感"是什么""有哪些""怎样形成""如何培育"的问题，探析四者的内在逻辑关系，为培养大学生社会责任感提供理论支撑。

理论来源于实践，实践需要理论的指导，本研究具有较强的实践意义。

一是落实立德树人根本任务。习近平总书记指出："高校思想政治工作关系高校培养什么样的人、如何培养人以及为谁培养人这个根本问题。""高校立身之本在于立德树人。"① 落实立德树人根本任务，是新时代高等教育的使命担当。本研究，一方面有助于从落实立德树人根本任务的实践角度提出大学生培育践行社会主义核心价值观的追问语境与探索维度，彰显了培养德智体美劳全面发展的社会主义事业建设者和接班人的现实语境及重要意义；另一方面，从培育大学生社会责任感的实践角度，提升大学生的社会责任认知，强化大学生的社会责任意识，内化大学生责任担当的精神品格，是立德树人的内在要求和题中应有之义，也是培育践行社会主义核心价值观的语义逻辑和方法脉理。

---

① 习近平：《把思想政治工作贯穿教育教学全过程　开创我国高等教育事业发展新局面》，《人民日报》2016 年 12 月 9 日。

二是凝聚实现中华民族伟大复兴的青春力量。通过本成果的运用，在实践中建立起大学生社会责任感培育机制，提升当代青年大学生的社会责任感，能够引导他们正确认识到肩负的历史使命和时代责任，从而坚定理想信念、练就过硬本领、强化担当精神，在实现中华民族伟大复兴征程上展现青春风采、凝聚青春力量、贡献青春智慧。

三是为相关部门提供决策依据。本书确定了社会主义核心价值观视域下，大学生社会责任感三个层面的具体内涵，构建了大学生社会责任感的培育机制。既可以为教育行政主管部门出台相关政策、高校采取相关举措提供决策参考依据，又可以为高校思想政治工作者提供启发性的参考意见。

四是为高校提供实践范式。本书涵盖了社会责任感本体内容，扎根于现实生活，又富有较为鲜明的时代特征，较好地实现了理论与实践的有机结合，有助于高校在落实立德树人根本任务的具体实践中推广应用，有助于提高大学生社会责任感培育的针对性和实效性，也为大学生培育和践行社会主义核心价值观提供了实践范式。其建构起的大学生社会责任感测量量表和指标体系，可以用于实践。

第二节　研究述评

一　国内研究现状

国内对大学生社会责任感的研究起步较晚，从时间上看，进入21世纪以来，大学生社会责任感形成了研究热潮；从研究视角来看，研究始于思想政治教育和德育的学科领域；从研究内容来看，集中在培育大学生社会责任感的时代价值、现状分析、内容维度、培育路径四个方面。学者刘树林、骆郁廷、艾四林、钟明华、黄蓉生、杨晓慧、靳诺等较早从思想政治教育的视角关注大学生社会责任感的培育。

为进一步了解大学生社会责任感研究的现状，采用以 Java 计算机编程语言为基础的可视化软件 Cite Space，选取中国知网（CNKI）的全文数据库作为基础数据库。在中国知网分类中选取了"文献"，以"大学生社会责任感"为主题，时间跨度为 2000—2020 年（检索时间 2021 年 1 月 20 日），在剔除会议综述、政论文章后，共检索出 1234 篇有效文献。可以发现，进入 21 世纪以来，学界围绕大学生社会责任感培育的主题，形成了研究热潮，取得了丰富的研究成果，可以从两个方面加以分析。

一是文章发表数量的变化趋势。文献数量变化是衡量此领域研究热度和变化趋势的重要指标之一。如图 0.1 所示，2000—2020 年以大学生社会责任感为主题的年度发文数量的变化趋势呈现出三个阶段性特征。第一阶段为起步阶段（2000—2005），总体文章发表数量少，年均仅 11 篇且波动性强，带有明显的起步特征。第二阶段为稳步增长阶段（2005—2012），年度发文数量总体不高，但发文数量逐年增加，呈稳步增长趋势。第三阶段为显著增长阶段（2012—2020），此阶段年度发文数量变化较大、波动性强，发文量总体显著增长，2012 年之后的所有年份都超过了 69 篇，年平均发文数量高达 101 篇，年度发文量超过100 篇的有 4 年，其中 2014 年达到最高峰值 148 篇。

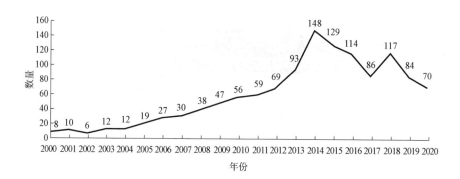

图 0.1　大学生社会责任感研究文献年度发文量分布情况

二是对关键词共现—聚类—时区分布—突变情况的分析。研究某一领域热点和前沿情况能够为我们提供清晰的动态演变图谱，便于了解当前发展态势并展望未来方向。关键词（Keyword）是一篇文章的核心所在，是作者对全文的高度概括和提炼，集中反映出文章研究的重点与方向，在一定程度上被视为研究的热点。分析大学生社会责任感研究的热点演进情况，关键词的可视化剖析显得尤为重要。以一年时间为节点，对1234篇以大学生社会责任感为主题的论文做关键词可视化分析，运行Cite Space 5.6. R5软件，得出大学生社会责任感关键词四类图谱，即关键词共现图、关键词聚类图、关键词时区图和关键词突变图。

通过对大学生社会责任感文献的关键词共现分析，可以清晰地看到该研究领域的关键词分布情况，如图0.2所示。图中以节点为中心的阴影面积大小与样本中关键词出现频率的高低呈正相关。从大学生社会责任感研究关键词共现知识图谱即图0.2中可以观察到，该主题中高频关键词为社会责任感、大学生、思想政治教育、社会责任感教育、社会主义核心价值观、养成教育、社会责任感培养、培育机制、中国梦等。从高频关键词来看，其所涉及的研究内容涵盖了近二十年来大学生社会责任感研究的主要热点，反映出主体研究内容，代表着主体层面。

图0.2　大学生社会责任感研究关键词共现知识图谱

　　进一步运用软件，采用 K 聚类与 LLR 对数似然率算法对关键词进行聚类命名操作，得到大学生社会责任感研究关键词聚类知识图谱，如图 0.3 所示。一般而言，当 Q > 0.3 时，即认为所划分出来的社团结构具有显著性；当 Q > 0.5 时，则表示聚类是合理的。而从图 0.3 中可知 Q 值为 0.68，因此图谱可认为是较为合理的。在图 0.3 中一共生成 9 个聚类标签，分别为#0 大学生（价值观教育、人文精神）、#1 大学生社会责任感（大学生、社会责任感、志愿活动）、#2 思想政治教育（中国传统文化、必要性、历史使命）、#3 社会责任（缺失、原因、对策）、#4 责任感（责任、教育、意义）、#5 社会责任感（红色文化、权利与义务）、#6 当代大学生（感恩教育、培育措施）、#7 社会责任感教育（培育机制、高校、路径）、#8 意义（培育、核心价值观）、#9 人生观（校园环境、文化素质教育），这些聚类标签折射出当前大学生社会责任感研究领域的热点与现状，为进一步归纳和总结大学生社会责任感研究内容、描绘版图提供了重要数据。

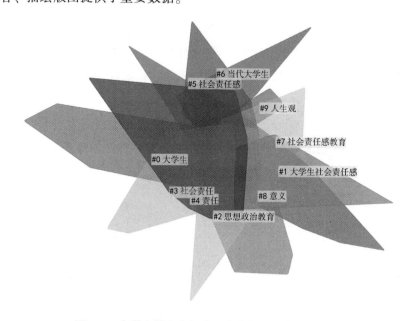

图 0.3　大学生社会责任感研究关键词聚类知识图谱

　　为了更加清晰地考查大学生社会责任感研究热点演进的历史维度，把准其变化脉络，在关键词聚类后，在 layout 中选择时空布局 Timezone View，得到关键词聚类时区知识图谱，如图 0.4 所示，也称为关键词聚类时间线图谱。其中横轴所表示的是关键词聚类的时间节点，以年为单位，跨度为 1 年；纵轴则表示当年度所聚类的关键词。关键词聚类时区知识图谱以静态的方式呈现不同年份的关键词聚类和同一关键词最早聚类出现的时间，又以动态的方式展现出该关键词聚类的发展变化，与其他聚类之间的共现关系，通过动静结合的方法，勾勒出该研究领域中主要内容的动态演进。从图 0.4 中可以看出，早期出现的关键词聚类为社会责任感、大学生社会责任感、社会责任等，随后逐渐与思想政治教育、教育、社会责任感教育、感恩教育相联系，再延续到培育机制、实践能力、途径，而后与社会主义核心价值观、志愿服务、"90 后"大学生、中国梦等时代主题相结合。

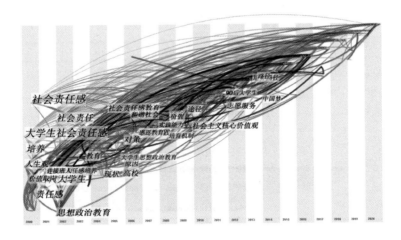

图 0.4　大学生社会责任感研究关键词聚类时区图谱

　　关键词的突变强度与其使用密集度密切相关，对关键词进行突变分析得到关键词突变知识图谱，如图 0.5 所示。结合图 0.1 发文量变化与图 0.4 中关键词的时间线与突变情况可以进一步观察到大学生社会责任感研究领域的热点前沿变化主要分为三个阶段。第一阶段为2000—2009年，这一阶段大学生社会责任感研究总体发文量较少，出现了当代大学生、弱化、和谐社会、社会实践、感恩教育、淡化这些突变性关键词，其中2006年出现的和谐社会突变强度最大，为6.0109，表明这一阶段的研究主要围绕构建和谐社会愿景而展开，学界逐渐重视大学生责任感弱化、淡化的情况。第二阶段为2009—2014年，该阶段发文数量大幅增加，在2014年达到峰值，研究内容突出关注"90后"大学生的情况，对责任、责任意识和责任教育、培育机制等进行了深入探讨。第三阶段为2014年至今，此阶段发文数量波动回落，但年度发文量均处于高位，在研究热点方面出现了中国梦、社会主义核心价值观、新时代等新词，且突变程度高，均为5.0以上，表明研究视域有所扩展，众多学者注重从中国梦、社会主义核心价值观、新时代等方面进行研究。

引用率最高的前15个关键词

关键词	年份	强度	起始年份	结束年份	2000—2020
当代大学生	2000	3.221	**2000**	2005	
弱化	2000	2.6846	**2003**	2008	
和谐社会	2000	6.0109	**2006**	2011	
社会实践	2000	3.2317	**2006**	2014	
感恩教育	2000	3.0105	**2006**	2010	
淡化	2000	3.3768	**2006**	2010	
责任	2000	2.5133	**2009**	2014	
责任意识	2000	2.6773	**2009**	2012	
教育	2000	3.419	**2009**	2013	
"90后"大学生	2000	4.3455	**2010**	2013	
中国梦	2000	5.1596	**2015**	2018	
社会主义核心价值观	2000	5.4996	**2015**	2018	
党员	2000	2.8492	**2017**	2020	
社会责任感培育	2000	3.935	**2018**	2020	
新时代	2000	9.2715	**2018**	2020	

图0.5 大学生社会责任感研究关键词突变知识图谱

学者们基于不同的学科视野，运用不同的研究方法，从不同的研究视域，对大学生社会责任感的培养展开了较为广泛和深入的研究，相关的学术研究大致可以归为以下四个方面。

一是诠释社会责任感的概念。学者们大都从语言学、社会学、伦理学、教育学等学科视域，以"责任""责任感"的定义作为理论基点，诠释"大学生社会责任感"。王永贵等认为"社会责任感在内容依存、相互作用和主体承载上从属于意识形态，但又有其独立性"[①]。在语义学对"责任"定义的基础上，众多学者从不同角度对社会责任感作出定义。从价值旨归的角度，郑士鹏认为社会责任感是"指一定的社会背景下，个人从心理方面对他人的伦理关怀和义务感"，是"社会成员在日常生产和生活中所形成的调节自身与他人、社会以及自然关系的行为活动与价值评判"[②]；冯霞认为"社会责任感作为一种道德情感，其是知、情、意、行的有机统一，是人的内在精神价值和外部行为规范的完美结合"[③]。从心理学的角度，杨茹等学者认为社会责任感"是承担相应责任、履行各种义务的自律意识和人格素养"[④]，刘峰、陈佳、王振宇指出社会责任感是一种"自觉意识和情感体验"[⑤]，陈树文、林柏成等认为社会责任感是"自觉承担社会职责的一种社会价值观念和意识"[⑥]。从社会学的角度，徐烈等认为"社会责任感是一个享有独立人格的社会成员对国家、集体以及他人所承担的职责、任务和使

---

① 季国平、王永贵：《论大学生社会责任感意识形态话语权构建》，《广西社会科学》2018 年第 1 期。

② 郑士鹏：《当代中国青年社会责任感及其培养研究》，硕士学位论文，北京交通大学，2014 年。

③ 冯霞：《当代大学生社会责任感教育与培养研究》，《学术论坛》2009 年第 2 期。

④ 杨茹、丁云、阚和庆：《大学生社会责任感的内涵、理论基础及实现意义探析》，《思想理论教育导刊》2012 年第 11 期。

⑤ 刘峰、刘佳：《基于大学生社会责任感培育的文化自觉论析》，《思想教育研究》2015 年第 9 期。

⑥ 王振宇：《新时代少数民族大学生社会责任感培育路径探究》，《贵州民族研究》2018 年第 9 期。

命的态度"①；吴玲认为社会责任感是"在一定社会生活中的全体社会成员，为维护正常的社会生活秩序，在承担相应责任或履行各种义务过程中随之产生的自觉意识和情感体验"②。从交叉学科的角度对社会责任感进行综合阐释。赵志勇、刁连成认为"伦理学侧重于强调个体承担社会责任的道德体验和内心价值认同，是个体承担社会责任和义务的自我意识、道德品质乃至觉悟。心理学强调承担社会责任对于个体而言，是一种承担道德责任和义务的心理品质"③。雷燕从德育学角度看，认为社会责任感是道德的核心成分之一；从心理学角度看，它是一种人类高级的社会性情感，人的社会性情感主要包括道德感、美感和理智感，社会责任感主要属于道德感；从伦理学角度看，社会责任感体现了个人与他人、与社会的关系认知和态度行为体验；从哲学角度看，社会责任感主要表现为责任与自由的关系判断与态度行为；从法学角度看，责任感体现了个人与他人的社会契约关系。④学者们以严谨的学术思维，从不同的学科视角对社会责任感这一核心概念进行了诠释，明确了这一概念的内涵和外延，为认知大学生社会责任感提供了理论基础。

二是分析大学生社会责任感的内容结构。学者们根据不同的标准对大学生社会责任感进行了不同的分类，概括起来，有以下几种。张志伟认为大学生社会责任感包括生命责任、行为责任、成才责任、回馈责任。张花花、丁敏文等认为大学生社会责任感包括对自我的责任、对他人的责任、对集体的责任；邱伟光、周明星、陆蕾娜等认为包括对生命

① 徐烈：《大学生社会责任感的价值、属性与培养策略》，《思想理论教育》2016 年第4 期。

② 吴玲：《大学生社会责任感在和谐社会构建中的价值探究》，《教育探索》2014 年第4 期。

③ 赵志勇、刁连成：《论新时期大学生社会责任感的价值及其构成》，《黑龙江高教研究》2014 年第6 期。

④ 雷燕：《学生社会责任感教育中的问题与对策》，《教育与管理》2016 年第9 期。

的责任、对社会的责任、对自然的责任；刘世保、陆士桢认为包括对自己的责任、对他人的责任、对国家的责任和对世界的责任。以大学生社会责任行动的约束为标准，魏进平、冯石岗认为大学生社会责任感可以"划分为任务型社会责任感和关系型社会责任感"①。此外，魏海苓、熊超、王蔚虹、谢玮、包雅玮、程雪婷等学者在区域性样本选取的实证调查研究基础上，认为大学生社会责任感包括国家责任、集体责任、自我责任、社会责任、家庭责任、环境责任。

学者们以较为科学的衡量标准对大学生社会责任感的组成结构进行了分类。但不难发现，已有研究成果中无论是对概念的诠释还是对结构的分析，往往都将大学生社会责任感视为一种静止的、内在的主观精神意识、情感体验或心理活动。

三是评判大学生社会责任感的现状和归因分析。学界普遍认为，当代大学生社会责任感的主流是积极向上的，当代大学生是堪当民族复兴大任的。学理分析上，学者们从当代大学生的思想状况实际出发，援引当代大学生积极参与抗震救灾、公共危机、奥运盛会、抗击新冠肺炎疫情等重大事件和知识下乡、扶贫济困、敬老助残等日常志愿服务，论证了当代大学生具有强烈的社会责任感。相关实证研究中尽管量表和问卷的维度结构不同、问题设置各异，但具体的数据统计分析也印证了这一观点。但是，学界也普遍认为，当代大学生社会责任感存在着弱化或缺失的现象，具体体现在以下方面。有学者概括为"四重四轻"倾向，即刘峰、宋悦等概括为"重自我责任、轻社会责任，重个人理想、轻社会理想，重自我约束、轻服务社会，重责任意识、轻责任行为"②。侯锡铭认为大学生社会责任感缺失的主要体现是"重个人理想轻社会理

---

① 魏进平、冯石岗：《大学生社会责任感的形成机理和提高策略》，《河北师范大学学报（哲学社会科学版）》2013 年第 7 期。

② 刘峰、宋悦：《大学生社会责任感问题探析》，《思想理论教育导刊》2014 年第 11 期。

想，重自我价值轻社会价值，重金钱崇拜轻事业追求，重个人利益轻社会利益"①。王白云等学者认为当代大学生社会责任感"存在三方面的困惑：追求私利，无法担当自我；学校、家庭、社会关注，群体情感淡漠，公共参与缺失；生活方式西化，缺失人类关怀与世界格局"②。韩雅丽则认为主要问题为"社会伦理责任淡漠、集体责任感扭曲、他人责任感迷茫、家庭责任感弱化"③。苗楠通过问卷调查和对特殊对象进行访谈归纳出青年社会责任感存在的问题，即"追求自我发展的功利性较强、对个人发展责任意识不强、参加集体活动的态度不端正"④。

学者们就当代大学生社会责任感存在的问题进行了多角度的原因探究。在教育培养方面，学者们主要从社会环境的影响、学校教育的效果、家庭教育的缺失、大学生自我锤炼不够以及教育合力不够等方面进行分析。在文化心理层面，有学者归结为转型时期社会责任体系重构、西方文化殖民、非主流文化和亚文化的影响、大学生社会责任感心理生成机理不够健全等方面的原因。在自我主体方面，有学者认为责任感的弱化与当代大学生成长环境、性格特征有关，大学生对社会认知不够深刻，对国情社情认识不够全面，缺乏必要的艰苦奋斗精神和实践磨砺。

从已有的研究成果来看，关于大学生社会责任感的现状评判较为客观公正和全面，归因分析也是在事实分析基础上的逻辑推理和学理分析。

四是研究社会主义核心价值观视域下大学生社会责任感培养的价值

---

① 侯锡铭：《立德树人视角下的大学生社会责任感》，《中国青年社会科学》2017年第2期。

② 王白云：《新时代大学生社会责任感教育的新图景》，《江苏高教》2021年第1期。

③ 韩雅丽：《社会主义核心价值观视域下大学生社会责任感培育路径探析》，《国家教育行政学院学报》2015年第12期。

④ 苗楠：《青年社会责任感及其培育》，《中学政治教学参考》2020年第33期。

意蕴。自社会主义核心价值观提出以后，学者们就社会主义核心价值观视域下大学生社会责任感培育的价值意蕴展开了讨论，且成为研究的热点并取得了共识。学界一致认为，社会主义核心价值观是培养大学生社会责任感的思想指导和理论来源，是铸魂立德工程，是培育时代新人的内在要求；培养大学生社会责任感是培育践行社会主义核心价值观的重要抓手，是用核心价值观凝聚当代大学生思想共识和青春力量的内在需要。方传安认为"增强社会责任感是大学生践行社会主义核心价值观的前提条件和基本要求"[①]；培育大学生的责任意识和担当精神，是实现中华民族伟大复兴的巨大动能，是"全面建成小康社会和实现民族复兴的重要动力"[②]。韩志平认为培育和践行社会主义核心价值观对人所要具备的价值判断力和社会责任感提出了具体要求。商琳、越芬等就社会主义核心价值观的三个层面中的个人层面指出，"爱国、敬业、诚信、友善"是新时代青年责任担当的价值旨归。社会主义核心价值观涵盖了大学生社会责任感的基本责任要求，二者在内涵上交融相汇，在实践中同步共生。

这方面的研究成果较为丰富，都论述了以社会主义核心价值观为指导培养大学生社会责任感的价值功能和重大意义，彰显了学术界对培养大学生社会责任感的内在规律及时代内涵的深刻认识。

五是探究培养大学生社会责任感的路径选择。学者黄蓉生、江畅、韩喜平、刘建军、邱伟光等较早系统地探讨了社会主义核心价值观视域下青年社会责任感培育的根本遵循和根本途径。

基于社会主义核心价值观的研究视域，在培育理念上，唐亚阳、杨果提出需要从思路、目标、内容、载体、方法的五个维度，以社会主义

[①]　方传安：《社会主义核心价值观视域下大学生社会责任感教育》，《思想理论教育导刊》2015 年第 8 期。

[②]　郭丹、郑永安：《情绪智力对大学生社会责任感的影响研究》，《高教探索》2020 年第 2 期。

核心价值观创新大学生社会责任感培育工作。[1]

在施策路径上，韩雅丽提出要在"学校教育中强化社会责任感的认知""在网络媒体宣传中渗透社会责任感的元素""在社会生活践履中体现社会责任感的担当"。[2] 赵永明等认为，"要把社会主义核心价值观作为重要理论遵循，坚持个人小梦和国家大梦有机统一，把对国家、社会、个人的重任作为基本内容，第一课堂的导向功能与第二课堂的育人功能有机统一"[3]。朱磊在实证调查研究的基础上提出"抓住增强社会责任感实效性这个关键""把握明晰责任教育规范性这个要点""立足团学队伍责任培育引领这个重点""健全综合评价体系这个保障"[4]。周明星提出了大学生社会责任感培养的五个维度，"理论、实践、机制相结合，学校、家庭、会相结合，言传、身教、新媒体相结合，显性、隐性、全方位相结合，自律、他律、文以载道相结合"[5]。郭丹、郑永安从心理学角度出发，提出需要加强情绪智力理论教育以深化社会责任认知、增强情绪智力情感体验以强化社会责任认知、拓展情绪智力培育渠道以推动社会责任践行。[6] 吕剑新运用 CIPP 评价模式对大学生社会责任感的知、情、意、行四方面要素进行决策分析，认为需要从思想引领、内生动力、

① 唐亚阳、杨果：《社会主义核心价值观视域下当代大学生社会责任感培养研究》，《思想教育研究》2014 年第 6 期。

② 韩雅丽：《社会主义核心价值观视域下大学生社会责任感培育路径探析》，《国家教育行政学院学报》2015 年第 12 期。

③ 赵永明等：《社会主义核心价值观视域下"00 后"大学生社会责任感培育论略》，《淮南师范学院学报》2016 年第 3 期。

④ 朱磊：《当代大学生社会责任状况调查研究与思考》，《湖北社会科学》2016 年第 6 期。

⑤ 周明星：《大学生社会责任感培养的五个维度研究》，《思想政治教育研究》2018 年第 6 期。

⑥ 郭丹、郑永安：《情绪智力对大学生社会责任感的影响研究》，《高教探索》2020 年第 2 期。

能力提升、环境优化四个方面提高大学生社会责任感培育工作的效果。① 胡圣知基于微文化背景，指出"培育大学生社会责任感要注重丰富微内容，提高大学生社会责任认知；要创新微载体，增强大学生社会责任情感认同；要强化微体验，提高大学生社会责任行为自觉"②。

在机制体系构建上，王丽丽、张森林提出要"构建理性内化机制、情感内化机制、实践内化机制"③。徐烈认为要"强化理论指导和理念引导，构建主体际的实践性交互关系，形成多主体协同的教育体系"④。陈树文、林柏成提出要构建"把握正确方向、紧扣时代主题、抓住关键任务、有效路径"四位一体的培养体系。⑤ 崔成前提出基于社会主义核心价值观的大学生社会责任感培养路径是要建立起核心价值观、理想信念教育、传统文化教育、社会实践、校园文化建设"五位一体"的教育体系。⑥

同时，靳玉乐、廖婧茜从儒家责任论角度探讨大学生社会责任感培养在于"修养大学生德才兼备的内在品质""引领大学生忠恕守信的交际涵养""培养奉献国家的爱国情怀""践履顺应自然的生态关切"⑦。陈树文、蒋永发从红色文化的视角论述了大学生社会责任感的价值功能

---

① 吕剑新：《基于 CIPP 评价模式的社会责任感培育要素分析》，《统计与决策》2018 第5 期。

② 胡圣知：《大学生社会责任感培育刍议》，《学校党建与思想教育》2019 年第 16 期。

③ 王丽丽、张森林：《当代大学生社会主义核心价值观的构建策略》，《东北师范大学学报（哲学社会科学版）》2014 年第 4 期。

④ 徐烈：《大学生社会责任感的价值、属性与培养策略》，《思想理论教育》2016 年第4 期。

⑤ 陈树文、林柏成：《新时代做好大学生社会责任感培育工作的四个维度》，《思想理论教育导刊》2018 年第 2 期。

⑥ 崔成前：《基于核心价值观的大学生社会责任感培养路径研究》，《江苏高教》2018 年第8 期。

⑦ 靳玉乐、廖婧茜：《儒家责任论视域下的大学生社会责任感培养》，《现代大学教育》2017 年第 5 期。

及实现路径。① 佟斐注重优秀传统文化对大学生社会责任感培育的重要性。② 徐晓滢、李艳从文化自信角度出发，强调"提升大学生的文化自觉，增强文化自信，还需要注重"意志"教育，强化大学生对社会主义核心价值观的认知"③。邹燕矫从互联网的视角论述了网络对大学生社会责任感的双重影响及实现路径。郭凯、万洁等人提出了将中国梦融入大学生社会责任感培育的主体框架和具体路径。黄四林等人基于社会流动信念的中介作用，通过实证研究分析了大学生公正感对其社会责任感的影响。

此外，韩震、许耀桐、秦宣、韩庆祥、刘书林、戴木才、吴潜涛、韩振峰、陆树程等对社会主义核心价值观的相关研究，解答了培养大学生社会责任感，践行社会主义核心价值观在实践理路上的诸多问题，为本课题的研究提供了理论基础。

从学术界对培养大学生社会责任感具体路径的研究来看，学者们进行了多视角、多层面、多方位的探析，路径选择和培养对策具有较强的可操作性，对培养大学生社会责任感的实践具有重要的指导意义，但是对如何形成完整的培养体系和科学的培养机制研究还不够深入。

二　国外相关研究现状

国外较早从道德伦理和责任伦理的视角关注社会责任感。从道德责任的角度，柏拉图、亚里士多德、培根、康德、尼采等哲学家和伦理学家很早就关注和思考道德与责任的关系问题，亚里士多德根据所处时代

---

① 陈树文、蒋永发：《红色文化在大学生社会责任感培养中的价值与实现》，《思想教育研究》2017 年第 1 期。

② 佟斐：《以优秀传统文化滋养社会主义核心价值观的几点思考》，《中南民族大学学报（人文社会科学版）》2019 年第 6 期。

③ 徐晓滢、李艳：《构建大学生社会主义核心价值观的三维认知架构》，《中国高等教育》2020 年第 2 期。

被社会许可的行为规范进行系统化研究，并以此为基础，在《尼各马科伦理学》中用专门的篇幅论述个体应对其行为负责的各种条件。此后，责任逐渐成为哲学、伦理学等学科视域中的研究对象，在涉及人的自由意志和决定论问题时学者们更是注重从责任的视角加以阐释。西塞罗在《论责任》中将责任分为"普通责任"与"绝对责任"，提出向善向美的道德责任。康德对道德责任进行了深入的思考和阐发，指出道德责任是人之所以为人的本质特征，强调个人行动上的自由和道德选择与社会责任的关系。20世纪中叶以来，随着科学技术的快速发展和经济发展以及由此带来的伦理秩序的建构，以及世界范围内需要共同应对的全球性问题日益凸显，专门系统研究道德责任和社会责任的论述与著作不断增多，如汉斯·昆的《全球责任》、约纳斯的《责任命令》、吉尔·利波维茨基的《责任的落寞》等。

国外对大学生社会责任感的培养内含于学校公民教育之中，培养学生成为合格公民，承担公民的责任与义务。国外关于青少年社会责任感研究的有关理论对本研究具有重要借鉴意义，集中体现在以下方面。

一是责任体验与责任情景研究。国外学者把责任感的形成作为主体内在心理的体验过程，并探讨与体验相关的情景因素。高夫（Gough，1952）较早研究了社会责任感形成与亲社会行为的关联；伯曼（Berman，1997）的社会责任动机理论把不公正、榜样和自我作为社会责任行为的内在体验；奥哈根（Auhagen，2001）将责任体验与情景称为"责任的日常经验取向"，认为社会责任受到积极性、自我效能和控制的影响；兰提尔瑞（Lantieri，1999）、怀特（White，2008）通过实证研究指出自我意识障碍、社区环境、文化背景等情景因素影响责任感。这为探析大学生社会责任感的形成提供了理论基础。

二是青少年社会责任感的影响因素研究。Willis利用Harris的责任量表研究了大学生社会责任感与心理压力和榜样的关系。Witt利用Berkowitz和Lutterman的社会责任量表研究了社会责任感与青少年角色外行为和满意度的关系。美国社会责任心研究中心主任 Lantieri 通过 RCCP（Resolving Conflict Creatively Program）教育实验研究，认为影响学生社会责任心的因素有两种，一是自我意识障碍，二是与家庭、学校和社区疏远。

三是青少年社会责任感教育的研究。国外学者重视在社会学课程中进行社会责任感的培育，贾尔斯（Giles，1994）、肯德瑞克（Kendrick，1996）等将服务性学习作为提升社会责任感的重要途径；库姆斯（Combs，1969）运用逻辑学知识对学生开展社会责任教育，更好地将逻辑推理应用于道德判断，提升学生的判断力；威瑞雷克（Wray Lake，2010）注重从动态社会特征、价值与行动层面提炼具体核心要素作为培育青少年社会责任感的内容；罗伦（Laurin，2011）、菲特斯蒙斯（Fitzsimons，2011）则从社会代际传承、社会流动信念视角考察了青少年社会责任感培育的要素与路径。

四是关于提升青少年社会责任感的实践研究。美国在"公民学"课程中明确 13 项教育目标，将"责任心"作为合格公民的核心价值素养之一；学校教育"通过传授道德伦理规范和法律知识，培养具有强烈责任感的公民"[①]；同时，美国还通过颁布法律法案，如《国家和社区服务法案》《公民服务法》等，强调培养青少年的社会责任感。英国在 2000 年颁布的公民教育国家课程标准中，确定首要的教育内容就是道德与社会责任。日本学校"道德责任教育的开展注重将全面主义和德目主义有机结合起来"，"形成了家庭、社区、学校相结合的道德教育网络"[②]。20 世纪 40 年代，法国就开始开设《公民爱国教育课》，突出强调培养承担公民责任与义务的人。

[①] 毕记满、刘龙海：《美国社会责任教育与我国高校教育的比较研究》，《继续教育研究》2016 年第 7 期。

[②] 张岩：《当代我国大学生道德责任教育研究》，硕士学位论文，陕西师范大学，2012 年。

另外，国外重视社会责任感的结构和测量研究。对社会责任感的结构和测量方面的研究有一定的难度，需要充分掌握心理学和社会学知识，运用数据分析技能。例如明尼苏达多项人格量表（MMPI）中的社会责任维度量表，高夫（H. G. Gough）等编制的社会责任感人格量表，伯科威茨（L. Berkowitz）和莱特曼（K. G. Lutterman）编制的社会责任量表，斯塔瑞特（R. H. Starrett）的全球社会责任感量表等。这些量表为我国学者客观有效地评价大学生社会责任感提供了参考依据。

三　研究述评

大学生社会责任感培育一直是思想政治教育的重要内容，也是德育的重要内容，因此，一直是教育界和学术界关注的焦点和热点。国内相关研究的理论成果对大学生社会责任感培养的相关问题做了全面探讨，研究注重理论建构的系统性、研究学科的交叉性、研究方法的多元性、培育效能的针对性，完善了理论体系，优化了培育路径，也回应了践行社会主义核心价值观的客观要求。

但是，社会主义核心价值观提出的时间还不长，以社会主义核心价值观为研究视角，探究大学生社会责任感的培育和形成科学健全的培育机制尚处于起始阶段，将大学生社会责任感的培养融入培育践行社会主义核心价值观的根本遵循、基本原则、施策路径等方面的经验总结、规律探寻还不够深入；社会主义核心价值观视域下大学生社会责任感的培育机制未真正建立起来。从已有研究成果来看，至少还存在以下需要深入研究和探讨的问题。

一是相关概念的内涵诠释还未形成共识。由于学者们研究视角、学科视野、研究方法与价值立场的不同，对"责任感""大学生社会责任感"等相关概念的诠释还没有形成共识，内涵诠释中社会主义核心价值观的价值导向还不够鲜明。学者们往往将"责任感"定义为内在静态的意识、态度或者心理品质，没有将其拓展为一种外在的、动态的实践行为。同时，对大学生社会责任感的时代性体现不够，内涵诠释中未能体现鲜明的时代特色。

二是核心价值观与社会责任感的内在逻辑还未深入挖掘。学界研究核心价值观与社会责任感之间的内在逻辑与耦合的深度还不够，对二者在价值属性指向、内容交叉融合、实践同频共生等方面的具体表象与深层逻辑的研究成果还不够丰富。由此也导致对社会主义核心价值观与大学生社会责任感内在耦合的认知不够；对社会主义核心价值观映射于大学生社会责任感结构上的具体责任要求探究不足。大多数研究成果囿于某一学科的角度，多学科交叉研究的成果还不够多。

三是现状评判与归因分析偏重主观推导。对大学生社会责任感现状的评判和归因分析，偏重于主观推导和现象描述，缺乏厚实的理论支撑；研究成果中定性分析多，定量分析较少。部分实证研究中尽管有一些定量分析，但不够深入，量表和调查的标准不一，调查的内容也较为简单，调查对象的区分度有待加强。还值得注意的是，这一问题的研究有流于表面形式的倾向，同质化研究的现象比较明显。

四是培育机制有待健全。学者们根据基础理论的研究成果，力求设计系统科学的大学生社会责任感培育机制，但在其方法论层面存在面面俱到的倾向，貌似观照了大学生社会责任感培育的各环节、各要素，实则没有关注到大学生社会责任感的内在发生机理，而导致在对策路径上往往只重视社会环境、学校教育、家庭等外在因素，从而使提出的各种培育体系、培育机制只注重某一方面，或体系、机制各要素之间的逻辑关联不够，或体系和机制之间不能形成有效的闭环。

另外，国外相关研究基于社会认知理论和心理学视野，对责任行为的诱发、导向、目标和结果进行了深入探究，将责任体验和情景与青年的价值观塑造结合起来，使责任教育在方法手段上更具有可行性，但对责任体验、情景、教育三者的逻辑关联以及它们如何共同发挥作用等问题尚未很好地解决。

第三节　研究的方法

本研究主要采用以下研究方法。

一　文献研究法

本研究借鉴学术界已有的研究成果，较为广泛地搜集相关文献资料，密切关注学术界最新研究成果，并对文献资料进行了较为合理的甄别、分类、整理和综合，在借鉴和吸纳文献资料的基础上，创新性地诠释了"责任""责任感""大学生社会责任感"等相关概念。

二　跨学科研究法

诠释大学生社会责任感的内涵，探讨大学生社会责任的生成机理与发生逻辑受到多学科的共同关注。因此。本项目研究从社会学、教育学、心理学、伦理学等多学科的视角，分析探究了社会主义核心价值观视域下大学生社会责任感的具体内涵、大学生社会责任感的生成机理以及培育机制的建构。

三　分析归纳法

采用分析归纳的研究方法，对社会主义核心价值观与大学生社会责任感的内在耦合进行探究，对大学生社会责任感量表的编制以及其内在生成机理进行分析研究。

四　调查研究法

实证研究中采用调查研究法，遵循统计学随机、饱和、代表性的原则，同时将调查数据进行探索性分析和验证性分析，以检验假设结构要素的信度。

第四节　研究的重点难点及创新之处

一　研究难点

一是根据社会主义核心价值观的主要内容，对大学生社会责任感的具体内涵进行学理探究和分析，即回答社会主义核心价值观视域下大学生社会责任感"是什么""有哪些"的问题。二是探究大学生社会责任感的生成机理，建立起符合社会主义核心价值观要求的大学生社会责任感培育机制，即回答其"如何形成""怎样培育"的问题。

二　研究重点

一是理论的创新与突破。目前对社会主义核心价值观视域下大学生社会责任感的培育机制缺乏全面系统的把握，研究多限于方法论层面，本课题的理论框架需要在跨学科视野中建立，以取得理论上的创新与突破。

二是数据的获取与统计。实证研究中，量表采用 Likert 自评 5 点量表形式，调查数据用 SPSS 25.0 对问卷数据进行探索性因子分析，用 A-MOS 25.0 对问卷数据进行验证性因子分析，并进行变量系统聚类分析；同时要保证样本符合统计学意义，这在数据采集和统计上需要投入更多的时间精力。

三　研究创新点

本项目的创新之处体现在以下三个方面。

一是学术思想创新。以社会主义核心价值观为视域，按照内涵诠释、内容解析、结构分析、生成机理探究、培育机制构建、效果评价测量的整体框架和思路，对"责任感""社会责任感"等核心概念进行阐释，分析大学生社会责任感的生成机理和形成过程，使相关理论更具系统性、时代性和指向性，也拓展了培育践行社会主义核心价值观的新思路。

二是学术观点创新。按照社会主义核心价值观的语义表述，将大学生社会责任感分为三个层面、多重维度并探究社会主义核心价值观映射于其上的具体责任要求，较为全面深刻地分析了社会主义核心价值观视域下大学生社会责任感的具体内涵，提出了建立起价值引领、内化效能递增、线上线下共享、大数据采集分析等机制的对策建议，创新了学术观点。

三是研究方法创新。将跨学科研究法运用到本研究之中，实现了研究思维、方式、思路和手段的变革，体现了方法论的内在逻辑一致性和研究结论的科学严谨性。在问卷编制中采用德尔菲法、专家团体焦点访谈、问卷调查、统计分析等质性与量化相结合的研究方法；在实证研究中对调查数据进行探索性因子分析和验证性因子分析，并进行变量系统聚类分析。同时，研究中还采用了文本分析法。

第五节　研究思路与框架

一　研究思路

以社会主义核心价值观为研究视域，以大学生社会责任感为主线，以内涵诠释为切入点，研究社会主义核心价值观与社会责任感的内在耦合，结合社会主义核心价值观三个层次的内容解析大学生社会责任感的结构维度，分析大学生社会责任感的生成机理，构建大学生社会责任感培育机制，制定大学生社会责任感培育效果的测评体系。

二 研究框架

本研究共分为八个部分。

导论。该部分主要是分析社会主义核心价值观视域下大学生社会责任感培育的背景、研究现状等，指出研究的意义和目前学术界相关研究存在的不足，提出了研究的具体方向理路、重点难点、研究方法和创新之处。

第一章"大学生社会责任感相关理论概述"。在已有研究成果的基础上，解析了责任与责任感、大学生社会责任感等相关概念。在对"大学生社会责任感"进行定义时，力求较好地体现出以社会主义核心价值观为导向。分析了社会主义核心价值观与大学生社会责任感存在着价值意蕴目标一致、培育内容交融互生、形成过程内在统一、践履路径同频共振等方面的内在耦合和逻辑关联。

第二章"大学生社会责任感的结构维度"。主要分析社会主义核心价值观视域下大学生社会责任感的结构维度，提出了社会主义核心价值观视域下，大学生社会责任感的具体结构表现。

第三章"大学生社会责任感的生成机理"。分析了大学生社会责任感生成理论基础为马克思主义价值论、社会从众心理理论、态度转变理论、建构主义学习理论；指出了大学生社会责任感的生成包括责任认知、责任情感、责任意志和责任行为四个内在基本因素，要经历"入耳""入情""入脑""入行"四个内在基本环节。

第四章"大学生社会责任感测量量表的编制"。采用德尔菲法、专家团体焦点访谈法、问卷调查法、统计分析法等质性与量化相结合的研究方法，对1086个样本数据进行因子分析、信效度检验，揭示出社会主义核心价值观视域下大学生社会责任感量表在国家、社会、个人三个层面均包含四个一级维度以及相应的三个二级维度，具体内容为责任认知（准确性、整体性、深刻性）、责任情感（认同感、归属感、效能感）、责任意志（坚定性、自觉性、自制性）、责任行为（决心、信心、恒心）。且该量表的总体信度高达 0.984，内容效度与结构效度符合心理测量学对量表编制的要求，可以成为测量大学生社会责任感的有效工具。

第五章"大学生社会责任感的实证研究"。为了揭示社会主义核心价值观视域下大学生社会责任感的特征，了解大学生社会责任感的现实特点，我们选取 11 个地区 22 所高校的 1123 名在校大学生，运用总共设置 143 道问题的《社会主义核心价值观视域下大学生社会责任感测量量表》，进行了实证调查研究。实证研究中获得 46 个研究结果，进而提炼出 4 个研究结论，提出了科学培育大学生社会责任感的 21 条启示。

第六章"大学生社会责任感培育机制的建构"。一是价值引领机制，包括目标导向机制、教育内化机制、内容融通机制。二是协调联动机制，包括学校教育的主导性机制、社会教育的保障性机制、家庭教育的原生性机制、行动系统机制。三是效能递增机制，包括夯实心理认知机制、筑牢动力内化机制、打造能力支撑机制。四是群体示范机制，包括健全青年典型选树机制、完善先进典型宣传机制、深化先进典型学习机制。五是监督矫治机制，包括完善监督机制、健全矫治机制。六是线上线下共享机制，包括日常责任网络化教育机制、网络责任日常化教育机制。七是大数据采集分析机制，包括多点联动大数据采集平台，打造专业化大数据分析队伍。

第七章"大学生社会责任感培育效果的评价体系"。分析了构建大学生社会责任感培育效果评价体系的价值意蕴和基本原则，初步建立起了大学生社会责任感培育效果评价的指标体系。

第一章　大学生社会责任感
相关理论概述

马克思主义从来都把责任作为确定的、现实的人的社会属性以及个体和群体的基本特征之一。责任是人的社会属性，是人区别于物的基本特征之一，是人与人、人与自然、人与社会之间的伦理规则和价值准则。在现代社会中，责任是价值体系、道德秩序、社会规范、行为规则、伦理规则的重要内容，在整个社会的道德体系、价值体系中居于重要地位。探讨大学生社会责任感培育问题，首先需要对责任、社会责任感、大学生社会责任感等相关概念进行厘定和诠释，形成研究的逻辑起点。

第一节　责任与责任感

一　责任

责任，是一个内涵丰富、向度多维的概念，在不同的学科和不同的领域有不同的理解和界定。《国际教育百科全书》认为："责任是一个有争议的术语，要对它解释就等于做一个政治声明。"但责任自古以来就是哲学、伦理学、社会学、人类学关注并不断深入探究的命题。我们对国内外相关学科对责任的内涵诠释进行梳理，有助于更好地理解"责任"的内涵。

（一）国外关于责任的内涵诠释

在《新牛津英汉双解大词典》中，responsibility 有下列义项：1. the state or fact of having a duty to deal with something or of having control over someone（责任，职责）；2. the state or fact of being accountable or to blame for something（负责）；3. the opportunity or ability to act independently and take decisions without authorization（独立工作或做决定的机会或能力，独立承担责任的机会或能力）；4. a thing which one is required , to do as part of a job, role, or legal obligation（职责，任务）；5. a moral obligation to behave correctly towards or in respect of（道德义务）。

"责任"是西方哲学探讨的古老而深刻的话题，哲学家和思想家们在研究人类对世界的认知、人类与社会的关系、客观与主观等问题时，试图从道德、伦理的宏大视域来诠释责任的内涵，表达自己的理解。苏格拉底基于"城邦"与公民之间的关系，认为责任是城邦公民的美德之一，是公民服务"城邦"社会的一种能力和品性，公民必须无条件地履行自己与城邦订立的契约中约定的责任。苏格拉底从公民德行出发，强调人与社会的契约责任，表达了自己对责任的理解，奠定了责任作为社会伦理的研究基础。柏拉图在《理想国》中构建起带有乌托邦色彩的城邦，论证了公民履行责任的重要性，强调公民履行责任是城邦和个人幸福的现实基础，深刻地指出了公民个体与社会的责任关系。伊壁鸠鲁主张快乐主义的道德理论中强调人们要对自身的行为引发的后果负责任，指出"我们的行为是自由的，这种自由便构成了使我们承受被褒扬或者被贬低的责任"。亚里士多德在《尼各马可伦理学》中阐释了人应对其行为后果负责的条件和环境。在他看来，人的行为是自由的，但是这种自由的前提和条件是理性的自觉、意志的自愿；善恶美丑、是非真假都是人自由选择的结果。因而，人必须对自己选择的行为所导致的后果、产生的影响负直接责任，即使是可以推卸和躲避的责任。伊壁鸠鲁和亚里士多德的责任观中的"责任"，偏重于行为主体在某一行为发生之后的责任，是一种对责任进行后顾性的界定，即认为某一行为主体应对其做出的行为负责，其逻辑前提是当行为发生后一旦产生不良后果则是由行为主体的错误或失职造成的。在日常语境中，我们也可以称之为"事后责任"。此后，与之相对应的另一种意义上的责任，即作为行为发生之前的、对行为发生之后具有导向作用的"事前责任"，也逐渐成为哲学中的话题。"这种意义上的责任意味着，人们有一种为他人、为一种动物或一件事情、为非个人的事业而行动的义务。"这一意义上的责任则是行为主体在特定的条件下应当承担的职责或义务，有外在客观世界赋予的，也有行为主体自我认知的。事前责任和事后责任有着较为明显的共同特性，如都内蕴着"应当负责"的原始含义，但二者有着不同的条件和标准。

近代以来，随着经济社会的发展进步，产业革命的深入推进，科学技术的推广运用，思想认知的不断深入，以及由此而产生的社会秩序、道德伦理、价值体系、意识形态领域的种种嬗变，哲学家、思想家们根据其所处的时代背景，结合客观生活实际和社会变化趋势，对"责任"这一概念的内涵进行了全面思考，提出了不同的见解和主张。英国哲学家培根从伦理范畴提出"力守对公家的责任比维持生存和存在，更要珍贵得多"的主张，将责任解释为维护整体利益的善行，突出强调公共责任和整体利益责任。德国古典哲学家康德指出，"每一个在道德上有价值的人，都要有所承担。不负任何责任的东西，不是人而是物"。他基于纯粹理想主义的思考，挖掘"责任"背后的价值意蕴，将责任定义为一切道德价值的根源和核心，并以"责任"为内核构建出"义务伦理学"。康德对于"责任"的界定主要表现为三个方面。一是强调道德价值，他认为"出于责任"的人类行为才是真正意义上具备道德价值的，这里的"出于责任"不同于"合乎责任""个人喜好"和"利己"，而是出于人类对自然法则的敬重而自发的行为。二是强调责任的形式命题（动机论），即道德法则，他提出道德价值的内在法则剥离一切"欲望对象"或"意图"等外在缘由，仅仅由善良意志的内在价值所支撑。三是强调道德规律下行为的必要性，他指出"人们履行责任就是美德，违背责任就是恶德"，人类必然遵循义务（道德），而义务体现出的价值逻辑不是人们对行为所产生的期望和反馈，而是表现为一种形式原则，不潜藏任何的质料，"责任"是一种为责任而责任的行为。康德以上述三个方面为主轴不断强化人的主体性作用，厘清个体与社会之间的交互关系，对幸福论伦理学进行批评，区别于传统意义上以利益、精神、经验等要素驱使下形成的"责任"定义，提倡要以责任来提高人的自由和尊严，从而实现社会层面的最大化幸福，其不仅是一种善良意志的表征，更是绝对命令的唯一源泉，如其所说："道德就其本义来讲并不是叫人怎样谋求幸福的学说，乃是叫人怎样配享幸福的学说。"

　　马克思、恩格斯在经典著作《德意志意识形态》中指出："作为确定的人，现实的人，你就有规定，就有使命，就有任务，至于你是否意识到这一点，那是无所谓的。这个任务是由于你的需要及其与现存世界的联系而产生的。"[①]规定、使命、任务三者语义表达不同，但本质意蕴指向一致，指的就是"责任"。马克思、恩格斯以历史唯物主义和辩证唯物主义的科学世界观和方法论阐释了责任的深刻内涵和本质特性，指出每一个处于一定社会关系中的作为个体独立存在的人，都必须无条件地履行一定的社会责任，这种责任是不以人的意志为转移的客观存在；同时提出"没有无义务的权利，也没有无权利的义务"，"一个人有责任，不啻为自己本人，而且是为每一个履行自己义务的人要求人权和公民权"。这些论断深刻揭示了责任和权利与义务的辩证关系，从人的社

---

　　① 中共中央马克思恩格斯列宁斯大林著作编译局：《马克思恩格斯全集》第3卷，人民出版社1960年版，第329页。

会属性这一视角，指出了责任是作为现实的人、具有责任能力的人这一主体，履行使命、任务等责任的行为发生过程。法国哲学家柏格森把责任和职责作为其生命哲学的中心思想和主要主张，认为"职责：我们应该把它看作人们之间的约束，首先是我们对我们自己的约束"①。法国哲学家萨特指出："假如我面对一种不仅涉及自己而且涉及全人类的选择时，我们必须担负起责任，那么即使没有先天的价值来决定我们的选择，也不能随意妄为。"② 他还强调"责任"是客观的现实存在，无论什么时候的行为选择都不能与责任脱离开来。在他看来，责任是客观现实，也是自由选择，但责任受到由主体与客体关系所决定的内在的限制。

（二）国内关于责任的概念解析

中华民族向来追求责任担当的道义境界，责任是中华民族最深沉的文化基因，这一基因烙印在中国社会的公共价值中，也由此成为中华民族的优良传统，成为中华民族行稳致远、砥砺前行的精神力量。

在我国古代典籍中，很早就出现了有关责任的论述，但从词源来看"责"和"任"分开使用较多，而且多以"责"这一单一语素加以表达。"责"作为责任之义最早出现在《尚书·周书·金縢》中，"若尔三王是有负子之责于天，以旦代王发之身"。"责任"一词最早连用见之于汉代袁康的《越绝书·外传计倪》，其文为"计倪对曰：齐桓除管仲罪，大责任之，至易"。责，本义为债款，债务；任，初文为壬，即担荷的担子的竖立形，本义为挑担、荷、肩负。《康熙字典》（内府本）对"责"与"任"二字解释颇多，在其"酉集中·贝部"，第四十页说"责，又任也"，即责任的意思。《孟子》云："有言责者"。《韩非子》

---

① 周辅成：《西方著名伦理学家评估》，上海人民出版社 1987 年版，第 706 页。

② ［法］萨特：《存在主义》，纽约哲学丛书 1947 年版，第 49 页。

云"主道者，使人臣有必言之责，又有不言之责"。除此之外，还有责备、责问、索取、索求等意思。任，作动词有担负的意思，作名词有责任之义，如《论语》云"仁以为己任"。《现代汉语词典》中解释"责任"："第一，分内该做的事，应尽的职责。第二，由于没做好分内的事而应当承担的过失。"可见，责、任二字或责任一词，在一定程度上具有互文的意义，既可表达责任、职责的意思，从我国的传统文化来看，也可表达承担责任的意思。

"责任"的观念或思想自古就有，作为主体的人一旦承担了不同客体乃至自身的期待和要求，便要承担起与自身身份或社会角色相应的责任。这种责任既可以是主动生发的，也可以是被动要求的。从原始社会的协作劳动到农业社会男耕女织的分工，都体现出一种自然而然的身份责任意识。传统文化中，系统的责任观或责任思想在儒家思想中得以集中体现并深刻地影响着中国社会和中华民族历史的发展。儒家思想创始人孔子为解决春秋末期礼崩乐坏的时代问题，探索出通过个体责任意识的提升，推动构建一个和谐有序社会的途径。可以说，儒家思想源于儒家的责任思想，这种责任思想从庶民到君主，从子女到父母，从自己到他人，社会中几乎每一个人都承担着一套属于自身的责任体系。这种体系在"宗法"关系的基础上，以"仁"为内核，以"礼""乐"为养成途径，形成了"格物、致知、诚意、正心、修身、齐家、治国、平天下"的责任体系。具体而言，可以分为以"养浩然正气"为内容的修身责任思想，以"孝悌"为核心的家庭责任思想，以"忠恕"为原则的人际交往责任思想，以"国而忘家，公而忘私"为要求的国家责任思想，以"天人合一"为遵循的生态责任思想，以"天下大同"为目标的世界责任思想六个不同的等级。无论是"内圣外王""天人合一"之理，"忠恕"之道，"仁爱礼乐"之约，还是"修齐治平"之志等，都可以看出，中国古代责任思想与儒家思想的主要特点基本是一致的，都是以"自身"为核心的圈层式递进发展。

从语义学上的含义拓展至其他学科，对责任有不同的定义。如从政治学的角度，张贤明认为责任"是社会成员对社会所负担的与自己的社会角色相适应的行为和社会成员对自己的实际行为承担的一定后果的义务"。从伦理学视角，沈晓阳认为，"责任是指由一个人或一个团体的资格（包括作为人的资格和作为某种特定角色的资格）所赋予，并与此相适应的从事某些活动、完成某些任务以及承担相应后果的法律的和道德的要求"。在社会学中，责任被认为是"社会个体存在的基本方式，也是社会个体间联结的内在基础；责任也是社会能够得以良性发展的动力和基础"。

对已有定义进行类比分析，借鉴前人的研究成果，我们认为，责任产生和发展于人类认识世界、改造世界的过程中，是个体在社会交往过程中通过不断体验与他人、组织、社会、自然等的依存关系，发展而来的一种社会关系概念，表征一种价值判断和价值选择的归属关系；它既是社会内部的个体或群体之间相互联结的内在基础，同时也是推动社会良性发展的道德基础。因此，基于"责任"概念的社会关系范畴，通过建立良性的人际互动可以使责任主体形成体验责任和道德自觉，内化成良性价值判断的意识自觉。因此，对责任的概念诠释应遵循一个基本的逻辑向度，即主体对处于一定社会关系中的自我社会角色所应承担责任的认识。也可以这样认为，责任是主体对自我社会角色应当完成的任务、履行的义务、承担的职责等由特定社会关系所决定和规约的客观现实要求的意识觉醒和认知态度。

二 责任感

责任作为概念，被广泛运用于社会学领域和日常情景以及生活场域后，衍生出不同的责任类型，如从社会组织的角度，有行政责任、治理责任、企业责任、司法责任等；从社会个体角度，有法律责任、家庭责任、职业责任、道德责任、社会责任等。但不管何种责任，都是以概念的形式抽象地存在的。人们只有对责任进行体悟、认知后方可形成对责任的情感意识、认知态度，并上升为情感认同，内化为自我的价值判断。这一过程中所形成的对责任的直观认知态度和情感认同，就是日常话语情景中的"责任感"。

在定义责任的基础上，探究"责任感"的内涵，是相关研究的学术理路。不同学科视域下，基于不同的理论逻辑起点，对"责任感"的内涵探究有着不同的学术表达和学术范式，对"责任感"主要有责任心、责任意识、责任认知、责任意志等不同的指称。由于"责任感"的形成是一个复杂的心理活动过程，人们从心理学视域对"责任感"进行了深入的探究。《心理学大词典》是这样定义"责任感"的："个体在道德活动中因对自己完成道德任务的情况持积极主动、认真负责的态度而产生的情感体验。它反映个体对承担任务的积极情绪体验和明确归因，决定道德任务的完成程度以及在没有完成时个体感觉到有过错的程度。"有的学者认为责任感"就是社会成员对自己的身份和所扮演的角色应承担的责任和义务的一种认知"。也有学者认为责任感是指"个体对自己在承担人类社会和自身发展的责任中做出的行为选择、行为过程及后果是否符合内心需要而产生的情感体验"。从心理学视角的内涵诠释来看，诠释责任感有三个基本遵循。一是对社会角色的认知。责任主体在心理认识活动中都能意识到自己处于特定的社会关系之中，扮演着不同的社会角色，没有人能独立于社会之外，也没有人能逃脱社会角色的客观属性。二是对责任义务的认可。责任主体在社会角色认知的基础上，能意识到每一种社会角色都承担着一定的应尽的社会责任和道德义务，没有人能置身于责任之外，也没有人能逃离责任和义务的客观存在。三是对情感体验的认同。责任感属于意识形态的范畴，其形成是一个心理活动的过程，势必要经过获取责任认识、内化责任情感、外化责任行为的逻辑过程，而内化责任情感在这一过程中起着关键性、决定性的作用。所以，在心理学视角的内涵诠释中，将情感体验作为形成责任感的中介，即主体对自己角色应当承担的责任有着积极的情绪体验，能自觉意识到行为选择是否符合责任要求、履行责任的程度，并在不履行责任时能认识到失责或过错。可见，心理学视角的内涵诠释形成了责任认知、责任情感体验、责任行为发生的闭环过程。

从德育和思想政治教育的学科视域，学者们对"责任感"的内涵探究，大都按照认知心理学关于知、情、意、行的发生过程，立足于现实生活场景和具体责任行为发生的场域，从责任感的个人价值与社会价值的应然语境中，试图将"责任感"形成过程中的情感体验、意识自觉与责任行为有效结合，体现责任感的合规律性和合目的性。学术界在 21 世纪开始聚焦大学生社会责任感研究时，一般都是援引心理学上责任感的概念，随着研究的逐渐深入，人们认识到责任感应该由精神意识层面上的情感体验延拓到责任行为上来，德育和思想政治学科视角下的研究则更应体现责任感的被感知性，应当体现责任感的公共价值属性。王永贵、季国平等学者认为责任感"是一种反映人的精神状态的意识，其实质是个人与社会的价值关系问题"。陈会昌、魏进平、郑士鹏等学者认为责任感"既包括人们履行责任时产生的特殊情感，也包括对责任的认识以及履行相应的责任行为"。学者包雅玮、程雪婷认为责任感是"社会成员认识到自身社会性本质的基础上，为了实现和维护相应的社会属性，而去履行义务的一种道德自觉"。王郑宇等学者认为，"责任感作为现实责任行为的内在驱动力，是社会群体或者个人对其相应社会角色所承担的责任和义务的认识、情感、意志和行为的综合体现"。不难看出，在德育和思想政治教育学科视角下对"责任感"的定义，同样遵循四个方面的基本共识。一是强调责任行为的主体性，产生责任意识、进行情感体验、承担责任义务的主体是处于社会关系之中的个体或群体。这既突出强调了任何个体或群体都必须承担一定的社会责任，阐明了责任的客观属性；又从辩证唯物主义的立场，阐明了责任的社会属性，需要一定的行为主体来承担和实现，否则，责任就是抽象的存在，失去了价值意义。二是强调了完成责任的价值性，与心理学视角的阐释不同的是，德育和思想政治教育领域的学者们，在内涵探究中，注重责任感的社会价值，强调责任感本质上是个人价值与社会价值的统一。说到底，责任感是一种公共价值的存在，人之所以区别于物，就在于能从价值理性的角度认知到自我社会角色和责任对这一角色的规约。三是强调责任行为的自律性，责任主体对责任行为的选择是一种自我约束和自觉选择，责任主体在做出履行责任的行为选择之前，会自我考量是否符合责任要求、社会价值，是否在实然层面履行了责任和义务，行为选择会造成什么样的后果，等等。四是强调责任内涵的综合性，即在对责任感的内涵分析中，从起初将其定义为精神状态、责任意识、责任情感，到定义为价值关系、情感体验和责任行为选择，再到定义为认识、情感、意志的综合体现。反映了学界对责任感内涵认识的逐渐深化。

"责任感"无论是作为一种情感体验、心理情绪，还是作为具体行为和情感与行为的综合，都与一般的心理情感体验不同，它属于道德心理和意识形态的范畴。但是，责任感必须在公共语境下以具体行为选择加以彰显，才能体现其价值旨归。一方面，责任感的认知获取和内在形成过程，主观上源于个体或群体的道德自觉与责任自律，满足自我履责的要求与社会的公共价值理性，客观上要经由一个从责任认知到责任情感体验、内化，再到行为选择的过程。另一方面，意识是行为的基础，行为是意识的体现，由责任感衍生的责任行为必须在现实情境中加以展现才能彰显意义和体现价值，也就是说，责任感必须在公共话题言说和公共理性中加以表现。

根据以上分析，结合心理学和德育、思想政治教育学科视角的有关理论成果，以及学者们对责任感的内涵诠释，我们认为，"责任感"是一种社会道德心理，由作为道德力量的德行在主体内部对意志进行指导和规约，驱使主体遵循意志选择的良性价值判断，在意识自觉下义无反顾地对责任进行恪守和履行，并在此过程中通过符合责任要求的责任行为实现自我与社会的价值与意义。

为了体现责任感的可感知性，通过分析，我们认为责任感由一些具体要素组成。一是责任认知，这是责任感形成的前提。认识是行动的先导，认知是情感的前提。责任认知是指行为主体通过学习教育、自我认识等方式，根据道德标准、责任要求、社会规范、时代使命，对主体社会角色应当承担的责任、职责、义务、任务所形成的认识与判断，包含了"我有哪些责任（义务、使命）""我应当承担哪些责任或职责"等的价值认知以及"我该不该负责任""我有没有责任""我应当承担什么样的责任（后果）"等的是非价值判断。二是责任情感，这是形成责任感的基础。责任情感是主体在获取责任认知后，对自我责任高度认同的基础上在价值取向、道德情操、思想观念、言行举止等方面的正向思量、积极态度和理性品格。三是责任意志，这是形成责任感的关键。责任意志是主体在责任情感体验的基础上，通过他律与自律的共同约束力来实现对责任的自觉遵从。情感还往往处于一种往正向、积极的方向转变的状态，但由于主客观原因和情感本身的波动性、起伏性，存在向负向、消极方面发展的可能与风险。但意志这一心理状态则不一样，其以坚定性、长久性、持续性来调节纠正责任情感向负向、消极方面的转化，使得主体对责任情感的积极态度持久巩固。责任意志的强弱很大程度上影响着责任行为的呈现。四是责任行为，这是责任感形成的旨归。责任行为是责任感的最终体现和表现形式，也是主体责任行为的选择。责任感不能停留在抽象的认识和意识中，需要在经由责任认识、责任情感、责任意志后表现出符合主体自我责任、社会价值的具体责任行为。

第二节　社会责任感与大学生社会责任感

一　社会责任感

"社会责任感是意识形态的有机组成，是构成整个意识形态肌体和意识形态结构的基础性领域，从来都是唯物史观立论并始终关注的重要领域。"① 在对责任感进行定义的基础上，学术界对社会责任感这一概念的诠释，也往往较多地从心理认知和情感体验的角度进行，故此，很多学者将"社会责任感"定义为一种自律意识、人格素养、心理品质。但他们在概念阐释中的共同逻辑是都强调"社会责任感"是在一定的社会历史条件下形成的，如有学者认为"社会责任感是指社会群体或者个人在一定社会历史条件下所形成的为了建立美好社会而承担相应责任、履行各种义务的自律意识和人格素质"。事实上，由于社会是动态的、发展的客观存在，不同社会历史条件和社会历史时期，对社会成员的责任要求是不一样的。所以，"社会责任感"理所当然是在一定的社会历史条件下形成，且经过认知、体验和实践，沉淀于主体自我内心深处，形成较为稳定的认知态度、情感体验和心理品格。同时，社会是一个包罗万象的广泛概念，在对"社会责任感"进行诠释时，有的学者却对此加以模糊，将社会主体对自身的责任排除在社会责任之外，如有的学者认为社会责任感是"社会成员对国家、集体以及他人所承担的职责、任务和使命的态度"。显然，这里的"社会"指向的是国家、集体及他人。也有的学者在对责任进行分类时，将责任分为社会责任和自我责任，从而认为"社会责任是个体对他人、对社会承担的任务、职责和

---

① 季国平、王永贵：《论大学生社会责任感意识形态话语权构建》，《陕西社会科学》2018 年第 1 期，第 198 页。

使命"。马克思主义认为，人是一切社会关系的总和，人的使命、责任是由主体的自我需要与社会的关系所决定的。因此，社会主体对自我的责任同样属于其社会责任感的范畴。

社会责任感本质上是一种价值关系，是主体自我价值与社会价值的有机统一。作为哲学范畴的价值，具有普遍性和概括性，在构成上有主体（现实的人）的需要和客体（客观事物）的属性两重因素；在本质上是主体与满足主体某种需要的客体的属性关系；在内容上是客体对主体的积极作用。从认识论角度来说，是客体能够满足主体某种需要的效能关系，是表示客体的属性和功能与主体需要间的一种效用、效益或效应关系。作为内生的道德力量，激励主体将个人价值实现转化为符合社会道德规范和发展目标的需要，在实现社会价值的过程中实现自身价值。社会责任感的价值关系，可以分为社会价值和主体自身价值。作为意识范畴的责任感并非与生俱来，而需要经由认知和形成的过程。一方面，社会责任感是主体在不断社会化的过程中，通过教化和实践等多种形式，个体自我对责任、使命、任务的情感体验并自觉完成责任的价值理性，现实中这种情感体验必须呈现为一种责任行为，才能体现社会责任感的价值属性和真实存在。另一方面，责任感必须在日常情景、具体语境、公共秩序等具体的现实生活场景中以一种行为的方式体现出来。所以，评价个体的社会责任感要将其置于广泛的、现实的社会场景中。人的社会性本质决定了"社会责任感"是由社会发展而形成的社会关系的产物，是人们在认识世界、改造世界的具体生产生活实践中所结成的人与人、人与社会、人与自然关系的产物。

"社会责任感"作为社会关系的产物，是人们道德品质的核心素养、价值取向的判断标准、行为选择的内在规制，是维护人际交往、伦理道德、社会秩序的道德基础。其以"社会"为存在前提条件，以"责任"为存在价值。社会不是单个个体或群体的独立存在，而是一个无数个体或群体相互依存、相互融合、相互交流、相互作用，从无序到有序、从低级到高级的有机集合和整体。"社会责任感"作为责任主体的内在意志品格和精神驱动，当个体意识到自我价值必须符合客观存在的社会现实需要和他人的需求时，责任主体就会在主观上产生积极履行责任、承担义务、完成使命的情感体验，进而在实践中做出对社会或他人负责任的行为选择。每一个有责任能力的责任主体，都必须自觉承担起自我的社会责任。"社会责任感"的最终价值指向整个社会、国家、民族和人类的发展进步。社会在不同的发展阶段和历史时期，具有不同的政治、经济、文化水平，也具有不同的社会任务、历史使命和具体目标，因而对社会成员具有不同的责任要求。因而，"社会责任感"是在一定社会历史条件下形成的。

马克思主义认为，人与物的区别在于人的能动性、主观性和社会性。人以独立的个体形式存在于社会生活中，但这种独立性是能动性和社会性的外在表现形式。人无时无刻不和外界发生联系，而通过责任与义务的形式与外在客观世界发生能量与信息交换的联系，则使人存在的价值得以彰显。一方面，社会是由无数个独立的人组成的，人处于一定的社会关系中，扮演着不同的社会角色，需要承担不同的社会责任，履行不同的社会义务。在与外界发生联系时，需要责任感作为基础来维系。另一方面，人是社会中的人，是具有认识水平、思维意识、价值观念、判断标准的，能认识到自我社会角色的社会责任。"社会责任感"形成的过程也是个体不断社会化的过程，对自我社会责任感的认知过程。在参与社会实践活动，与外界发生联系时，主体会思考自己应当践行哪些社会责任，从而形成承担并履行责任的态度，最终做出符合社会要求、道德标准和公共价值的行为选择。同时，"社会责任感"不是抽象的存在，不是模糊的概念，是社会责任认识和情感的物质表现，需要具体的责任行为加以体现。倘若作为意识范畴的社会责任感不能以具体的责任行为展现，则要么是社会责任感缺失，要么是社会责任认知与责任行为断裂。

综合上述分析，我们认为，"社会责任感"是指社会个体或群体在一定社会历史条件下所形成的，位于内心深层，以符合社会需求、道德规范和伦理秩序为取向，以实现个人价值与社会价值为目标，主动积极承担责任和履行义务，并在社会公共领域加以具体体现的行为选择。

二　社会责任感的特征

以上对"社会责任感"的定义，强调了其客观性、价值性、主动性和时代性，这也是社会责任感的内在固有特征。

一是客观性。前面已经提及，"责任"产生和发展于人类认识世界、改造世界的过程中。"社会责任感"则缘起于人类群体随着广泛的交往互动和密切的融合交流形成的社会关系中，且随着社会的发展而发展。在社会关系中任何个体或群体都具有一定的社会角色，社会赋予了每一个社会角色相应的社会责任，任何角色都逃离不了这一社会责任。社会责任感的客观属性还体现为每个个体只有履行社会责任才能顺应社会的客观要求，成为社会意义上的"人"。社会责任感对个体成长、发展的影响也是客观存在的，也就是说，个人社会责任感的强弱直接影响着自我的发展与提升。另外，不同社会发展阶段和历史时期的社会责任感对个体的具体要求是不同的，这是因为社会责任感受到一定时期社会环境和物质水平等客观社会存在的影响。

二是价值性。"社会责任感"的本质是价值关系。个体与社会是彼此依赖、相互作用的有机整体，实现个体价值才能更好地维护、实现社会价值，实现社会价值才能保障个体价值的实现，两种价值的相互统一是维系社会秩序、推动社会发展的根本动力。一方面，社会个体的社会责任感只有符合社会需求、道德规范和伦理秩序，其才能在真正意义上履行社会责任感，进而实现社会价值。另一方面，在以实现社会价值为目标的责任行为中，才能使主体自我得到社会认可，获得全面发展，进而彰显自我价值。

三是约束性。社会角色主体的社会责任，既有基于主体自身需要及其与现实世界的联系而产生的社会责任，也有来自于为维护国家利益、维系公共秩序、推动社会发展而制定的各项法律法规、制度政策等带有约束性规制方面的，还有来自于道德、伦理、情理等带有自我内在约束性方面的社会责任。可以说，社会责任感是自律与他律相统一的。同时，社会责任感的形成要经由认知、情感、意志、外化的过程，在这一过程中，强化责任意识这一环节也带有约束性，规约着主体形成正向、积极、强烈的责任意志。

四是时代性。不同时代具有不同的主题，也就催生了不同的任务；相对意义上的同一时代的不同历史时期，社会发展的任务也不一样，赋予每一社会主体和社会角色的责任要求就不一样。但是社会责任感以推动社会发展和实现社会价值为旨归，其具体内涵和要求必须体现时代要求，符合时代潮流。所以从内容上看，社会责任感不是静止的、一成不变的，而是动态的、与时俱进的，体现出鲜明的时代性。

三　大学生社会责任感

不同的社会个体或群体有着不同的社会责任，有研究表明，社会责任由普遍性、一般性、公共性群体的社会责任，逐渐过渡到公民社会责任、青少年社会责任以及大学生社会责任等特殊群体的社会责任类型。与此同时，作为社会学、管理学、伦理学中的重要概念，社会责任感逐渐延伸至教育学等研究领域。

应当承认，当代中国从来没有停止过在培养公民社会责任感方面的探索和努力，也卓有实效地提升了公民的社会责任感。为完成不同历史时期的历史任务提供了强大的精神动力和有力支撑。如 21 世纪初颁布的《公民道德实施纲要》、2019 年颁布的《新时代公民道德建设实施纲要》、2012 年颁布的《社会主义核心价值体系实施纲要》、2013 年颁布的《关于培育和践行社会主义核心价值观的意见》、2019 年颁布的《新时代爱国主义教育实施纲要》等，都可以视为培养公民社会责任感的制度性要求。

在这一过程中，基本的事实是公民社会责任感逐渐成为社会普遍关注的焦点，一个明显的倾向是，学术探究和具体实践中，具有普遍意义的公民社会责任感逐渐延伸到大学生这一特殊群体社会责任感的培育上（有的也提青少年社会责任感），并且人们普遍认为，大学生社会责任感的培育具有十分重要的现实意义，相关的学术研究方兴未艾，理论成果也较为丰硕。一方面，大学生这一特殊群体，往往被视为希望与未来、中坚力量与时代先锋等，寄托着人们对这一群体的更高要求和期望。另一方面，大学生中对社会责任认知不够、履行社会责任不够、有违社会责任的现象时有发生。

在相关学术研究中，学者们也从不同角度对大学生社会责任感进行概念诠释，普遍的研究范式是在各自对社会责任感诠释的基础上，将大学生作为前缀加以诠释。大学生是社会群体的标签，是社会角色的标志，是社会先锋的力量，这一特殊群体肩负着伟大的历史使命。参考前人的研究范式，我们认为在大学生社会责任感的概念诠释中，应当体现培育大学生这一特殊群体社会责任感的价值旨归，从个人、社会、国家三个层面考虑，简要概括就是实现自我价值、推动社会发展、建设美好国家。因此，可以这样认为，"大学生社会责任感"是大学生这一群体在一定社会历史条件下所形成的，以实现自我价值、推动社会发展、建设美好国家为价值旨归，对自我社会角色应当承担的任务、职责、义务等的心理认知、情感体验、自觉意识和积极负责的具体行为的综合。这样定义，较好地体现了社会主义核心价值观三个层面的价值要求，也较好地体现了以社会主义核心价值观为导向的大学生社会责任感的概念诠释，为具体分析社会主义核心价值观视域下大学生社会责任感的具体内容提供了理论基础。

第三节　社会主义核心价值观视域下的大学生社会责任感

习近平总书记指出，"青年是标志时代的最灵敏的晴雨表"，"青年的价值取向决定了未来整个社会的价值取向，而青年又处在价值观形成和确立的时期"。党的十八大以来，习近平总书记就青年如何培育践行社会主义核心价值观做出了系列重要论述。在社会主义核心价值观视域下考量大学生社会责任感，无疑具有十分重要的意义。但社会主义核心价值观视域下大学生社会责任感的培育，学理上是一个较为复杂的问题，实践上中又是一个系统工程。

一是基于大学生自身的成长规律。大学生正处于心智成熟、思想形成、价值塑造的关键时期，对社会主义核心价值观和社会责任的感官认知、情感体验并内化为自我的主体意识，是一个复杂的心理接受和内化的过程。同时，不同年龄、不同性别、不同民族，以及不同年级、不同专业的大学生，其认知水平、心智结构也各异，对社会责任感的认知、接受也将呈现不同的状态。大学生社会责任感的培育既要遵循责任感的形成规律，又要遵循大学生的成长规律。

二是基于社会责任感的形成机理。社会责任感作为意识形态的范畴，是主体对责任的心理认知、情感体验、自觉意识和积极负责的具体行为的综合，有着其自身形成的内在机理和客观规律，需要从心理学、行为学、教育学等多学科视野加以探究，找到这一规律的内在逻辑机理，并为培育大学生社会责任感提供基本。

三是社会主义核心价值观与大学生社会责任感之间的内在耦合。既然以社会主义核心价值观作为一种研究视域，就必须找出二者之间的内在耦合，否则，这一研究视域将失去研究价值。从目前的研究成果来看，这一研究视域被较为广泛地运用于不同的研究领域。但是，就大学生社会责任感的研究来看，对二者之间的内在耦合和逻辑关联缺乏深入的研究。社会主义核心价值观三个层面的价值要求映射于大学生社会责任感的具体维度上的具体内容需要进一步思考。因此，很有必要先对社会主义核心价值观视域下的大学生社会责任感进行相关的理论探究。

一　社会主义核心价值观与大学生社会责任感的内在联系

社会主义核心价值观，是构筑中国精神、中国价值、中国力量的重要精神支撑，是立足于社会主义核心价值体系建设实践的理论创新，从国家、社会、公民三个层面明确了价值目标、价值取向、价值准则，深刻而全面地指明了国家、社会、个人层面的具体要求，把政治理想、建设目标、社会导向、行为准则相互联系、相互贯通。社会责任感是一种个体的道德情感和主观意识，它是对社会主义核心价值观的微观反映，既是社会主义核心价值观公民层面价值准则的具体体现，也是社会个体对实现国家、社会层面价值目标而应然承担的责任、使命和义务。社会主义核心价值观与大学生社会责任感在价值意蕴、培育内容、形成过程、践履路径四个方面存在着内在耦合和逻辑关联。

（一）价值意蕴目标一致

当前，世界正处于百年未有之大变局，世界多极化趋势明显、经济全球化进程加快、文化多样化呈现、社会信息化加强，世界各国需要加强在政治、经济、文化、科技等领域的交流与合作，以解决共同性问题，应对全球性挑战。在这一过程中，不可避免地出现西方各种思潮对我国价值体系的冲击，从而影响人们的思想观念和价值取向。同时，"5G、人工智能、智慧城市等新技术、新业态、新平台蓬勃兴起，深刻影响全球科技创新、产业结构调整、经济社会发展"。这一客观现实，也将使各种信息、价值观念、社会思潮呈指数性增长，深刻影响人们的思维模式、道德观念、思想认识，甚至催生新的文化形态。从国内形势来看，当前正处于实现中华民族伟大复兴"中国梦"的关键时期，全面开启实现第二个百年目标的新征程，实现目标的征程上还有许多意想不到的风险、挑战，与此同时我国社会的主要矛盾也发生变化。这些客观存在的社会现实必然会以不同的形式影响人们的思想意识。因此，我们需要用主流价值观念统一思想、凝聚共识，汇聚起人民群众的磅礴伟力。

大学生是一个特殊的社会群体，他们正处于思想认识的形成期、价值观念的塑造期，思想认识和价值观念将影响他们的成长成才和全面发展，也将影响到整个社会的价值导向。教育引导大学生培育社会责任感，就是要使他们深刻全面、正确理性地认识到自身肩负的建设国家和社会的责任，认识到自身的时代使命。

培育和践行社会主义核心价值观的价值意蕴就是构筑起社会的主流价值体系，用这一主流价值体系来统一思想、凝聚共识，调动全社会各方面的力量。培育大学生社会责任感的价值目标也是使大学生坚定理想、笃定信念、练就本领、磨砺品格，更好地承担起社会责任。因此，二者在价值意蕴上具有一致性。

大学生要践行社会主义核心价值观就必须有强烈的社会责任感，也就是要把社会主义核心价值观在国家层面的价值目标、社会层面的价值取向和公民层面的价值准则作为自己不可推卸的社会责任。只有不断强化社会责任感，大学生才能自觉地践行社会主义核心价值观；同样，也只有把践行社会主义核心价值观作为自己神圣的社会责任，大学生才能承担社会责任。对于新时代的大学生来说，必须将培育践行社会主义核心价值观与强化社会责任感有机地结合起来。

（二）培育内容交融互生

社会主义核心价值观与社会责任感都属于意识形态的范畴，二者交融共生。社会责任感是社会主义核心价值观的重要内容和观念先导，社会主义核心价值观是社会责任感的价值导向，二者在培育内容上高度契合。

大学生社会责任感的内容有多种多样的划分标准，可以概括为对国家的责任感、对社会的责任感以及对个体的责任感。进入新时代，大学生对国家的责任感主要表现为担当国家富强、民族振兴大任，培育把我国建设成为"富强、民主、文明、和谐、美丽"的社会主义现代化强国的责任意识，并将其融入实践活动，外化为许国许民的责任行为；对社会的责任感主要表现为建设"自由、平等、公正、法治"的社会主义和谐社会贡献青春力量；对自己的责任感主要表现为遵循公民基本职业伦理、道德责任和处事准则，并在个体日常生活和行为活动中呈现，促进自我完善。

社会主义核心价值观主要有三个层面的内容。第一个层面"富强、民主、文明、和谐"规划了一个民族国家的重要任务、规划框架和发展目标，体现了一个现代化文明国家的基本衡量标准、治理手段、精神内核以及运转状态；第二个层面"自由、平等、公正、法治"明确了社会主义建设的价值取向和行为准则，个人必须自觉承担社会责任、履行基本义务，不断发挥个人的主观能动性，提升实践活动的能力；第三个层面"爱国、敬业、诚信、友善"指明了个人道德准则、价值取向以及寻求自我完善的最终目标，它不仅强调了个人"做事"与"为人"的准则，也强调了个人对于国家、社会和他人的基本义务——促进国家利益最大化和社会生活的正常有序。概而言之，社会主义核心价值观的三个层面就是要求履行个人对于国家、社会、他人、自身的责任，就是要在充分把握个体的社会关系的基础上，承担责任、履行义务。

（三）形成过程内在统一

"批判的武器当然不能代替武器的批判，物质的力量只能用物质力量来摧毁；但是理论一经掌握群众，也会变成物质力量。"① 理论只有被现实的人所掌握，才能转化为改造自然、改造社会的物质力量。同理，社会责任感要充分发挥其在大学生群体中的价值引导、共识凝聚、行动先导的作用，就必须实现一个"转化"——将社会责任感从普遍的教育理念转化为个体价值观，内化为个体的思想信念、情感态度、价值取向。社会主义核心价值观作为理论层面的价值要求，必须转化为客观的、能动的实践活动，才能彰显强大的价值引导功能，让其像空气一样无处不在、无时不有。

社会责任感从最初的理念，经由大学生一步步变为现实的过程，也恰好是社会主义核心价值观逐步与生活相容、与思想相融、与信念互动的过程，进而转化为推动个人成长成才、经济社会发展、国家繁荣富强的强大精神动力。大学生社会责任感的培育寓于践行社会主义核心价值观的过程中，有助于明晰国家、社会和公民层面的责任，强化对国家、对社会、对他人和对自我的责任意识。与此同时，社会责任感所倡导的价值取向，在为社会主义核心价值观提供具体指导和意识导向的同时，也将逐步彰显强大生命力，触及大学生的心灵深处，使大学生更自觉地认同和遵循，进而转化为更积极追求幸福生活的行动。

社会主义核心价值观的培育和践行就是要求社会成员在思想和行动上把践行社会主义核心价值观作为主要的社会责任。正确认识到一个人或一个组织的社会责任包括诸多方面，如对他人的责任、对国家的责

---

① 中共中央马克思恩格斯列宁斯大林著作编译局：《马克思恩格斯选集》第1卷，人民出版社2012年版，第9页。

任、对人类的责任、对环境的责任等。践行社会主义核心价值观首要任务就是主动把所有这些责任要求转变为自己的社会责任，并不断增强对这些社会责任的道德意识、道德信念、道德情感和道德意志，使之成为强烈的社会责任感，并在参与实践活动的过程中始终做出负责任行为。显然，要将践行社会主义核心价值观转变成主要社会责任感，不仅需要高度的内心自觉，而且要高度负责地落实培育践行社会主义核心价值观的各种要求。

（四）践履路径同频共振

培育践行社会主义核心价值观，主要聚集在精神层面的价值认同，落实在实践层面的责任行为。大学生社会责任感的培育，离不开家庭、学校和社会的通力协作，引导大学生认识社会责任感的重要性，从内心深处认同，并积极践履，成为一个有社会责任感的人。所以，二者在践履路径上同频共振，着力于构建有机联动的培育机制，紧密贴近生活、走进实际、亲近大众，遵循认知规律和实践规律，使践行社会主义核心价值观成为每一个大学生的社会责任，充分发挥其在大学生成长成才道路上的指引作用。

习近平总书记指出："青年是整个社会力量中最积极、最有生气的力量，国家的希望在青年，民族的未来在青年。"从个体的角度来看，大学生正处于思想观念多变和塑造的关键期，践行社会主义核心价值观和培育社会责任感都需要坚持与时俱进，一切以时间、地点和条件为转移，立足于大学生的成长环境和身心发展特点，适当地选取典型和优秀榜样，宣传其先进事迹，让大学生产生情感共鸣和心理认同，从而激发内在的学习能力和竞争欲望，从被动地践行社会主义核心价值观，履行社会责任，到主动地践行社会主义核心价值观，争做一个对祖国、对人民、对民族、对人类有用的人。从群体的角度来看，全社会致力于营造一个良好的社会环境是必然要求。保证大学生在参与社会实践活动中，能够通过与他人和社会的交往，受到思想的洗礼，感知到自身所肩负的时代责任和历史使命，树立正确的负责任的态度，做出负责任的行为。基于此，二者的践履路径要建立系统完备、机制完整的集思想引领、价值选择、实践养成、榜样示范、网络协同于一体的培育机制，实现二者的融会贯通和无缝对接。

二　社会主义核心价值观视域下大学生社会责任感的具体内涵

党的十六届六中全会第一次明确提出"建设社会主义核心价值体系"的重大命题和战略任务。社会主义核心价值体系从指导思想、共同理想、精神共识和主要内容四个方面提出了社会主义价值信念的基本维度。党的十八大在社会主义核心价值体系的基础上，概括提炼了社会主义核心价值观，从国家层面提出了"富强、民主、文明、和谐"的价值目标，从社会层面提出了"自由、平等、公正、法治"的价值取向，从公民层面提出了"爱国、敬业、诚信、友善"的价值准则。党的十九大报告把"坚持社会主义核心价值体系"作为新时代坚持和发展中国特色社会主义的基本方略之一。社会主义核心价值观是社会主义核心价值体系的核心，是社会主义制度在价值层面的本质规定，是中国人民价值观的最大"公约数"，是凝聚和引领人们团结奋进的精神旗帜。

社会主义核心价值观，就其语词表征来看就是 24 个字，体现了中国特色社会主义价值体系的本质要求和中国风格与气派，也在不同程度上体现了对当代社会现实价值状况的把握。但应当看到，社会主义核心价值观是一种理论，是应然状态的存在，在具体的培育践行中，包括大学生在内的社会民众首先需要对其进行认知、理解和内化。也唯有如此，才能真正实现社会主义核心价值观的落地生根。然而在理论探究和工作实践中，人们较多关注的是培育践行的应然状态，"就大学生社会主义核心价值观理解的深层语境来看，却仍显理想化而缺乏现实规范力与引导力"。同时，在培育践行的方法、路径、策略、措施上，多是宏观性的阐述，更多地基于理论观点进行抽象的表达。基于社会主义核心价值观与大学生社会责任感的内在耦合。在社会主义核心价值观视域下培育大学生社会责任感，有利于构建起有效的生成性场域，使教育引导当代大学生培育践行社会主义核心价值观，提升社会责任感，成为当下思想政治工作的重要内容和高校落实立德树人根本任务的内在要求。其中，首先需要在社会主义核心价值观视域下探究大学生社会责任感的具体内涵。

为了更为直观地表达社会主义核心价值观视域下大学生社会责任感的具体内涵，既体现社会主义核心价值观的导向，又立足社会责任感的内涵，按照社会主义核心价值观从国家、社会、公民层面提出的价值目标、价值取向、价值准则，我们将大学生社会责任感置于国家、社会、公民三个层面进行表达。

国家层面的社会责任感，主要包括为实现"富强"明大任担当，为发展"民主"塑政治意识，为提升"文明"强文化自信，为推动"和谐"练过硬本领。社会层面的社会责任感，主要包括以"自由"为根本，实现全面发展；以"平等"为取向，尊重基本权利；以"公正"为目标，维护社会公平；以"法治"为手段，培育法律意识。公民层面的社会责任感，主要包括以"爱国"为内核，厚植家国情怀；以"敬业"为核心，强化职业精神；以"诚信"为导向，夯实道德伦理；以"友善"为基础，遵循交际准则。

按照前面"责任"内涵诠释中对责任感构成要素的分析，大学生社会责任感在国家、社会、公民三个层面，同样可以划分为责任认知、责任情感、责任意志、责任行为。责任认知主要指对该层面科学内涵、具体内容以及相关责任要求的了解和认识，我们从准确性、整体性、深刻性三个方面来加以把握。责任情感是指在责任认知的基础上，对科学内涵、具体内容以及责任要求的认同程度，我们从认同感、归属感、效能感三个方面加以衡量。责任意志是在感性认知、情感体验的基础上，对该层面的科学内涵、具体内容以及责任要求进行内化并形成自觉遵循的意志品格，我们从坚定性、自觉性、自制性三个方面加以观察。责任行为则是指主体遵从自觉履行相关责任的意识，按照责任要求在现实中进行责任行为的选择，外化和表征出具体的行动，我们从对责任的信心、决心、恒心三个方面加以考量。这也是本项目在编制实证调查研究问卷过程中的基本遵循和设计维度。

第二章 大学生社会责任感的结构维度

大学生社会责任感价值指向明确，内涵外延丰富，结构维度多元。学术界根据不同的分类标准，对其结构进行了不同维度的划分，为认知大学生社会责任感提供了学理基础。为体现社会主义核心价值观与社会责任感二者之间的内在耦合性、内容关联性，彰显社会主义核心价值观对社会责任感的内涵把握上的导向性、培育路径上的引领性，更好地找到二者之间的共生性场域，本章以社会主义核心价值观为视域，探析大学生社会责任感的结构维度，并对不同结构要素之间的内在关系进行阐释，找到国家、社会、公民个人层面大学生责任感的具体内容，是对大学生社会责任感内容研究的创新，也可以为建立大学生社会责任感培育机制提供理论支撑。

第一节 国家层面的社会责任感

"富强、民主、文明、和谐"，是社会主义核心价值观在国家层面价值目标的高度凝练和具体表达，在整个社会主义核心价值观中处于首要位置，起着统摄作用，对其他层面的价值理念具有内在规约和重要统领作用。大学生社会责任感的具体内容和现实要求，就是大学生为实现"富强"的大任担当、发展"民主"的政治意识、提升"文明"的文化自信、推动"和谐"的过硬本领。

一　为实现"富强"明大任担当

"富强"即富足殷实而强盛之义，指财富充裕，力量强大，也指国家富足而强盛，也就是日常语境中所指的国富民强。"富强"是建设社会主义现代化强国的价值目标，是社会主义现代化国家在经济硬实力和文化软实力及综合国力上的价值目标。国富民强是一个国家全体成员安居乐业的保障，是一个民族繁荣昌盛的基础，也是一个国家国际竞争力的体现，还是一个国家掌握国际话语权的关键。实现国富民强，是中华民族一直以来的追求。

近代以降，由于封建主义的腐朽没落和帝国主义的野蛮掠夺，中华民族处于内忧外患的水深火热之中，国家成为半殖民地半封建社会，使得"国家蒙辱、人民蒙难、文明蒙受尘"[①]。从那时起，实现民族的独立、国家的富强和人民的幸福，就成为中国人民和中华民族的崇高理想、价值追求和伟大梦想。近代以来，中国共产党团结带领人民进行艰苦卓绝的斗争，推进革命、建设、改革的生动实践和伟大事业，全部实践主题和历史主线就是实现国家和民族的富强。中国特色社会主义进入新时代，"中华民族迎来了从站起来、富起来到强起来的伟大飞跃"[②]。"我们实现了第一个百年奋斗目标，在中华大地上全面建成了小康社会，历史性地解决了绝对贫困问题，正在意气风发向着全面建成社会主义现代化强国的第二个百年奋斗目标迈进。"[③]

全面建成社会主义现代化强国，实现中华民族伟大复兴"中国梦"，是党中央提出的重大战略思想和重大战略布局，是党和国家面向

[①]　习近平：《在庆祝中国共产党成立100周年大会上的讲话》，《人民日报》2021年7月2日。

[②]　习近平：《决胜全面建成小康社会　夺取新时代中国特色社会主义伟大胜利——在中国共产党第十九次全国代表大会上的报告》，《人民日报》2017年10月28日。

[③]　习近平：《在庆祝中国共产党成立100周年大会上的讲话》，《人民日报》2021年7月2日。

未来的政治宣言。实现中华民族伟大复兴的"中国梦",就是要实现国家富强、民族振兴、人民幸福。"中国梦"把国家的目标、民族的未来、人民的福祉融为一体,体现了中华民族的整体利益,表达了中国人民的共同愿景。习近平总书记指出:"当今中国最鲜明的时代主题,就是实现'两个一百年'奋斗目标、实现中华民族伟大复兴的中国梦。"[①]一个时代有一个时代的主题,一个时代也有一个时代的历史使命和时代责任。时代赋予责任,责任呼唤担当。当代中国的时代主题赋予了包括大学生在内的当代青年时代责任,就是要肩负起实现"两个一百年"奋斗目标和中华民族伟大复兴的历史使命。同时,习近平总书记还指出:"中国梦是历史的、现实的,也是未来的;是我们这一代的,更是青年一代的。中华民族伟大复兴的中国梦终将在一代代青年的接力奋斗中变为现实。"[②] 这一重要论断,坚持唯物主义历史观,标定了当代中国青年的时代使命,赋予了当代中国青年社会责任。当代青年的人生黄金时期与实现"两个一百年"奋斗目标关键期历史性地汇合。从这一意义上看,当代青年是实现"两个一百年"奋斗目标和"中国梦"的建设者、参与者、贡献者,也将是历史的见证者、享有者、受益者。所以,实现"两个一百年"奋斗目标和中华民族伟大复兴"中国梦",建设富强民主文明和谐美丽的社会主义现代化强国,是当代大学生无可推卸的首要社会责任和历史使命。

为实现"富强"明大任担当的社会责任感,首先是坚定理想信念。理想信念,对客观事物具有强大的能动作用和改造力量。党的十八大以来,习近平总书记在与青年座谈、给青年回信、主题讲话中对青年成长成才提出了系列殷切希望和具体要求,勉励青年坚定理想信念是其逻辑

---

① 习近平:《决胜全面建成小康社会　夺取新时代中国特色社会主义伟大胜利——在中国共产党第十九次全国代表大会上的报告》,《人民日报》2017 年 10 月 28 日。
② 习近平:《在北京大学师生座谈会上的讲话》,《人民日报》2018 年 5 月 3 日。

主线。"青年理想远大、信念坚定，是一个国家、一个民族无坚不摧的前进动力。"① 当代大学生坚定理想信念就是要树立起为人民谋幸福、为民族谋复兴的远大志向，树立起共产主义远大理想和中国特色社会主义共同理想，树立起与"实现'两个一百年'奋斗目标、实现中华民族伟大复兴的中国梦"同心同向的理想信念，树立起报效祖国、服务人民的崇高理想。

其次是崇高的使命意识。习近平总书记指出："国家的前途，民族的命运，人民的幸福，是当代中国青年必须和必将承担的重任。"② 这深刻地阐明了当代青年的时代使命。大学生履行社会责任，就是要强化使命意识，要在历史发展大潮中正确认识时代发展大势，正确认知时代历史使命，顺应时代发展主流，与时代旋律同频共振，与时代步伐同向同行；要用认知明晰使命，用青春担当使命，用力量肩负使命，勇立时代潮头，引领时代风尚，争做时代楷模。崇高的使命意识还要求大学生锤炼意志品格。光荣的桂冠从来都是用荆棘编成的。在实现梦想的征程上，道路不会一帆风顺，功业不会一蹴而就，还会面临许多重大的挑战、风险、阻力和矛盾；同时个人成长的道路上也充满坎坷和挫折，有时候还要经历失败，这就需要大学生具有不怕困难、不惧风雨、不畏艰险，敢于迎难而上的意志品格。能够将困难、挫折、失败作为人生的精神财富，以顽强的意志品格力克困难，勇斗风险。

再次是强烈的担当精神。社会责任的履行、时代使命的肩负必然要求大学生具有强烈的担当精神，担当精神是实现人生价值和社会价值的内在要求，是将责任认识内化为责任情感、积淀为责任意志的关键所在。担当精神也是中国青年的优良传统和深厚情怀。理想信念、使命意

---

① 习近平：《在纪念五四运动 100 周年大会上的讲话》，《人民日报》2019 年 5 月 1 日。

② 习近平：《致全国青联十二届全委会和全国学联二十六大的贺信》，《人民日报》2015 年 7 月 25 日。

识必须通过具体的担当行动加以体现和彰显。大学生强化担当精神，就是要努力成为大才，堪当大任。要抓住学习的黄金时期，如饥似渴地学习，夯实专业知识功底，掌握科学文化知识，具备专业技能，努力成为德智体美劳全面发展的社会主义建设者和接班人，使自己能够担当起民族复兴的大任。大学生强化担当精神，就是要脚踏实地，做好每一件事，完成好每一项工作，能够认真履责、敢于担责、勇于负责，在重大任务面前能够挺身而出，在重大挑战面前能够迎难而上，在重大事件面前能够临危不惧，能够勇挑重担、勇克难关、勇斗风险，始终充满活力、充满后劲、充满希望。大学生强化担当精神，就是要发扬奋斗精神。奋斗是民族精神的基因血脉，是中华民族的优良传统；奋斗是青春的亮丽底色，是青春的巨大动能，是青春的激昂旋律。大学生明大任担当，就要发扬奋斗精神，拒绝"躺平姿态"；要深刻认识到只有在奋斗中才能创造价值、成就事业、服务社会，要端正价值追求，坚决克服和摆脱不劳而获、好逸恶劳、投机取巧等恶习所带来的精神污染；要不断磨砺奋斗意志，将不懈奋斗内化为自我的精神追求。

二 为发展"民主"塑政治意识

民主，一方面是指人民享有参与公共事务管理的权利，另一方面是指广泛听取、吸收人们的意见，按照社会成员中多数人的意志，满足公共利益。"民主"是人类社会发展到一定历史阶段的产物，是全人类的共同价值之一，也是人们的普遍愿望和美好诉求。但不同国家的发展历史、政治制度、文化传统、社会条件不同，实行民主的制度安排、道路选择、实践理路也各不相同。我国是社会主义国家，民主是社会主义制度的本质特征，社会主义民主的本质是人民当家作主。因此，社会主义民主是以人民为中心这一执政理念的历史逻辑、理论逻辑和实践逻辑的统一。根据我国政治制度的理论和实践，人民当家作主的核心要义和内在本质表现为四个方面。第一，一切权力属于人民，体现在国体上就是我国是工人阶级领导的、以工农联盟为基础的人民民主专政的社会主义国家；体现在政体上，就是我国实行人民代表大会制度，保证了人民通过各级人民代表大会行使国家权力。第二，不断建立健全法律法规制度体系，从制度上保证人民在法律法规的框架内，通过多种途径和形式，依法参与和管理国家事务和社会事务。第三，坚持群众路线，一切为了群众，一切依靠群众，从群众中来，到群众中去，保持同人民的密切联系，在国家管理事务中倾听人民的意见建议，接受人民的监督检查。第四，国家制定实施的法律法规和大政方针政策，体现人民意志、尊重人民意愿、维护最广大人民的根本利益。正如习近平总书记所说："没有民主就没有社会主义，就没有社会主义的现代化，就没有中华民族伟大复兴。"①

习近平总书记在庆祝中国共产党成立 100 周年大会上的讲话中指出，要"践行以人民为中心的发展思想，发展全过程人民民主"②。这一重要论断，是马克思主义民主政治观的创造性发展，进一步明确了新征程上紧紧依靠人民、为了人民和发展社会主义民主政治的根本要求；保证了"人民当家作主的本质要求在国家和社会生活中实现过程与结果、程序与实体、形式与内容、间接与直接相统一"③，实现了最根本、最广泛、最真实、最管用的民主，能够最大限度地发挥人民的"主人翁"精神，尊重了人民的主体地位、体现了人民的集中意志、保障了人民的基本权利、激发了人民的创造活力，凝聚起了最大的社会共识、汇聚起了人民的磅礴力量。

大学生是未来社会发展的中坚力量，将成为各行各业的建设者，将

---

① 习近平：《在庆祝全国人民代表大会成立 60 周年大会上的讲话》，《人民日报》2014年 9 月 6 日。

② 习近平：《在庆祝中国共产党成立 100 周年大会上的讲话》，《人民日报》2021 年 7 月2 日。

③ 王晨：《推进中国特色社会主义政治制度自我完善和发展》，《人民日报》2020 年 11月 24 日。

成为国家事务和公共事务管理中的生力军，也将成为未来社会的建设者、治理者。因此，需要培育大学生的民主意识。培育大学生社会责任感就要塑造他们践行民主、保障民主、维护民主、发展民主的政治意识，具体包括以下几点。

一是坚定政治立场。要认识到中国共产党的领导、中国特色社会主义道路是历史和人民的选择，要坚决拥护党的领导，听党话、跟党走，做到爱党、爱国和爱社会主义的内在统一，自觉学习并坚决贯彻党的路线方针政策和基本方略；政治上、思想上、行动上切实做到"两个维护"，不断增强"四个意识"，坚定"四个自信"。

二是坚守人民立场。人民是历史的创造者、推动者，青年的根基在人民、血脉在人民。大学生要站稳和坚守人民立场，树立起为祖国、为人民奉献全部青春和智慧的远大志向，努力践行全心全意为人民服务的根本宗旨，与人民同呼吸、共命运，与人民一道前进、一同拼搏、一起奋斗；深入人民之中，向人民群众学习，尊重人民主体地位、维护人民利益、增进人民福祉、发展人民民主；在职业选择、生涯规划、事业发展中将人民的利益、人民的需要作为第一考虑，彰显人民情怀，到人民群众最需要的地方去建功立业，把青春汗水挥洒在祖国的大地上，把青春智慧凝固在人民的怀抱中。

三是提升政治鉴别能力。当前，大学生政治立场坚定，政治热情高昂，关心时事，关注时政，对社会热点和焦点容易形成群体性热议效应，权利意识不断增强，要求参与公共事务管理的意愿明显。但由于其政治认识力和政治鉴别力有限，对繁芜纷杂的社会表象和政治现象缺乏足够、科学的理性分析，容易形成非理性的政治热情。因此，需要提升政治鉴别能力，要学会用马克思主义的立场、观点和方法分析观察社会现象，善于透过现象抓住本质，从而保持政治定力；要坚决反对历史虚无主义和极端民主思潮，自觉对思想裹挟下的言论和观点进行理性分析和科学甄别，划清是与非、对与错的界限，看清真与假、虚与伪的本质；要站稳政治立场，对错误思想和言论要敢于进行坚决斗争，理直气壮地加以批驳和抵制。

四是有序参与政治生活。有序参与政治生活是发展民主政治的基本途径，大学生是未来民主政治建设中不可或缺的重要力量，其政治参与的水平与技能对我国民主政治发展起着重要作用。因此，大学生要培养公民意识，行使好作为公民的民主权利，积极、有序、依法参与学校事务管理，充分发挥和正确使用在学校治理以及在班级、学生自治组织、社团管理中的民主权利。

三　为提升"文明"强文化自信

人类社会发展历史就是文明的进步史，"文明"既是客观的描述性概念，也是历史价值性概念，还是动态社会性概念。"文明"泛指在人类历史发展过程中发明创造、积淀形成的符合客观世界规律，契合人类精神追求，具有凝聚、净化、提升人们思想意识功能，能够推动社会发展的物质、精神、行为、文化的总和。"文明"既是社会进步的重要标志，也是社会进步的重要基石；既是推动社会发展的精神动力，又是彰显社会发展的文化实力。在五千多年的历史发展过程中，中华民族曾经创造领先于世界水平的灿烂文明，使得"文明"成为我们民族宝贵的精神品格和崇高价值追求，成为国家和民族宝贵精神的延续。近代以来，中国共产党始终坚持文明的价值导向，始终将文明作为现代化国家的重要特征，立足中国社会实际，吸纳优秀传统文化，借鉴人类历史上一切先进文明，"创造了中国式现代化新道路，创造了人类文明新形态"[①]。

社会主义核心价值观中的"文明"，属于国家层面的价值导向，但

---

① 习近平：《在庆祝中国共产党成立 100 周年大会上的讲话》，《人民日报》2021 年 7 月 2 日。

是仍然需要从其他层面来加以理解。从个人层面看，文明是社会成员思想素质、人格素养、道德修为、胸襟情操及其所表征的言谈举止、行为特征的综合表现，即我们通常所讲的个人文明。从社会层面来看，一方面是人类为促进社会发展进步，在社会实践活动中所创造发明的一切先进的物质与精神成果，包括物质成果、经济成就、技术发明、社会制度、文化样态、意识形态等物质器具和精神成果；另一方面，"文明"也是一个社会在道德风尚、精神风貌、价值体系、行为规范、伦理秩序、交际准则等多方面的综合体现，即通常所说的文明社会。从社会层面的意义上讲，"文明"是对社会实然状态的客观描述，也是对应然状态的价值向往。"文明"又总是以文化的形式呈现。因此，社会主义核心价值观中的文明"是社会主义现代化国家文化建设的应有状态。是对面向现代化、面向世界、面向未来的，民族的科学的大众的社会主义文化的概括，是实现中华民族伟大复兴的重要支撑"①。

因此，大学生应当将提升"文明"作为其社会责任，做社会文明的推动者和建设者。大学生群体的文明程度反映着社会和国家的文明程度。大学生既要广泛了解中华传统文化的普遍性与特殊性，也要充分吸纳优秀文明中的价值观念；从社会主义核心价值观体系建构的要求出发，不断增强对中华优秀传统文化的认同感，深入挖掘蕴含其中的价值，坚定文化自信，提升大学生群体文明程度，构筑起强大的中国青年力量。从表层行为来看，大学生提升文明程度就是要践行文明理念，将提升文明素养、树立文明形象、夯实文明道德、展示文明风采内化为精神品格和价值追求，用文明的言谈举止、生活方式、爱好情趣来彰显内在的文明涵养和人格素养。从心理体验来看，就是要将文明作为涵养人格理想、道德素养、价值培树的营养剂，作为推崇向上向善、文明义

---

① 吴潜涛：《深刻理解社会主义核心价值观的内涵和意义》，《人民日报》2013 年 5 月 22 日。

举、文明生活、文明行为、积极进取的参照系，将文明内化于心、外化于行。从深层内容来看，大学生提升文明就是要具有创造文明成果，推动文明发展的强烈意识和责任担当；坚持开放、包容的文明观、能够正确看待不同国家、不同民族的文明样态并借鉴吸纳世界范围内一切先进文明；坚持社会主义文化方向，积极投身于社会主义文化建设。

大学生提升文明程度重要的还在于不断增强文化自信。文化是一个国家和民族深沉的、持久的力量。历史和实践一再证明，一个国家在硬实力上落后就要挨打，在文化的软实力上落后可能不打自败；文化不自信，就没有国际话语权，在国家形象树立和传播上就没有影响力。文化自信是"四个自信"中最根本的自信，文化自信基于中华民族五千多年来所创造的优秀传统文化，基于我们党和人民在伟大的革命实践中所创造的熠熠生辉的革命文化，基于在世界范围内激荡起时代强音的社会主义先进文化。因此，增强文化自信应从以下几方面着手。一是要继承和发扬优秀传统文化，正确认知传统文化，正确看待和继承优秀传统文化的精髓和基因，注重并能够从优秀传统文化中汲取树立远大理想抱负、追求崇高精神境界、完善人格修养、促进全面发展等多方面的道德和文化，尤其是深入学习和理解传统文化中关于价值追求、责任意识、道义担当等方面的经典论述，并将其作为自我价值追求和精神境界的观照坐标与道德标杆。二是要传承革命文化和红色基因，革命文化是无数先烈和楷模在波澜壮阔的历史画卷中，为改变民族命运，实现国家独立富强，确保人民幸福，而用鲜血甚至生命铸就和谱写的壮丽史诗，绽放着穿越历史、照亮未来的耀眼光芒。革命文化以其革命性、先进性、独创性、价值性在世界文化发展史独树一帜、熠熠生辉。大学生要继承并发扬革命文化和红色基因，从革命文化中汲取成长和奋斗的力量；要传承红色基因，赓续革命精神，深刻理解在革命文化发展过程中形成的中国共产党人精神谱系中各种精神的历史逻辑、理论逻辑和实践逻辑，从红色基因和革命精神中吸取强大的能量，奠定青春底色，把稳人生航向。三是要推动发展社会主义先进文化，社会主义先进文化与优秀传统文化、革命文化之间不具有共时性的差异，而存在历时性的统一，孕育于传统文化，熔铸于革命文化，植根于建设中国特色社会主义的生动实践。大学生推动发展社会主义先进文化，就是要始终坚持以马克思主义为指导思想，深刻理解社会主义先进文化继承性、人民性、开放性、历史性的特点，深刻理解社会主义先进文化的不同形态和具体表征，坚持继承与创新相结合的原则，以服务人民为导向，"汲取发展社会主义先进文化的精神养分，助推社会主义先进文化发展"①。

四　为推动"和谐"练过硬本领

"和谐"一词最早见于《诗·周南·关雎》（汉·郑玄笺）："后妃说乐君子之德，无不和谐。""万物并育而不相害，道并行而不相悖。"自古以来，人们通过观察自然现象思考世界运行的规律，体悟其中的"和谐"所蕴含的哲学意蕴，感受"和谐"所展示的精神力量。辩证唯物主义认为，"和谐"是指事物之间在一定条件下的辩证统一，不同事物之间相向共生、相辅相成、互利互惠、互促互补、共同发展的关系。"和谐"是中国传统文化中大同世界价值追求的具体体现，是中华民族共同价值，是经济社会持续、稳定、健康发展的重要保证，是社会主义现代化国家在社会建设领域的价值诉求。

"和谐"是我国传统文化的核心要义之一，也是我国古代社会的价值目标。传统文化中的和谐理念往往以小见大，在诸子百家的论述中随处可拾。传统文化中的"和谐"理念，强调个人的立德修身，人与人、与社会、与自然的和睦相处，建立起良好的道德规范和价值秩序。传统文化中的"和谐"之于整个社会，强调构建"大同世界"，建设人民安居乐业、幸福安康的理想社会，反映了古人对于社会秩序良好运行的价

---

① 张能：《要大力弘扬社会主义先进文化》，《重庆日报》2019 年 12 月 10 日。

值诉求。

"和谐"社会的价值诉求伴随着整个人类社会的发展，也是思想家们一直致力于探究的理论问题和社会命题。马克思和恩格斯在批判空想社会主义者社会理论的基础上，继承吸收先进社会思想理论，形成了科学社会主义关于"和谐"的社会思想，在他们的著作中多次直接使用"和谐"这一概念，并总结了"和谐"思想所具有的客观性与理想性、现实性与发展性、抽象性与价值性的辩证统一特点。马克思和恩格斯对"和谐"概念的理解运用，带有鲜明的新的世界观和方法论特性，使"和谐"的内涵具有了科学性、人民性、理论性、价值性。"和谐"既是对国家建设状态的描述，也是对社会理论的抽象总结，还是社会伦理的诉求，更是辩证的客观的社会发展和历史进程的价值引领。因而，在马克思和恩格斯看来，"人的自由联合体"是和谐社会的实然状态，社会主义能够实现真正的和谐，包括以下几层含义。一是作为社会个体的人，能够获得自由全面的发展，生理与心理、体力与智力和谐发展，且社会能为人的和谐发展提供条件和保障。二是人与人、自然、社会之间良性互动、和谐发展。三是整个社会形态中物质、精神、政治、文化、生态等能够共生、协调、和谐发展，使社会运行秩序和循环状态达到至臻至美的境界。

当代中国，面临着融入、推动、促进、引领世界发展时代潮流的国际形势，但世界经济社会发展格局以及我国在全球的地位格局发生了重大的变化。就世界格局而言，我们倡导构建人类命运共同体，践行全球公共价值，这本质上就是建设和谐世界的内在要求和我国采取的战略举措。从国内环境来看，社会主要矛盾转变、生产力发展必然引起的经济结构变化、产业结构调整、分配方式变化、城乡结构变化、新型职业兴起、劳动形态变化等，现代文明发展引起制度变迁、教育改革、技术发展等，催生了利益主体需求的多元多样性。因此，"和谐"的价值成为国家层面调适生产力与生产关系的必然要求。

大学生是祖国的未来，是社会发展的后备储存和国家建设的中坚力量，需要练就推动"和谐"的过硬本领。要把练就本领作为一种政治责任、一种精神追求、一种生活方式。大学生练就过硬本领是实现梦想、成就价值、实现目标的力量源泉，是增强志气、骨气、底气的精神源泉。

一是要提升理论修养。理论是行动的先导，是实践的指南。大学生要学习马克思主义，研读马克思主义经典著作，读原著、学原文、悟原理，掌握马克思主义的基本观点、原理、立场和方法；要积极学习马克思主义中国化的理论，要自觉学习党的创新理论成果；要深学笃用习近平新时代中国特色社会主义思想。同时，还要广泛涉猎不同学科的理论知识，不断提升自身的人文素养。

二是要夯实基础知识。不同的学科和专业具有不同的知识背景和知识体系，大学生练就过硬本领首先就要掌握学科专业知识。因此要不负韶华，以"入山问樵，入水问渔"的求知精神，起而行之，如饥似渴地学习科学文化知识，系统全面掌握专业基础知识，深入理解并熟练运用专业学科中的知识、概念、原理，不断充实自身的专业基础知识。在知识更新周期缩短和信息爆炸的时代，要及时更新知识、补充知识，把基础知识转化为指导实践、增强本领的强大力量。

三是要提升专业技能。大学生未来要在具体的岗位上履行自己的工作职责，就要具备履行岗位职责所需要的专业技能。因此，大学生要结合自己专业学科特点，在掌握基础知识的同时，不断提升专业技能。获取知识、掌握知识只是具有了提升本领的基础和条件，要想将知识转化为理性认知，内化为技能本领，还需要在实践中进一步磨砺。大学生要躬身实践，积极参加专业实践、实习实训，在实践中进一步提升专业技能。

四是要培育创新精神。创新是社会发展的第一动力，是培育时代新人的第一要务。履行社会责任内在地要求大学生具有强烈的创新意识、较强的创新能力。因此，大学生要树立革故鼎新精神和强烈的创新意识，能够借鉴创新经验和成果，勇于挑战，敢于质疑，敢于突破，敢于超越；要掌握创新技能，能够把专业基础知识和技能转化为创新的动力，运用于创新实践，积极参加大学生"互联网＋创新创业"竞赛等创新创业活动。

第二节　社会层面的社会责任感

"自由、平等、公正、法治"是社会层面的价值取向和美好社会目标的生动表述，反映了中国特色社会主义制度在社会建设中的价值追求和在社会领域的基本属性。人的本质"在其现实性上，它是一切社会关系的总和"①，人总是处于一定的社会关系中而具有社会属性，这也是人的本质属性，所以美好社会是人们的向往和追求，也是人得以全面发展的前提条件和现实土壤。同时，社会是由具体的人组成的集合体，社会秩序、社会道德、社会伦理等内在地规约着人们的思想意识、价值观念和行为选择；社会价值目标的实现，需要每一个人的参与和努力。大学生是社会的先锋力量，是未来社会建设的中坚力量，需要有强烈的社会责任感，才能更好地履行建设社会、服务社会的职责。大学生在社会层面的社会责任感主要包括以"自由"为根本，实现全面发展；以"平等"为取向，保障基本权利；以"公正"为目标，维护社会公平；以"法治"为手段，培育法律意识。

一　以"自由"为根本，实现全面发展

全部人类的历史就是摆脱自然奴役、社会压迫、自我束缚，进而追

---

①　中共中央马克思恩格斯列宁斯大林著作编译局：《马克思恩格斯选集》第 1 卷，人民出版社 2012 年版，第 135 页。

求自由的历史。马克思主义认为，建立社会主义制度的价值目标就是给社会成员提供真正的充分的自由。在马克思主义关于人的发展理论中，"自由"始终居于核心地位，在马克思所描绘的共产主义社会中，个人的发展不仅是全面的，而且是自由的。"自由"是人们对所处社会的向往，对自我发展的精神追求，是社会文明发展进步的产物，也是文明社会的基本形态之一。"自由"也是社会个体在获得基本权益后，能够遵循一定的规则与约束，按照自己的意志实现理想抱负、人生价值，进而全面发展的行为取向和行为方式。在哲学范畴和意识领域，"自由"的概念有多种不同的解析。社会主义核心价值观中的"自由"直接指向社会建设中的"自由"，我们可以理解为社会成员在法律法规、社会公约的框架下，能够按照个人意志行事，是指人的意志自由以及存在和发展的自由。

"每个人的自由发展是一切人的自由发展的条件。"① 社会是"自由人的联合体"。"发展可以看作扩展人们享有的真实自由的一个过程"②。在这个意义上，"自由"的本质就是实现人的全面发展。人的全面发展是指劳动能力的全面发展，包括体力、智力和个性、才能、特长、志趣等非智力因素以及道德品质的多方面统一、充分的发展。要实现人的全面发展就需要有自由的空间和社会条件，就需要社会关系的高度丰富和全面完善。一言以蔽之，就是社会要为人的全面发展创设条件。但是，"自由"不是绝对的，不是无条件的，不是不受任何限制与约束的，绝对的自由就等于没有自由。

个人的自由建立在整个人类和社会的自由的基础上，整个社会的自由是个人自由的前提和条件。大学生以"自由"为根本，实现全面发

---

① 中共中央马克思恩格斯列宁斯大林著作编译局：《马克思恩格斯文集》第2卷，人民出版社2009版，第53页。

② ［印度］阿马蒂亚·森：《以自由看待发展》，中国人民大学出版社2002年版，第52页。

展，既是自我发展，实现理想和价值的需要，也是推动社会建设，创设社会条件和社会关系的"自由"的需要，还是担当社会责任的必然要求。

一是要有自觉意识。所谓自觉，是指自我发现、自我认知和自我解放。人的全面发展，首先是主体意识的自我觉醒。大学生要有自觉意识，是指能够客观、正确、全面地认识自我，在正确认知自我的基础上接受自我、欣赏自我、悦纳自我，要能够全面充分地认识到自我的性格、特征、人格、气质、心理、情绪等非生理性因素，能够正确客观地认识到自己的禀赋、能力、特长、爱好、情趣等心理性特征，能够正确评价自我的优点与不足。在自我认知的基础上，合理确定自我的人生目标。自觉意识和自我认知也是大学生自我规划、学业安排、生涯发展乃至职业选择的基础。

二是要有自律意识。自律意识是一种可贵的精神品格和道德修为。自律"源于古希腊文 autos（自己）和 nomos（规律），与他律相对，也可以解释为 'self－discipline'"①，是指主体将伦理规制、社会规则、行为规范等具有强制性、约束性的要求内化为自觉意识，在无人监督的情况下，能够严格按照要求约束规范自己。所以，自律就是自我约束。从人的社会关系、社会角色的角度，可以认为"自由"的实现就是"自律"的过程。大学生树立自律意识就是要严于律己，进行道德自律，大学生在校期间，没有了父母的监护，具有了相对独立的生活空间和更多的自主选择，必须时刻做到自重、自省、自律，将各种现实要求和规则规范内化为自我内心深处的价值遵循和意志品格。同时，大学阶段是大学生实现社会化的第一场域，面向未来，走向社会，创设社会"自由"，也需要大学生不断强化自律意识。

三是要有规则意识。规则不是束缚，而是创造自由的，能够保障

---

① 汤颖：《论马克思恩格斯的自律观》，《中共山西省委党校学报》2013 年第 6 期。

人们行使权利、发挥能力、实现价值的空间，是保证人的全面自由发展、维护社会秩序的条件。没有规则，"自由"就会走向无序状态，进而使人们失去"自由"。作为大学生，树立规则意识，就是要遵守学校在学籍管理、课堂管理、宿舍管理、教育教学、实习实训、社会实践、勤工助学、社团活动、文化活动等学习、生活、工作方面以及学生自治中的各种规章制度。作为公民，树立规则意识，就是要遵守为维护社会秩序而制定的各项法律法规、规章制度、社会公约、市民守则，要遵守公共秩序、社会公德、伦理道德、文明礼仪等非强制性规则的要求。规则意识还包括网络规则意识，随着信息技术和网络技术的发展，一方面，虚拟的网络世界已经成为大学生获取知识、收集信息、交友择业、观察社会、交流情感、缓解情绪的重要阵地，对大学生情感体验、价值取向、行为方式甚至性格特征的影响日益增大；另一方面，网络信息泥沙俱下、良莠不齐，负面的、消极的、反动的、腐朽的网络信息和网络知识会直接侵蚀大学生的主流价值观和社会责任感。网络不是法外之地，大学生应当文明上网、理性上网，遵守网络规则和有关管理条例，营造清朗的网络空间，在网络世界中做到坚决不信谣，不传谣，不转发未经核实的虚假消息，不把网络作为情绪宣泄的场所。

二　以"平等"为取向，保障基本权利

"平等"是政治学、社会学、伦理学中的重要概念，反映和概括了各种社会组织之间以及社会组织中各个社会主体之间的关系，既是一种源自人的社会属性的普遍规定，又是一种抽象的理念、观念和原则。任何社会形态既要有"平等"的原则和理念，也要有"平等"的形式与内容。"平等"由此成为人们对社会关系、伦理关系、生产关系的价值追求，也成为人们要求实现自身的权利以及实现自身权利而需要的各种平等机会。社会主义核心价值观社会层面价值取向中的"平等"指的

是社会成员在法律面前一律平等，其价值取向是不仅有平等的原则和理念，还要求具有形式与内容上的实质性的、全面性的平等。"平等"在社会主义核心价值观中具有重要的价值意蕴，是实现"自由"的前提，是维护公正的基础，是实施法治的条件。

"平等"要求尊重和保障人的基本权利。从原理出发，"平等"基于任何人普遍具备的人格尊严，强调现实中的人虽具有先天差别，但因个人尊严的普遍性而享受自由人格形成与发展上的平等权利。形式上的平等与实质上的平等是两种不同的"平等"。从规范出发，我国宪法中关于"平等"的一般性规范语句表述为"中华人民共和国公民在法律面前一律平等"。而在宪法其他条款中，则有涉及民族平等、性别平等、政治平等等方面的具体规范并对此予以细化。在我国，"平等"既是一项重要原则，强调面对差别化的公民，国家必须给予平等保护；同时，"平等"又是一种基本权利，要求保障公民在平等参与、平等发展、平等共享等方面的平等诉求，个人可以要求得到平等对待。宪法是公民权利的保障书，除了作为基本权利的"平等权"外，公民还广泛地享有政治权利，精神、文化活动的权利，维护人身自由与人格尊严的权利，社会经济权利，获得权利救济的权利。值得注意的是，"法律面前一律平等"也并非毫无边际，其有适用上的特定语境，主要是为了排除"不合理的差别"。因此，法律并不排斥符合"比例原则"的"合理差别"。

大学生平等价值观之培育关系大学生的自由全面发展，也影响着其学习、工作、生活的方方面面。作为社会的先锋力量，大学生应做到以下几点。

一是应充分认识平等理念的深刻内涵，以正确的平等价值观看待现实中的各类社会现象。大学生应自觉以马克思主义经典理论中关于平等的论述为基础，充分汲取中华优秀传统文化中的"平等观"元素，合理借鉴西方文化中的平等理论资源，摈弃偏狭的平等价值观，要学会用马克思主义平等观看待并分析社会现象。

二是要在知行合一中促进平等理念在形式与实质上的统一。对平等状态的正向追求以及对不平等现象的批判反思有赖于大学生在日常生活中坚持知行合一，将平等的理性之思付诸行动，促进平等理念在形式与实质上实现统一。要克服和警惕在践行平等理念上的双重标准，即在涉及自我主体利益时，以满足自我为前提而不顾其他大多数人的平等原则。

三是要树立正确的权利观、义务观，能够认识到自身的权利与义务，既要享受权利又要履行义务。作为大学生，能够享受《普通高等学校学生管理规定》中规定依法享有的七种权利，也要履行其中规定的六条义务；作为社会公民，既要享受宪法和法律规定的权利，也要履行宪法和法律赋予的义务。没有不履行义务的权利，也没有不赋予权利的义务，要树立起权利与义务的对等观念。

四是要遵循《民法典》规定："自然人享有生命权、身体权、健康权、姓名权、肖像权、名誉权、荣誉权、隐私权、婚姻自主权等权利。法人、非法人组织享有名称权、名誉权和荣誉权。"① 作为大学生既要享受自己的这些权利，又要保障和尊重其他社会成员享受这些权利。在保障自我和其他成员的公民权利时，不能搞双重标准，不能只强调自我权利而破坏和践踏其他人的权利。

三 以"公正"为目标，维护社会公平

公正即社会公平和正义，它以人的解放、人的自由平等权利的获得为其价值取向，是衡量人类活动、组织规则、行为标准及其后果的价值尺度。公正有着一张普罗透斯似的脸（a Protean face），从哲学的理论

---

① ［美］博登海默：《法理学：法律哲学与法律方法》，邓正来译，中国政法大学出版社2004年版，第261页。

高度上看，思想家与法学家已提出了各种各样不尽一致的"真正"的正义观，而种种观点往往都声称自己是绝对有效的。① 公正在马克思主义思想中也占有极高地位，马克思主义深化了公平正义的价值意蕴，拓展了对于公平正义内涵探讨的新境界。在马克思主义视域下，公平正义蕴含了权利保障、形式平等、实质正义等多重内涵，对于公正问题的认知也在唯物史观、现实批判以及"自由人联合体"等理念的影响下呈现出不同于以往的逻辑特征。马克思主义的诞生与发展包含了对于无产阶级及劳动者的深度关切。马克思、恩格斯以科学的理论为基础，洞察了资本主义内部存在的不公正之处以及由此可能引发的后果，从而预判了一个更加美好公正的共产主义社会将取而代之。在中国共产党百年历史上，解决社会公正问题是一代代中国共产党人孜孜以求的奋斗目标。百年来中国共产党立足国情、守正创新，形成了富有中国特色的、宝贵的实践经验，也为新时代中国共产党继续团结带领中国人民将社会公平正义向纵深推进，为人民群众创造更加美好的生活提供了源源不断的奋斗动力。

值得注意的是，并没有一个放诸四海而皆准的社会公正的范本，也没有哪个社会通用着一套社会公正的标准而亘古不变，一个社会共同体中必然存在着对于社会公正问题的不同认识。正如马克思所洞察到的，"关于永恒公平的观念不仅因时因地而变，甚至也因人而异"② 。基于此，当我们理解社会主义核心价值观中的"公正"时，首先面临的是对于中国特色社会主义道路、理论、制度、文化的理解。继而去寻求中国特色社会主义公正观的内在逻辑与转化机理，从中国共产党领导革命、建设和改革的历史进程与基本经验中，透视公正观的中国话语

---

① ［美］博登海默：《法理学：法律哲学与法律方法》，邓正来译，中国政法大学出版社2004年版，第261页。

② 中共中央马克思恩格斯列宁斯大林著作编译局：《马克思恩格斯选集》第3卷，人民出版社2012年版，第261页。

表达之历史嬗变与时代跨越。总体来看，社会主义公正观追求在"人民日益增长的美好生活需要和不平衡不充分的发展之间的矛盾"主导下，推动社会分配秩序的变化与发展；追求在机会公平、程序公正、结果公正三者有机统一的条件下，以更多的公平机会、公正程序及正义分配结果满足人民群众对美好生活的向往；追求更加多元化的社会矛盾化解机制、更加多样化的社会冲突解决机制、更加公平化的利益纠纷调和机制。

社会主义核心价值观视域下，作为社会责任感的大学生公正观，要求大学生做到以下几点。

一是要树立公正理念，正确看待和客观分析社会现象，对缘起于马克思主义公正理念的社会主义公正观在思想上自觉认同、在行动中自觉践行。不可因为极少数的社会现象或因为对社会现象缺乏理性全面的分析而导致负面消极的情绪产生。

二是构建公正秩序，要积极维护公正，在学习、生活、工作等方面涉及利益性、竞争性的公共事务要做到公正参与、公正竞争；同时，对不公正或有失公正的现象要积极揭露并予以纠正，从而构建起公平秩序。要坚决克服在各种竞争性事务和活动中破坏公正、践踏公正的行为。

三是要践行公正理念，"公正的核心是分配公正"，"社会主义的公正理念是以人为本的公正理念"。践行公正理念和价值观就是要在生产资料、社会利益、公共资源的分配上按照一定的原则最大限度地满足人民群众的需要，使人们享受到公正的红利，切实实现好、发展好、维护好人民群众的根本利益。大学生在未来的职业活动和社会活动中将掌握分配资源、制定分配规则、执行分配政策，必须牢牢树立公正的价值观，以促进社会公正为价值取向，否则将有损社会公正和政治伦理秩序。

四　以"法治"为手段，培育法律意识

法治是治国理政的基本方式，依法治国是社会主义民主政治的基本要求。它通过法治建设来维护和保障公民的根本利益，是实现自由平等、公平正义的制度保证。党的十八大以来，习近平总书记高度重视法治工作，围绕全面依法治国提出了系列新理念、新思想、新论断，形成了习近平法治思想。习近平总书记指出："法治是人类文明的重要成果之一，法治的精髓和要旨对于各国国家治理和社会治理具有普遍意义。"① 从语义和内涵上看，"法治"一词有别于"法制"，又与"法制"息息相关，只有具备法制的社会才有可能称其为法治社会，这是站在制度层面对于法治的理解。同时，"徒法不足以自行"，对于一个社会而言，不仅要重视法律体系的建设和完善，同时也要注重公民法治精神的培树，这是站在社会心理层面对于法治的理解，完善的法律体系离不开社会成员对于法律之治的内心认同。社会成员具备现代法治精神，能够为法治国家、法治政府、法治社会的一体化建设提供坚实的内驱力与支撑力。对于法治的理解，还可以从法律实施的角度进行考量。"法令行则国治，法令弛则国乱"，法律的生命力在于实施，法律的权威性也在于实施。法律实施对于法治建设而言，具有多重维度的意义与功能。在良好的实施机制下，国家、社会、公民在法治之下形成治理与自治的协调分工，有助于确保法律的依法实施、全面实施、公正实施，使法律在应然与实然之间达到统一。

从国家层面看，加强大学生法治精神培育是新时代全面推进依法治国的必然要求。全面依法治国是"四个全面"战略布局的重要组成部分，深入理解全面依法治国的指导思想、核心要义与时代意义，为大学生法治精神培育提供了价值引领。从社会维度看，加强大学生法治精神

---

① 习近平：《加快建设社会主义法治国家》，《求是》2015 年第 1 期。

培育是新时代深入推进社会治理法治化的内在需要。社会治理法治化是国家治理体系与治理能力现代化的重要内容，回应了新时代在利益格局、社会关系、群众诉求等方面面临的新形势、新问题、新挑战。大学生作为一个特殊的社会群体，面对错综复杂的社会关系和社会问题，怎么看、怎么办将深刻地影响社会治理成效。从个人维度看，加强法治精神培育是新时代青年大学生全面发展和健康成长的必修课。大学生自觉以法治精神培育推动社会治理进程，对于其大学生涯及今后发展具有重要意义。

作为社会责任感内容之一的法治精神的培育，最终价值和意义就是培养大学生的法律意识。大学生需要做到以下几点。

一是要从价值维度提升对于"法治"的理解，"法治"即依法治理，依法治理国家、治理社会，使一切社会管理事务均有法可依，其实质是不断推进科学立法、严格执法、公正司法、全民守法进程，使全社会学法、尊法、守法、用法。大学生要认识到"法治"在社会主义核心价值观中的重要地位，离开法治保障，国家层面、社会层面、个人层面的其他核心价值观便失去了约束性、持续性与稳定性。

二是学法知法，要学习法律知识和法律法规，从基础法律知识普及着手，以熟识常用法律知识为关键，系统全面学习相关法律知识，掌握基本的法律条文。同时要与社会时事政治相衔接，主动运用法治思维认识看待问题、处理解决问题。同时要利用知识优势和各类社会实践机会，进行普法宣传，向社会民众宣讲法律知识，推广法律知识和法治精神。

三是要尊法守法，对法律要心存敬畏，要用法律法规规范和约束自我，形成尊法守法的健全人格。要自觉树立主体意识，积极行使法律赋予自己的合法权利、履行法定义务。

四是要信法用法，要相信法律，善于正确运用法律武器保护自我，能够运用法律武器解决矛盾纠纷。总之，大学生要"自觉践行法治规范，就是把法治内化于心、外化于行，成为一种生活方式、一种行为习惯"①。

第三节　公民层面的社会责任感

"爱国、敬业、诚信、友善"是社会主义核心价值观在公民层面的价值准则，也是社会主义社会公民必须遵循的基本道德规范和必须恪守的道德准则，还是公民道德素养和道德行为选择的评价标准。大学生是社会公民的重要群体，其道德品质和道德素养是一个国家和民族道德水准的反映，还将在具体社会关系和社会活动中对其他公民产生影响辐射、示范引领作用。因此，在公民价值准则层面，大学生践履社会责任具有重要而深远的意义，具体包括以"爱国"为内核，厚植家国情怀；以"敬业"为核心，强化职业精神；以"诚信"为导向，夯实道德伦理；以"友善"为基础、遵循交际准则。

一　以"爱国"为内核，厚植家国情怀

马克思和恩格斯关于国家观的思想指出，国家是一个历史范畴。马克思主义经典作家和马克思主义政党领导人关于爱国主义的思想和论述是马克思主义理论宝库的重要组成部分。爱国主义精神是人们对祖国的炽热深厚的积极情感，是人们对自己的国家、民族和文化强烈的认同感、归属感、尊严感与荣誉感，深刻揭示出个体与国家的依存关系，集中表现为保卫国家、捍卫民族而不懈奋斗甚至贡献一切的精神意识，体现在意识形态和上层建筑中，渗透于个人社会生活的各个方面。

党的十八大以来，习近平总书记高度重视爱国主义教育和爱国奋斗精神培育，指出："爱国主义是中华民族精神的核心。爱国主义精神深

---

① 谢鸿飞：《大力建设社会主义法治文化》，《经济日报》2017 年 8 月 12 日。

深植根于中华民族心中，是中华民族的精神基因，维系着华夏大地上各个民族的团结统一，激励着一代又一代中华儿女为祖国发展繁荣而不懈奋斗。"① 习近平总书记以马克思主义政治家的睿智和眼光，高度重视在青少年中开展爱国主义教育，在与青年代表的座谈、书信和讲话中，勉励当代青年热爱自己的伟大祖国，厚植家国情怀，把祖国的需要作为自己的人生选择和青春奉献；在纪念五四运动 100 周年大会上的讲话中，进一步强调："对新时代中国青年来说，热爱祖国是立身之本、成才之基。当代中国，爱国主义的本质就是坚持爱国和爱党、爱社会主义高度统一。"②

家国情怀是中国青年的优良传统和性格基因。在民族危难、山河破碎之际，一群热血青年以爱国主义情怀和革命精神，掀起了彻底的反帝反封建的爱国革命运动，即彪炳史册的五四运动。爱国也由此成为五四运动精神的生动写照。近代以来，不同历史时期的青年以强烈的爱国精神，在党的领导下开展不同时代主题的青年爱国运动，推动了历史的发展、社会的进步。大学生在公民个体层面履行社会责任，就要以"爱国"为内核，厚植家国情怀。

一是坚持爱国和爱党、爱社会主义相统一的政治立场。这是新时代爱国主义的本质。爱国、爱党、爱社会主义是历史逻辑的统一，没有中国共产党就没有新中国。中国共产党的领导和社会主义制度，都是历史和人民的选择。大学生要热爱伟大祖国，拥护党的领导，跟党走、听党话，热爱中国特色社会主义制度，把爱国、爱党、爱社会主义内在地统一于自我的思想认知、情感体验、意志品格和政治觉悟之中。要积极培养爱国之情、树立强国之志、实践报国之行，以一生的真情投入、一辈

---

① 习近平：《大力弘扬伟大爱国主义精神 为实现中国梦提供精神支柱》，《人民日报》2015 年 12 月 31 日。

② 习近平：《在纪念五四运动 100 周年大会上的讲话》，《人民日报》2019 年 5 月 1 日。

子的顽强奋斗来体现爱国主义情怀。当下，要自觉加强"四史"学习教育，深刻理解中国人民为什么选择马克思主义，为什么选择中国共产党，为什么选择社会主义，深刻理解"红色政权来之不易、新中国来之不易、中国特色社会主义来之不易"①的历史逻辑，深入理解中国共产党为什么"能"，马克思主义为什么"行"，中国特色社会主义为什么"好"的历史逻辑、理论逻辑与实践逻辑。

二是要捍卫祖国的尊严。国是千万家，家是最小国。祖国的统一是中国人民的最大心愿，祖国的尊严是中国人民的最高利益。习近平总书记指出："凡是数典忘祖、背叛祖国、分裂国家的人，从来没有好下场，必将遭到人民的唾弃和历史的审判。"②大学生要坚决捍卫祖国领土和主权的完整，要敢于和分裂祖国的行径与破坏主权完整的阴谋做坚决的、彻底的斗争。在网络信息和自媒体发达的当下，泥沙俱下的网络中，西方敌对势力和极端主义利用重要时间节点和重大事件，散布和传播一些有损祖国尊严的言论，如抗击新冠肺炎疫情中的"方方日记事件"、许可馨抹黑祖国事件，大学生要认清这些言论的本质，不可随波逐流、随声附和，并要坚定不移地予以揭露和批判。

三是要维护民族的团结。国家是民族的共同体，我们国家是一个多民族的国家，统一的多民族国家也是我国的基本国情之一。民族的团结是祖国统一、社会稳定、经济发展和文明进步的根本保证。大学生维护民族团结，就是要加强与各民族学生的交流、合作与互动，了解各民族的历史文化传统，尊重各民族的宗教信仰、风俗习惯。同时要自觉学习和积极宣传解读国家的民族政策；通过结对帮扶，帮助少数民族学生学习生活、成长成才，通过社会实践，用自己的知识、能力、特长来帮助少数民族地区的经济建设和文化发展。

---

① 习近平：《在党史学习教育动员大会上的讲话》，《人民日报》2021年4月1日。
② 习近平：《在纪念辛亥革命110周年大会上的讲话》，《人民日报》2021年10月10日。

四是要响应祖国的号召。作为意识形态和抽象存在的爱国主义和家国情怀，不能仅仅是理念和口号，需要大学生用具体的行为加以体现。响应祖国的号召是大学生爱国主义和家国情怀的最好表达、生动体现。大学生响应祖国的号召，就是要把祖国的需要作为自己的人生选择和实现青春价值的途径。作为大学生，尤其要在征兵服役、志愿服务、西部计划、三支一扶、村干部计划、基层选调、特岗教师等专门面向大学生，体现国家政策导向的专项工作中，积极报名参与，接受国家选拔，并立志在这些专项村干部岗位上贡献青春力量、实现人生理想。

另外，家国情怀不是狭隘的民族主义。大学生厚植家国情怀，还要以推动构建人类命运共同体为时代责任。2021 年 8 月 10 日，习近平总书记给"国际青年领袖对话"项目外籍青年代表回信，勉励"中外青年在互学互鉴中增进了解、收获友谊、共同成长，为推动构建人类命运共同体贡献青春力量"①。人类命运共同体理念，是马克思主义世界历史理论的创造性发展，超越民族、国家以及意识形态的界限，谋求全人类的共同利益，体现了人类社会发展历史逻辑、理论逻辑和实践逻辑的辩证统一。对大学生而言就是"要用平等、尊重、爱心来看待世界，用欣赏、包容、互鉴的态度来看待世界上的不同文明。要培养客观理性的价值认知、开放包容的胸怀、平和自信的心态，正确认识不同制度和意识形态的差异与共识，加强与其他国家人民的相互了解和理解，加强与世界其他各国青年的合作交流、互动交往，在互学互鉴、共同成长中，用青春活力努力为世界谋进步，为人类谋福祉，为推动构建人类命运共同体贡献青春力量"②。

---

① 《习近平给"国际青年领袖对话"项目外籍青年代表回信》，《人民日报》2021 年 8 月 12 日。

② 艾楚君：《为推动构建人类命运共同体贡献青春力量》，《光明日报》2021 年 8 月 31 日。

二　以"敬业"为核心，强化职业精神

"敬业"是个体对自己所从事职业的情感认同、积极态度、投入程度以及职业理想、职业行为的综合表现。浅层次的"敬业"是由职业要求、客观现实等外在压力而产生的，深层次的敬业则是主体对职业的热爱而发自内心地将职业当成事业的精神。每一个具体的、现实的人都从事着某一具体的职业，这既是为了满足自己生存的需要，也是实现自我价值、服务社会的具体方式。但是，由于人们的价值取向、职业观念、工作理念等思想认识的不同，在具体的职业活动中会表现出不同的职业态度，进而产生不同的职业精神。社会主义核心价值观层面中的"敬业"，是对公民职业理想、职业行为、职业准则和职业精神的价值评价，"敬业"要求公民在具体的职业活动中做到忠于职守、履职尽责、精益求精、一丝不苟、克己奉公、服务人民、服务社会，以每一个具体的职业人的职业精神来充分体现社会主义职业精神。

职业精神是人们在职业活动中所反映出来的职业道德、职业责任、职业操守、职业能力、职业知识以及职业荣誉与职业理想的完整价值体系。任何社会中，职业都是多种多样的，正因如此，才构成丰富多彩的社会生活。随着社会分工的进一步细化，新型职业会不断出现。不同的职业有不同的职业道德与责任、职业技能与知识，但是每一个职业都需要从业者有高尚的职业精神。职业精神是实现职业理想、获得职业荣誉的精神支柱与动力。梁启超说过："凡职业没有不是神圣的，所以凡职业没有不是可敬的。因自己的才能、境地，做一种劳作做到圆满，便是天地间第一等人。"[①] 由此可见，现代社会中，职业没有高低贵贱之分，从业者也没有三六九等之别。任何社会成员在职业活动中保持高尚的职业精神，就能成就职业梦想，实现人生价值，并由此以不同的职业形式

---

① 梁启超：《敬业与乐业》，江苏文艺出版社 2018 年版，第 4 页。

为社会和人民作出贡献。

大学生未来将成为具体的从业者，将成为各行各业的建设者，其职业精神面貌将深刻影响职业的发展和行业的建设。大学生以"敬业"为内核，强化职业精神，需要做到以下几点。

一是要确定职业理想。职业理想是人生理想的具体表征，是职业选择的根本指南，是职业行为的精神动力，是实现职业目标的内源驱动。马克思在《青年在选择职业时的考虑》中指出："在选择职业时，我们应该遵循的主要指针是人类的幸福和我们自身的完美。"①大学生确定职业理想要把个人的选择、个人的事业、个人的发展与实现人类的共同价值、推动社会的进步与文明的发展、创造社会的价值有机结合起来。

二是确定职业目标。职业目标和职业选择是职业理想的价值承载。"人类一面为生活而劳动，一面也是为劳动而生活。"②任何个人只有在具体的职业中才能实现自我价值与社会价值的统一。大学生确定职业目标，要根据自己的学科专业、知识技能，结合自己的性格特征、能力特长、兴趣爱好，发挥自己的优点，客观分析自己的不足，充分考虑职业岗位与自身的适应度、匹配度。既不能好高骛远，也不可妄自菲薄；既不能眼高手低，也不可自轻自卑。在此基础上，笃定职业意志，根据职业的选择和具体的岗位，结合人生发展目标，制定合理的职业发展目标和职业生涯规划。

三是要追求精益求精。精益求精的精神，是职业道德、职业责任、职业能力和职业品质的综合体现，是从业者的一种职业价值取向和行为表现。从事任何一种职业，都需要有精益求精的自觉态度。大学生要锤

---

① 中共中央马克思恩格斯列宁斯大林著作编译局：《马克思恩格斯选集》第1卷，人民出版社1995年版，第459页。

② 梁启超：《敬业与乐业》，江苏文艺出版社2018年版，第3页。

炼精益求精的态度和品格，具体来说就是在工作中要有追求卓越的意识，要树立争创一流的目标，树立没有最好只有更好的价值追求。任何一项简单的工作都不能马虎和应付，要一丝不苟、认真细致、精雕细琢，力争达到完美和至臻的状态。

四是要树立奉献精神。职业精神内蕴着奉献精神，奉献精神是人们在职业活动中所体现的格局和情怀，是职业道德的具体体现，是对所从事职业的全身心投入，是不讲条件、不求回报的真情付出。大学生树立奉献精神，就是要敢于吃苦、能够吃亏，甘于奉献、能够付出，善于取舍、能够知足常乐；要有牺牲精神，不争名夺利，不斤斤计较，尤其在利益面前，要将社会利益和集体利益放在第一位，个人利益服从于集体利益；要把职业和岗位当作施展才华、干事创业、无私奉献的平台，多比贡献、少比享乐，多比成绩、少比利益。

三 以"诚信"为导向，锤炼道德品质

"诚者，天之道也；诚之者，人之道也。"在语义学意义上，"诚信"的基本内涵就是诚实无欺、信守诺言、言行一致、表里如一，是人们自身行为规范和道德修养的总称。作为伦理规范和道德标准，"诚信"是优秀传统文化的核心价值理念和追求，是中华民族的优良传统美德，也是立身处世的基本原则。为人者，当以诚信为本。在现代社会，"诚信"是个人的立身立业立功之本，是社会文明的基石，是维系社会伦理秩序的内在精神纽带。"诚信"也是我国社会主义道德建设的重点内容，它强调为人诚实、信守诺言，要求做到言必信、行必果。

作为社会主义核心价值观公民价值准则的"诚信"，是指个体与个体之间、群体与群体之间、个体与群体之间相互坦诚信任、相互信守诺言或契约、言行一致的道德伦理原则和道德行为规范。本质上，"诚信"是一种社会关系，是个体或群体在生产生活、人际交往、为人处世等实践活动中诚实、守信的价值取向、道德品质、行为规范的伦理观念

与基本原则。个人或群体只有做到诚实，才能待人诚恳，得到他人的尊重和认可；只有讲信用，才能兑现诺言，遵守合约。只有诚信，才能建立起人们在一切社会关系和社会活动中的交往模式与价值体系。在社会生活领域，诚信不仅关涉各项社会事业能否繁荣发展，而且关涉人们的生活能否安宁和幸福。在市场经济活动中，诚信还是市场主体的道德自律、规则意识和公共理性。讲诚信的企业或单位就能获得较好的经济效益，失信的企业或单位就会遭到法律的惩罚。因此，"诚信"本质上也是一种道德伦理，而且是整个道德体系中，人这一道德主体与外界或他人发生交际关系、履行道德义务时最核心的道德规范。公民履行社会责任，就要以"诚信"为导向，锤炼道德品质。

大学生社会责任感，就是要以"诚信"为导向，夯实伦理道德。

一是要弘扬诚信文化。要充分认识到诚信之于个人和社会、之于公共秩序、之于道德体系的重要意义，深入学习和理解马克思主义诚信观的深刻内涵、基本要求和具体要求；要充分认识到自己既是诚信的受教育者，也是诚信的教育者、示范者，又是诚信文化的实践者、弘扬者；按照《新时代公民道德建设实施纲要》的要求，"弘扬与社会主义市场经济相适应的诚信理念、诚信文化、契约精神"[①]。

二是要做到诚实守信。在日常生活、学习、工作以及人际交往中要做到诚实为人，诚恳待人，诚信为本，坦诚相见；要坚决拒绝投机取巧、投机钻营，在课程考试、学业考查、各项检查中做到诚实守信，不可弄虚作假、徇私舞弊，坚决做到诚信学习、诚信考试、诚信劳动；要信守诺言，坚守约章。把诚实守信作为道德底线，内化为道德品质，贯穿于自己生活中的方方面面。

三是加强道德实践。2014年5月4日，习近平总书记在与北京大学师生座谈时指出："广大青年树立和培育社会主义核心价值观""要修

---

① 中共中央、国务院：《新时代公民道德建设实施纲要》，《人民日报》2019年10月28日。

德，加强道德修养，注重道德实践"。① 道德作为意识形态的范畴，是一种抽象的存在，大学生正处于道德观念形成的关键期、道德品质的塑造期，需要将道德认知在具体的实践活动中内化为自身的道德修为。大学生要积极参加志愿服务、时代新风行动、各类群众性创建活动、移风易俗行动等道德实践活动，在道德实践中提升道德品质。

四是要磨砺道德品质。人无德不立，国无德不行。道德品质是为人之本、立业之基。大学生要"把正确的道德认知、自觉的道德养成、积极的道德实践紧密结合起来，不断修身立德，打牢道德根基"②，不断锤炼道德品质；要坚持正确的价值判断标准，明辨是非，站稳立场，恪守正道，抵制诱惑；要保持定力，不为世风所迷，不为虚名所惑，不为名利所累，不为外部所诱；要明大德，守公德，严私德。

四　以"友善"为基础，遵循交际准则

"友善"即友好、和睦、善良之意。亚里士多德指出，友爱"就是某种德行，或者是赋有德行的事物；或者说是对生活所必需的东西"③，同时强调"人的善就是合于德行而生成的、灵魂的现实活动"④。可见，"友善"是人的德行的具体表现，也是人的道德品质的核心内容，按照亚里士多德的阐释，"友善"还是一种在人的实践活动中表现出来的原则和规范。在我国传统文化中，"友善"是仁爱思想的具体表现和核心内容，是对人际关系的理想追求，蕴含着丰富的情感理性和价值理性；是帮助人们在日常生产生活实践中正确处理人与人、人与社会、人与自

---

① 习近平：《青年要自觉践行社会主义核心价值观——在北京大学师生座谈会上的讲话》，《人民日报》2014 年 5 月 5 日。

② 习近平：《在纪念五四运动 100 周年大会上的讲话》，《人民日报》2019 年 5 月 1 日。

③ ［古希腊］亚里士多德：《尼各马科伦理学》，中国社会科学出版社 1990 年版，第62 页。

④ ［古希腊］亚里士多德：《尼各马科伦理学》，中国社会科学出版社 1990 年版，第12 页。

然关系的道德准则。

作为社会主义核心价值观公民价值准则层面的"友善"是指"公民之间应互相尊重、互相关心、互相帮助，和睦友善，形成社会主义的新型人际关系"①。其核心在于尊重、关心、关爱、互助、和睦等人们之间友好交往的态度、情感和品质，其价值旨归在于构建社会主义的新型人际关系。从其核心来看，就是要求人们在社会关系和人际交往互动中团结友爱、待人友好、互帮互爱、相互关爱、守望相助、善良纯真、存德行善、心存善念、口出善言、行做善事。从其价值旨归来看，是要构建起一种充满友爱、充满善良、充满温情，友爱互助、团结和谐的新型人际关系。新型人际关系不仅包括人与人之间的交际关系，还包括人与社会、人与自然的关系。

作为社会主义核心价值观公民价值准则层面的"友善"映射于大学生社会责任感，就要求以"友善"为基础，遵循人际交往准则。

一是要自觉遵循友善准则。每一个人都在现实情景和日常生活中与他人交往互动，大学生日常与老师、同学、朋友、家人发生密切的交往关系，同时还与其他扮演不同社会角色的人发生交往关系，在交往关系中要以友善作为基本准则，这也是大学生立身处世的基本准则。

二是要大力弘扬友善美德，积极宣传"友善"典型，传播"友善"理念，弘扬"友善"情操，挖掘"友善"美德，敢于揭露和自觉抵制假恶丑，积极追求向往真善美。要关注社会现实中友善的鲜活事例，认真学习"最美人物""时代楷模"等先进典型人物身上友爱、互助、善良的道德品质，让"友善"在现代语境中绽放出耀眼的光芒，成为人人追求的人际交往准则。

三是要积极践行友善观念。大学生要拒绝"看客心态"和"围观

---

① 教育部中国特色社会主义理论体系研究中心：《深刻理解社会主义核心价值观的内涵和意义》，《人民时报》，2013 年 5 月 22 日。

心理"，自觉投入志愿服务、公益活动、爱心援助、义工活动等实践活动中，在服务类社会实践活动中接受教育、帮助他人、服务社会，并充分感受友爱、善举带来的积极情感体验，从而树立和升华友善观念，要做传递友善正能量和弘扬友善价值观的积极践行者。

同时，大学生以"友善"为基础，遵循交际准则，还内在地要求大学生学会与自然、与环境和谐相处，树立正确的生态文明观。要自觉学习生态文明知识，培养生态文明意识，养成生态文明习惯，积极保护环境，保护自然。人与自然和环境的关系，本质上是利益的调整关系，人在实现自我利益的过程中绝不能以牺牲自然环境为代价，习近平总书记反复强调绿水青山就是金山银山。大学生作为社会主义事业的接班人和各行各业的建设者，必须学会处理人与自然的关系，牢固树立生态文明观念，否则就会为实现人的利益和社会利益而破坏生态文明，造成不可估量的损失。

第三章 大学生社会责任感的生成机理

在第一章有关大学生社会责任感的理论阐述中，我们探讨了大学生社会责任感是大学生对自我社会角色所应当承担的任务、职责、义务等的心理认知、情感体验、自觉意识和积极负责的具体行为的综合体现。大学生社会责任感由责任认知、责任情感、责任意志和责任行为组成。作为意识形态的社会责任感，必然要经历由认知到内化为情感，形成意志，再外化为责任行为选择的过程，这一过程也就是大学生社会责任感生成的过程。本章我们将探究大学生社会责任感的生成机理。"生成"意味着形成、长成和出现。哲学中对"生成"的解释为"新事物的产生和形成，是一事物向另一事物转化的过程"[①]。唯物辩证认为"生成是物质世界发展的主要环节，是新事物的形成和确立、内容的丰富、结构的复杂化等种种过程，是许多可能性的萌生和把其中的某种可能性转化为现实性的过程"[②]。所以，"生成"着力阐述事物发展变化的过程。大学生社会责任感的形成既是一个自我主体认识情感、意志到行动的过程，也受到主客观多重因素的影响，因而，应当从生成机理上加以分析。

[①] 高清海：《文史哲百科辞典》，吉林大学出版社 1988 年版，第 193 页。
[②] 廖盖隆等：《马克思主义百科要览》上卷，人民日报出版社 1993 年版，第 240 页。

"机理"一是指事物为实现某种功能而进行运作的原理和规则，二是指事物发生变化的理由和原因。它不同于机制，机制是指事物变化发展的条件，而机理是主客体、内外因相互作用中凸显出的规律。对事物的机理分析分为静态和动态分析。机理的静态分析是对事物构成要素、组成环节和影响因素的分析；机理的动态分析是对事物构成要素如何相互影响、相互作用的分析。

　　"生成机理"是指任何事物的生成演变都需要一定的条件，并在生成演变过程中受到一定因素的影响。一般来说，对事物生成机理的研究主要有三个维度：一是揭示事物的起源、发展历程、现实状况及预测未来走向；二是分析事物的构成要素及其之间的作用关系，进而明确事物生成的主要影响因素；三是剖析事物生成的原因、过程或环节。研究事物生成机理的实质就是分析事物的生成过程、影响事物生成的主要因素及各因素之间的作用关系。所以，研究大学生社会责任感的生成机理的实质就是分析大学生社会责任感的影响因素、各要素之间的作用关系，以及社会责任感的生成过程。大学生社会责任感是由多种内在要素构成的，受到外在因素的影响，并经历多个环节相互作用的动态过程。

第一节　大学生社会责任感生成机理的理论基础

　　大学生社会责任感的形成是一个动态发展的过程，既有着其自身的规律，也有着其内在的运行法则，还有着其现实的理论依据。也就是说，大学生社会责任感的生成机理有着深厚的理论渊源、深刻的理论基础和现实依据，探究大学生社会责任感生成机理的理论基础，是本研究的可行性、必要性和合理性之所在。

一　马克思主义价值理论

　　马克思主义价值理论认为，"任何一种东西，必须能使人民群众得到真实的利益，才是好的东西"①。在马克思主义哲学看来，价值论的对象是人的现实活动。大学生社会责任感从价值论的角度来看，具有主客体的双重属性。从主体上看，形成社会责任感是大学生实现自我价值的需要，大学生作为现实的、客观的社会关系中的"人"，首先具备自然属性，必须实现个人的社会化，成为社会属性意义上的人，才能彰显其存在的价值。而社会化的过程，就是逐步形成社会责任认知，内化责任情感，坚定责任意志，最终做出责任行为的过程。这一过程是自我成长、自我社会化的需要，这一过程也是实现自我价值的需要。从客体上看，形成社会责任感是大学生满足社会价值的需要，社会对不同的社会角色赋予了不同的责任和义务，大学生只有具有强烈的社会责任感，才能扮演一定的社会角色并肩负其责任和义务。所以，从大学生主体、客观社会客体的双重价值属性来看，大学生社会责任感的形成都是基于满足一种价值需要。

同时，马克思主义认为，社会的终极价值理想与目标追求是实现每个人"自由而全面发展"。人的"自由而全面发展"自然包括物质与精神层面的全面发展。物质层面的发展就是生理结构、知识本领、能力技能等可以外化的物质器具的发展，精神层面的发展则包括社会责任感在内的思想觉悟、道德品质、气节操守、意志品格等的提升与发展，大学生社会责任感的形成就是精神层面的全面发展。

二　社会从众心理理论

社会心理学研究思维、情感、知觉、动机和行为如何受人与人之间相互作用的影响。从社会心理学角度看，教育是教育者对受教育者心理上实施的一种有目的的系统性感化作用，以使受教育者成为教育者所期待的模样。培育大学生社会责任感其实也是对大学生心理上施加的一种

---

① 毛泽东:《毛泽东选集》第 3 卷，人民出版社 1991 年版，第 864 页。

感化作用，可以用"从众"理论分析阐述大学生感受社会环境各因素影响的心理机制。从众中的"从"是指依顺、跟随，"众"是指群体、一群人。顾名思义，从众是指人们做出与群体其他成员相同的行为和意见的倾向。社会心理学指出，"个体在群体中常会无形中受到群体不同程度的压力，从而做出与群体中多数人相同的行为，这种现象称为从众现象，这种行为称为从众行为"①。一般而言，一个群体里有许多对群体成员应该如何行动的期望，告诉群体成员哪些态度和行为从社会角度看是适宜的，这类期望就是社会规范，而个体若按照社会规范行事，即称为从众。从众是一种普遍存在的社会现象。社会心理学家认为，导致从众的影响因素有"信息性影响过程——希望准确无误，想了解给定情境下正确的反应方式；规范性影响过程——希望被别人喜欢、接受、支持"②。

法国社会心理学家古斯塔夫·勒庞指出："所有的群体都具有这样一个共同特征：构成这个群体的人……只要他们是一个群体，那么他们就拥有一个共同的心理——集体心理。当他们成为群体中一员的时候，他们的感情、思维和行为与他们单独一个人的时候迥然不同。他们在群体中的思维观念或是感情，在他们单独一个人的时候是绝无可能出现的，即使出现也绝不会形成具体的行动。"③ 从众行为是一把双刃剑，对个体、群体和社会的影响具有双面性。一方面，若某一群体多数成员都有从众倾向，那该群体因为成员意见分歧而产生冲突的可能性将会大大降低，群体的向心力和凝聚力会加强，社会稳定也因此得到保障。社会上不少传统风俗习惯的维持与传承依靠的就是人们的从众心理；另一

---

① 沙莲香：《社会心理学（第 4 版）》，中国人民大学出版社 2014 年版，第 279 页。

② ［美］格里格，津巴多：《心理学与生活》，王垒等译，人民邮电出版社 2009 年版，第 483 页。

③ ［法］古期塔夫·勒庞：《乌合之众——大众心理研究》，戴光年译，新世界出版社 2011 年版，第 6—7 页。

方面，如果群体成员遵从的是僵化的、过时的，甚至迂腐的社会规范，那么这种从众就是不经思考、没有自我判断的盲目跟从，这对个体、群体和社会发展都会带来不利影响。

大学生是社会群体中的一员，同样具有从众心理。大学生社会责任感形成的过程，可以用这一从众心理理论来解释。首先，大学生对其他社会成员社会责任感表征的从众具有一定的盲目性，作为从众行为主体的大学生在没有任何理性思考的情况下，仅凭表面的直觉、感观，或源于下意识的条件反射来作出从众反应。其次，大学生对其他社会成员社会责任感表征的外从内拒。此阶段的从众反应已从非理性上升至理性阶段，大学生接收到外界客体信息后，虽然内心不以为然，甚至抗拒抵触，但为了迎合客体的期望或实现私利，经过识别判断、推理分析等过程，最终与客体保持一致，此阶段社会责任感还没有内化于心。最后，大学生对其他社会成员社会责任感表征的理性从众。在这一阶段从众行为主体在综合分析个体、群体、政策、法律、法规等客观条件，经过大脑的重新加工整合，逐步形成自己新的认知后，才选择从众，主体对客体的态度、情绪、行为等主观高度认同，切实达到了表里如一。

三　态度转变理论

所谓态度是指个体对特定对象（人、观念、情感或者事件等）所持有的稳定的心理倾向。这种心理倾向蕴含着个体的主观评价以及由此产生的行为倾向。态度的心理结构由三种成分构成，即认知、情感和意向。态度非常重要，影响人的行为和解释社会现实的方式。态度的形成既受社会交往过程的影响，又受心理过程的作用。态度一旦形成就成为一种心理定式，对行为改变有先导性影响。

态度形成后具有相对的稳定性，但并不是固定的，它是能够被改变的。态度转变是个体在形成一定的态度后，由于接受某种信息或意见而发生变化的过程。态度转变理论，是寻求态度改变中科学规律的理论。

费斯廷格认为："个体关于自我、环境和态度对象都有许多的认知因素，当态度中各认知因素出现'非配合性'关系时，个体就会产生认知失调。"① 人们可以通过改变或者增加新的认知元素来调整失调状态，以达到认知协调。

美国心理学家凯尔曼认为，一个人态度的改变不是一蹴而就的，而要经过服从、认同、内化三个阶段。大学生群体有特定的思想、态度和行为方式。他们思维活跃，创新意识强，敢于质疑，勇于挑战，同时在价值信念上存在模糊性、不确定性和功利性，通过转变大学生的态度，可以帮助他们转变思想，拨开迷雾。

在大学生社会责任感的形成过程中，对价值观理论知识的获取吸收，促使大学生消除认知矛盾；对典型榜样的模仿学习，促使大学生明晰态度与行为的转变目标；对真实环境的实践体验，在情境中逐步主动接受他人的影响，主动被同化，促使大学生的态度和行为符合他人的期待，实现对价值观的内化，并最终视为自己需求和情感的一部分。

四　建构主义学习理论

建构主义主张世界是客观存在的，但是对事物的理解和意义解读却由每个人自己决定。人们都是以自己的经验为基础来建构现实。每个人的经验世界都是在自己的头脑中创建的，不同的人由于经验不同，对同一事物也会有不同理解。

建构主义学习理论是行为理论和认知理论的进一步发展，"主张学习是个体根据自己的经验建构知识，认为学习者存在差异性，教学不只是传递知识，还需要不断地建立知识的联系，及时进行转换，强调学习者在原有知识经验的基础上，在外部教育引导下，积极建构知识的意义

---

① 中国心理卫生协会：《心理咨询师（基础知识）》，民族出版社 2005 年版，第 143 页。

的过程"①。心理学家布鲁纳认为，学生是主动积极的知识探索者，他们会自主调节自身的学习期待，调整认知结构和影响因素，加工整合各类信息，增强学习效能感，接受并完成相应的学习任务。

由此可见，大学生社会责任感培育要以学生为中心，充分发挥学生的主体性和能动性，尊重学生的多样性和差异性。要充分考虑学生原有的知识经验和心理结构，不断地选择、加工、处理、整合信息。在社会责任感培育过程中，要注重优化学生的认知策略，增强自身的觉察力、注意力、辨别力、思维力、领悟力和决断力，激发学习热情，积极主动地建构知识，自主开展有意义的学习。

第二节　大学生社会责任感生成机理的影响要素

大学生社会责任感的生成机理是指大学生社会责任感的影响要素、生成过程及各要素之间的关系。影响要素包括主体要素、内在要素和外在要素。

一　大学生社会责任感生成的主体要素

大学生社会责任感并非与生俱来，而是后天在一定的社会环境和教育教化的共同作用下形成的。大学生的需要和自我意识是社会责任感形成的前提条件，实践活动是社会责任感生成的现实基础。这些主体要素构成了大学生社会责任感生成的必要条件。

（一）大学生社会责任感生成的需要前提

个体需要作为主体要素，是影响大学生社会责任感的客观前提。马克思主义认为，人类为了满足自身需要，维持生存与发展，而与外部世

---

① 陈琦、刘儒德：《当代教育心理学》，北京师范大学出版社 2002 年版，第 100 页。

界交换物品、能量和信息。从根本上说，需要是人的本能，是客观存在的事实，可以说个体成长的过程就是不断满足自身需要的过程。马克思指出："任何人如果不同时为了自己的某种需要和为了这种需要的器官而做事，他就什么也不能做。"① "需要是人类心理结构中最根本的东西，是人类个体和整个人类发展的原动力。"② 满足自我需要是人们认识世界和改造世界的最根本动力。大学生有多种不同层次的需要，如生理需要、安全需要、人际交往需要、尊重和爱的需要以及自我实现的需要等。大学生处于人生成长的重要阶段，健康成长成才的自我实现需要是最强烈的、最迫切的需求。社会责任感是个体与社会之间责任关系的道德情感与人的认知、情感、意志、行为等紧密相连的一种高级精神活动。行为动机是个体需要的具体外在表现，是推动人们采取行动的直接原因。个人与社会密不可分，大学生对自我实现需要的追求能激发他们的社会责任感，促使他们做出利他、利社会、利国家的行为。所以，大学生的需要即是大学生社会责任感生成的内在驱动力。

（二）大学生社会责任感生成的意识条件

自我意识是影响大学生社会责任感生成的另一主体因素。大学生社会责任感的生成与其自我意识发展水平息息相关。自我意识是人的本质问题，是人对自己身心状态及自己同客观世界关系的意识，包括三个层次：对自己及其状态的认识，对自己肢体活动状态的认识，对自己思维、情感、意志等心理活动的认识。"一个人只有当他不仅正确掌握了客观对象，而且通过自我意识掌握自身的主体存在，把主客体区分开

---

① 中共中央马克思恩格斯列宁斯大林著作编译局：《马克思恩格斯全集》第3卷，人民出版社1963年版，第86页。

② 中共中央马克思恩格斯列宁斯大林著作编译局：《马克思恩格斯全集》第2卷，人民出版社1957年版，第153页。

来，才能形成需要意识。"①

随着自我意识的发展，个体对自我与他人、社会的关系认识和理解得更为深刻。马克思主义指出，社会属性是人的本质属性。个体不能脱离社会关系和社会环境而存在，个体的发展是在个人社会化过程中实现的。而个体的社会化必然会产生相应的社会行为，在社会行为中会出现对他人、对社会进步发展有利的亲社会行为。自我意识的完善，有利于大学生人格健全发展和社会性发展，深化对责任及社会责任的认识，增强对责任感的情感体验，提升意志力，促使他们主动自觉承担社会责任，加速责任感内化与转化为行动的过程。同时，自我意识的发展意味着个体智力水平的提高，这有利于个体将外在的社会责任要求内化为道德需要，为个体社会责任感的生成和习惯的养成奠定了坚实的智力基础。

（三）大学生社会责任感生成的实践基础

没有个体的实践活动，就不会产生个体需要和自我意识，社会责任感也就无法生成。所以，个体需要、自我意识和实践活动密切相关，是社会责任感生成机理中不可或缺的组成要素。

马克思深刻揭示了实践在人类社会生活中具有根本性地位，认为实践是人类社会存在和发展的基础。"全部社会生活在本质上是实践的。"② 随着社会的发展进步，社会分工越来越细化，个人利益、他人利益和社会利益的边界日渐清晰，各种利益关系错综复杂，协调、平衡和约束利益冲突的要求更为迫切和强烈，由此促进了包括责任感在内的道德生成与发展。责任是维系社会的纽带，是社会存在的前提，责任感

---

① 袁贵仁：《价值观的理论与实践——价值观若干问题的思考》，北京师范大学出版社2013年版，第132页。

② 中共中央马克思恩格斯列宁斯大林著作编译局：《马克思恩格斯文集》第1卷，人民出版社2009年版，第501页。

是社会性的体现。实践活动是人们认识世界、改造世界的活动。"实践是一切价值的根本源泉，也是理解价值问题的根本途径。"① 责任本身就是一个"要付出行动的活动"，责任只有付诸行动，体现在关系中的具体事件中，才算真正实现。所以，责任是一种实践活动，本质上要求"知行合一"。总而言之，大学生社会责任感是大学生在具体的实践活动中生成的，同时又是通过具体的实践活动体现出来的。

二 大学生社会责任感生成的内部要素

从机理的静态分析来看，大学生社会责任感的生成包括责任认知、责任情感、责任意志和责任行为四个内在基本因素，要经历"入耳""入情""入脑""入行"四个内在基本环节。

（一）责任认知：大学生社会责任感生成的基础

认知是人心理活动的组成部分，是指人们认识外界事物的过程及其对事物的理解和领悟，对是非对错、真假善恶的认识、判断和评价。根据认知的层次，可分为感性认知和理性认知。一般来说，人们对事物的认识越全面、深刻、正确，那么对事物的判断就越准确，思想就越坚定。

责任认知是指主体对责任的基本内涵、价值目标、具体要求的感知、体会和理解。责任认知是责任行为的先导，贯彻于大学生社会责任感生成的全过程。由"入耳"获取责任认知是大学生社会责任感生成的首要环节，是社会责任感生成的源起。具体来说，责任认知的生成包括反映—选择、记忆—思维、重组—内化等心理现象和过程。

1. 反映—选择

反映是人们借助大脑和感觉系统对客观事物的认识和再现，从而形

---

① 李德顺、马俊峰：《价值论原理》，陕西人民出版社2002年版，第56页。

成相应的形象和概念。人们一般通过感觉和知觉反映客观事物，对事物个别属性的认识是感觉，对事物整体性特征的反映是知觉，感觉和知觉反映的都是事物的外部现象，都属于对事物的感性认识。人们每时每刻都通过感觉和知觉反映各种信息，但同一时间内，人们不可能同时感知各种信息，只能对其中一部分信息获得清晰、完整的反映。也就是说，心理活动具有一定的选择性和指向性，这种对一定对象的指向和集中的心理活动就叫注意。注意是各种心理活动所表现出来的积极心理状态，贯穿于一切心理活动的始终。因此，人们会根据自己的需要，把一部分物体当作知觉的对象，这个对象在人脑中的反映会格外清晰；而把其他对象当作背景，人脑对其的反映就会比较模糊。

综上所述，大学生会依据一定的判断标准和评价准则，对社会主义核心价值观和社会责任感进行事实判断和价值判断，确定选择意向和态度。不同大学生在获取价值观和责任感信息的过程中反映和选择的对象和内容不同，接受方向与程度也会不同。在这一阶段大学生对外部世界传递的信息进行选择，根据客观需要以及价值观和责任感对自身的意义来确定是否接受。当大学生认识到社会主义核心价值观和社会责任感符合国家、社会、个人发展利益时，才会接受这一价值理想，自觉去培育社会责任感。

2. 记忆—思维

记忆与感知觉不同，感知觉是人们对当前直接作用于感官的事物的反映，而记忆是对过去经历过的事物的反映。由感知觉反映觉察的过去的经验都可以储存在大脑中，人需要的时候可以通过记忆把它们从大脑中提取出来。因此，记忆可以将过去的经验和当前的心理活动联系起来，在时间上把心理活动联系成一个整体。同时，人通过记忆积累自己所受到的各种影响，逐渐形成自己独特的人格特征。可以说，记忆是人类智慧的根源，是人的心理发展的基石。

思维是心理发展的最高阶段，是区别人与动物的重要标志。思维是指人脑对客观事物的本质和事物之间的内在联系的认识。作为一种反映形式，思维最主要的特征是间接性和概括性，它属于比感性认识更高级的理性认知范畴。

思维是大脑对外界事物的信息进行复杂加工的过程。包含了一系列的心智操作过程：一是分析与综合。分析是头脑中将事物分解为各个部分和属性的过程；综合是头脑中将事物各个部分和属性结合起来，形成一个整体的过程。分析和综合是思维的基本过程，是人认识事物的开端。它们虽是方向相反的思维过程，但在任何时候都是彼此紧密联系、辩证统一的。二是比较与分类。比较就是明确认知对象之间的异同。分类是根据认知对象的共同点和差异点，把它们区分为不同类别。比较是分类的基础，分类是比较的综合。这样能将事物区分为具有一定从属关系的不同等级系统，从而使知识系统化。三是抽象与概括。抽象是指把事物的本质属性和非本质属性区分开来，舍弃非本质属性和特征的过程。概括是把同类事物的本质属性和特征综合在一起的过程。

社会责任感是在个体成长历程中通过与其他事物或生命发生内在联结而生成的。大学生通过对社会责任感的知识记忆和体验记忆，不断积累责任经验，再通过对责任经验的分析、综合、抽象、概括的思维过程，深化对社会责任感的认知，厘清社会责任感的内涵、外延、类别和表现形式等。可以说，责任经验是生命经过多次的"责任事件与责任冲突"而积淀形成的责任认知，它可返回生命内部丰富生命本身。也正是在这样的"联结—回应"的过程中，大学生才会对社会责任感更加敏感，责任能力也才会逐渐走向成熟。

3. 重组—内化

心理学家皮亚杰认为，人是通过"同化"与"顺应"而实现认知结构的丰富与发展。"同化"是将信息纳入主体已有的认知图式中；顺应则是主体的图式不能同化客体，必须建立新图式或调整原有图式，引起图式的质的变化，使主体适应环境。人们通过不断地"同化"与"顺应"而达到认知平衡。

大学生对进入认识领域的社会责任感信息进行加工和整合，不断吸纳客体信息，通过"同化"和"顺应"，扩充和重组责任认知图式。具体来说，大学生在头脑中形成关于社会责任感的概念后，会进一步分析个人需要、价值和所处的时代背景，及时总结责任经验，同时反复进行判断演绎，推理想象，对自身原有认知结构和价值结构进行重组，形成新的责任认知、判断准则和评价标准。当大学生对社会主义核心价值观和社会责任感的内在逻辑以及存在的价值真正理解后，他们的思维能力会增强，思维方式会更新，最终内化为自己深层次的责任认识和价值认识，从而成为个人思考和行为的航标指南。

（二）责任情感：大学生社会责任感生成的关键

情感是人们对客观事物的态度，是人脑对事物与主体需要之间关系的反映。情感来源于认知，随着认知的变化而变化，属于感性因素，对人们适应环境、传递信息、调节行为有着重要作用，是个体价值取向的基本表征。

"道德情感作为人的一种重要的社会情感，是人们在道德的对象性活动中，基于一定的道德认识和道德情绪的体验而对道德关系、品行产生的一种爱憎或好恶的倾向性态度。"[1] 道德情感是人的高级情感，包括责任感、集体荣誉感、爱国主义、同情心、羞愧感等，它是道德认知升华为道德信念，外化为道德行为的助推器。"没有道德情感就没有道德行为，只有当下、直接的情感才能激发意志，产生行动。"[2] 也就是

---

[1] 王淑芹：《大学生诚信伦理研究》，人民出版社2012年版，第90页。
[2] 周辅成：《西方著名伦理学家评传》，上海人民出版社1987年版，第361页。

说，责任认知不一定能转化为责任行为，形成责任品质；责任认知只有有效转化为强烈的责任情感，才能催生责任行为。因此，责任情感是大学生社会责任感生成的酵素，激发责任情感是大学生社会责任感生成的关键环节和"入情"阶段。

1. 影响责任情感生成的基础性情感

情感有其自身发展的轨迹，如果违背情感发展的规律，则会对个体的成长发展产生严重阻碍。在生命早期，包括联系感、依恋感、安全感、归属感在内的情感是人们最重要的基础性情感。随着生命的发展，人在基础性情感上会进一步产生责任感、使命感、敬畏感等高级情感。情感既具有本体性价值，又具有工具性价值，个体原有的情感结构和性质对以后情感的同化、生成、发展影响深远。

（1）联系感与依恋感

朱小蔓认为，"联系感是一种自然社会性情感，它深深植根于人的自然天性之中，与人的一定的先天性需要相联系，具有早发性、自发性和直接感受性"[①]。伴随着个体不断社会化，与外界联系的增加，联系感会衍生出众多"变式"，反映个体与他人、个体与社会、个体与自然的互动关系，依恋感就是其中最重要的"变式"。

依恋感，是指处于生命早期的婴幼儿与照料者之间积极主动的情感联结，反映了与他人亲近、交往是个体与生俱来的情感需要。"教育者若能及时而合理地满足婴幼儿的这种情感需要，他们就会因为满足而产生对人的信任感、归属感、安全感、亲切感等重要情感。这些情感不仅是个体形成发展的基础，也是道德人格发展形成最重要的基础，其他情感都是在此基础上衍生、发展而迁移创生的。"[②] 如果个体

---

① 朱小蔓：《关注心灵成长的教育——道德与情感教育的哲思》，北京师范大学出版社2012年版，第251页。

② 朱小蔓、梅仲苏：《儿童情感发展与教育》，江苏教育出版社2003年版，第77页。

生命早期的依恋感能很好地建立，那么后期对朋友、老师、同学、同事、爱人的依恋感也会建立得比较好，体验幸福的能力就会增强。

联系感越丰富，依恋感越强烈，越有利于促进个体的社会性情感和高级道德情感的生成和发展，个体的精神世界就会越丰富。

（2）安全感与归属感

安全感，是指个体处在周围环境中没有或者少有生理或心理的恐惧感、紧张情绪和防备心理，给予人的是一种感情的可靠性。马斯洛将安全感看作人的第一需求，埃里克森认为安全感的建立是健全人格发展的首先任务。安全感对大学生社会责任感的效应主要体现在两个方面：一是安全感的形成会让个体对外界充满信任感，使作为受教育者的大学生在情感上容易接受和认同教育内容；二是一个安全感稳定的人，情绪宣泄的方式更易被人同理和理解。社会学家涂尔干认为，"虽然亲子、师生、伙伴间的安全、依恋与爱集体、爱祖国等高级社会性情操在内容、境界层次上不同，但它们有相近的心理结构。其所引起的爱的感情在脑神经加工方式、感受状态方面也是相近的。我们完全可以在安全感的基础上发展人的同情心、仁爱、关心、责任感等情感品质，发展人的道德积极性和创造性"[①]。

归属感是个体寻求身体和心灵依托的感受。"群体成员之间都有某种行为期待，在遇到外界冲击的时候，每个人都期待其他成员能尽其所能共同抵制冲击；在群里内部发生事情的时候，每个人对其他的行为具有期待。"[②] 个体对某一团体有归属感，意味着个体对团体有家庭感，同事与集体内部成员有着亲切友好的人际关系。归属感的形成对于大学生社会责任感的生成有重要意义。个体随着年龄的增长，自我逐步分化出"主观的我"和"客观的我"，前者代表社会或他人的要求，是一个

---

① 鲁洁、王逢贤：《德育新论》，江苏教育出版社 2000 年版，第 109 页。
② 邱泽奇：《社会学是什么》，北京大学出版社 2002 年版，第 248 页。

"理想的我",而后者就是"现实的我"。在个体实际社会生活中,会出现"主观的我"和"客观的我"、"理想的我"和"现实的我"的矛盾冲突,这时就会焦虑不安,启动自我调节机制,力图使"理想的我"与"现实的我"统一起来。如果个体没有社会归属感的内化,"理想的我"就会因为缺乏内心的归属引导和束缚而脱离社会的要求,甚至与社会规范格格不入。所以,只有当个体处于一个被尊重、被需要、被认可的有归属感的群体中,才能生出对所在群体的强烈的责任感。

2. 责任情感的孕育与发展

责任情感是建立在生命早期基础性情感上的高级社会情感,其发生发展有一个持续的过程。在这个过程中,个体不是被动自然地接受外界环境的影响,而是会不断主动地进行思想价值筛选。

大学生社会责任情感的生成大致分为两个阶段,分别是他律的责任感和自律的责任感。他律的责任感受外界力量支配,个体尊重和依从的是责任规范的词句而非它的精神价值,对行为的评价不是为了激发行为动机,而是为了验证行为是否符合现有规范;自律责任感是责任主体自发自觉自愿产生的,是出于"内心法则",自身行为能够受主体本人支配,从而促使主体产生一种胜任感和自我效能感。同时,个体在顺利履行自己的责任之后满足感和荣誉感会油然而生,在没有责任时则会产生负疚感和耻辱感。"这种由人们的内疚和羞愧而形成的道德羞耻感,虽然是一种负性情感,但是这种负性情感却是责任乃至道德的核心,也是社会责任感乃至社会评价维持的根本。"① 个体在生活经历中沉淀积累情感经验,不断加深与丰富场景记忆,若日后遇到类似的外界刺激,存储在记忆中的情感经验就容易被唤醒、激活。正是因为荣誉感与满足感、负疚感与羞耻感等责任情感的长期储存,促使个体在责任联想中能顺利调动责任经验,从而更能认识到责任关系中"应当之责的必然"

————————

① 王淑芹等:《大学生诚信伦理研究》,人民出版社2012年版,第92页。

并形成"应该做"的责任意识,对大学生社会责任感的接受、认同、内化等机制具有驱动或抑制作用。因此,大学生社会责任感的生成,更需要大学生具备责任情感的心理体验,也就是负责时的荣誉感和愉悦感,以及失责时的耻辱感和内疚感。

"大学生是生理、心理发展较成熟完善的群体,正处于人生观、世界观、价值观渐趋稳定又活跃的时期,他们在自我认知、自我体验和自我评价上较为理性客观,表现在大学生对自我与社会的关系上逐渐形成了基本的认知和反思能力,这个阶段对应埃里克森提出的'建立个体同一感和承担社会义务'的两个相互衔接过程。"① 具体来说,大学低年级学生,大多处于建立个人同一感阶段,知晓、认同和践行社会规范的要求,是大学生避免同一性混乱必不可少的环节。而社会责任感是大学生道德内化于心、外化于行的必然要求;大学高年级学生,处于"承担社会义务阶段",对自己的责任义务有了明确的认识,能够主动履行不同社会角色赋予的责任。从个体道德发展阶段来看,经过婴幼儿期、儿童期、少年期的道德社会化,大学生的道德逐渐从"服从习俗角色的道德"发展为"自我认可的道德原则的道德"。从理论上可以说,大学生群体已基本实现了他律社会责任感和自律社会责任感的统一,能够主动自觉内化并服从公正合理的社会规范。

(三)责任意志:大学生社会责任感生成的根本

意志是指个体自觉确定目标,根据目标支配、调节自己的行动,并克服困难和挫折,实现预定目标的心理过程和心理品质。"意志是一种自我控制、自我约束的能力,是调节人的行为的重要精神力量。意志是道德品质的核心。"② 意志表现为在行动中的坚持不懈和为了实现目标

---

① 章志光等:《社会心理学》,人民教育出版社 2008 年版,第 47—48 页。
② 罗国杰:《伦理学》人民出版社 2014 年版,第 397 页。

的持之以恒。

　　责任意志是意志在责任领域的体现，它是指人们根据道德原则和责任要求在责任抉择和行动的过程中所表现出来的自觉克服困难的决心和毅力。个体的责任活动受到责任意志的调节和支配。责任意志是责任行为的"助推器"，是从责任认知、责任情感转变为责任行为的关键一环。"全部道德文化的主要目的在于塑造和培养理性意志，使之成为全部行为的调节原则。"① 责任认知能调整和预测责任行为，主要是源于责任意志。责任意志对责任行为的积极意义主要体现在以下方面。一是开展责任行为的自觉性，即对责任行动的目的有深刻认识，能独立地判断，自觉支配自己的行动，不屈服于外界的压力，不随波逐流；二是选择责任行为的果敢性，即遇到责任决定时，能当机立断，有效推进责任行为发生的进程；三是持续责任行为的坚韧性，即无论遇到任何艰难险阻都能克服，朝着既定目标行进，而不轻言放弃；四是约束责任行为的自制性，即能抵挡住各种内外诱惑，管理和控制好自己的情绪和行动，不任性妄为。因此，责任意志所产生的精神力量，能克服责任行为形成过程中的各种不利因素。坚强的意志会带来信念的确立。信念的确立是个体道德规范内化完成的标志。信念一旦形成，就会产生强大而持久的内生动力，成为意志的定向器和加油站。因此，责任意志是大学生社会责任感生成的保障，坚定责任意志是大学生社会责任感形成的"入脑"阶段。

　　责任意志是人类特有的心理现象，体现着人们的主观能动性，是一种比较复杂的心理过程和高级心理品质。它的形成需要经历以下四个阶段。

---

　　① ［德］弗里德里希·包尔生：《伦理学体系》，何怀宏译，中国社会科学出版社 1988 年版，第 412 页。

1. 责任动机的冲突阶段

责任动机的冲突是意志过程的第一阶段。责任动机是激发人们采取某种责任行动，并维持这种责任行为的一种内在的心理活动或内部动力。责任动机是在需求的基础上产生的。在责任活动中，大学生的需求是多种多样的，那么在此基础上必然会产生各种各样的责任动机，同一行为可以由不同的动机引起，不同的行为也可能由相同或者相似的动机引起。由于外界条件的限制，这些同时出现的责任动机不可能同时付诸行动，我们不得不从中选择一个而放弃其余，于是在大学生的责任心理上便会出现动机冲突。从责任动机冲突的形式上看，可将其分为三类。一是双趋冲突。责任主体同时面临两个具有同等程度吸引力的目标，但不能同时获得，必然选择其一时所产生的动机冲突。二是双避冲突。责任主体同时遇到两个具有威胁性的目标，但又必须接受其一时所产生的动机冲突。三是趋避冲突。责任主体对同一目标同时产生两种动机，一方面好而趋之，另一方面恶而避之的动机冲突状态。

责任动机冲突的过程与责任目标确立的过程是同时进行的，因为人们正是通过动机冲突才选择出自己认为最适当的目标，动机冲突的结束意味着目的的确立。从责任动机的冲突，到确定行为目的，要经过一系列的心理过程和心理活动，如认清责任形式，分析责任条件，体味责任经验，预测责任后果，化解矛盾，克服犹豫，选择责任方式等，最终下定决心做出抉择。

2. 责任目标的确定阶段

大学生在确立责任目标之后，就会产生达成目标的愿望，这种愿望促使大学生去考虑应当选择什么样的行动途径和方式方法，制定怎样的行动计划。很多时候，达到同一目的的方式方法可能不止一种，这就需要对各种方式方法进行分析比较、权衡利弊，选择出最合理、最有效的方式方法，制订出切实可行的计划，在此过程中体现出一个人的意志水平。

此外，在制订计划时，意志努力程度还体现为大学生是否按社会上合理的道德标准对行动方案做出决策，如有的行动方案符合社会的道德标准，有利于国家、集体和他人利益，但自身要克服的困难和障碍较大，需要大学生做出很大的意志努力才能实现其目标，在做这种决定时他们往往会感到紧张、犹豫，甚至焦虑，这是对自身意志力的严峻考验。

3. 意志形成的斗争阶段

责任意志主要表现在两个方面。一是战胜内部障碍，以理性的责任动机战胜非理性或者非道德的责任动机；二是扫除外部障碍，执行责任动机所激起的行为决定。

意志努力，即克服困难，是意志过程的第三阶段。意志和行动密不可分，意志通过行动表现出来，也只有通过行动才能发挥作用。意志转化成行动的过程不可能一帆风顺，会遇到这样那样的困难或者障碍扰乱行动计划，增加行为目的实现的难度。意志坚韧性高低主要以困难的性质、困难程度和克服困难的难易程度为标准。一般来说，在意志转化为行动的过程中，人们遇到的困难有两种：一种是个人内在的心理困难，一种是外部条件的现实困难。前者是指个体存在着具有冲突性的愿望或期待，会给自己带来干扰；后者是指外部确实存在的不利于预设目标实现的现实障碍。一个具有坚强责任意志的人，即使在困难的条件下，也能够积极调整自己，勇敢面对困难，以坚忍的意志刻苦锤炼，战胜自身思想、心理和体能上的弱点，最终达成行动目标。克服困难是责任意志的基本特征，能否坚持与困难做斗争，是考验一个人意志力的重要方面。

4. 实现行为目标的持存阶段

把责任行为坚持到底，并且持之以恒，形成稳固的责任品质，是责任意志过程的第四阶段。责任意志在此阶段表现在三个方面。一是采取一系列积极行动全力达成行为目的；二是极力制止不利于达到目的的行动；三是保持责任行为，让偶发的、被动的责任行为变为惯常的、主动的行为习惯，培育出有强烈社会责任感的道德品质，这对大学生的意志力水平提出了更高的要求。

责任意志过程的四个阶段是相互联系、相互促进、层层深入的，每一个过程都体现着个体的责任意志力和意志水平。

（四）责任行为：大学生社会责任感生成的验证

行为是指人们在一定的认知、情感、意志等心理的支配下所开展的现实行动。行为是个体道德品质的外部呈现和重要载体，道德品质是在行为的基础上积累形成的，是在社会生活实践中不断锤炼出来的。同时，行为也是知、情、意的外在表现形式，是个体内心世界的外化。评价一个人的道德素质水平，不仅要看其言论是否正确，更要考察其实际行为表现，正所谓"听其言观其行"。

责任行为是指人们在现实中表现出来的负责或者失责的具体行动，是道德行为的一种。如果个体只停留在责任认知、责任情感、责任意志的形成，而不付诸实际行动，不去履行责任道德和规范，那么这些认知、情感、意志则因为没有真正作用于责任对象而无法发挥影响，产生不了实际意义。"道德是个体的行为和心理。道德必须有行为，而行为是在一定的心理之下支配的。"[1] 习近平总书记强调："道德建设，重要的是激发人们形成善良的道德意愿、道德情感，提高道德实践能力尤其是自觉践行能力。"[2]

---

[1] 李泽厚、刘悦笛：《伦理学杂谈——李泽厚、刘悦笛 2018 年对谈录》，《湖南师范大学社会科学学报》2018 年第 9 期。

[2] 《习近平关于社会主义文化建设论述摘编》，中央文献出版社 2017 年版，第 137—138 页。

根据行为的形成过程和层次，可将大学生社会责任行为分为行为动力、行为能力和行为惯性三个维度。

1. 行为动力

大学生社会责任感能否从认识观念转化为实践行动，取决于大学生的行为动机能否被激发，行为动机决定行为的发端、方向、强度和持存性，是行为的先导内驱力。行为动力主要有以下三个方面。

一是利益驱动。正如马克思说："人们奋斗所争取的一切，都同他们的利益有关。"① 同样，大学生社会责任感的培养，不能脱离大学生的实际利益，需要用社会责任感为大学生成长成才注入源源不断的行为动力，这样才能使培育工作进行得更为顺利。

二是奖惩激励。赏罚就是正向强化和负向强化。"从本质和心理驱动力来说，客观公正的赏罚是一种特殊价值选择和价值导向。具体到引领工作而言，就是以物化、量化形式所实施的报偿来刺激大学生增强对引领工作的兴趣。"②

三是榜样示范。在大学生中通过榜样的示范可以强化大学生的价值引领和情感共鸣，榜样导向是非常重要且卓有成效的大学生思想政治教育方式。

2. 行为能力

大学生社会责任感要转化为现实行动，只有行为动力是不够的，还需要责任主体具有良好的行为能力。也就是说，个体有行为动力并不意味着行为能力的完备，若要具备一定的行为能力，个体还需要不断地实践和体验。一个有强烈的行为动力且有责任行为能力的个体，在日后遇到相同或类似的责任情境时，责任行为就会自然发生。

---

① 中共中央马克思恩格斯列宁斯大林著作编译局：《马克思恩格斯全集》第 1 卷，人民出版社 1956 年版，第 82 页。

② 唐凯麟：《伦理学》，高等教育出版社 2001 年版，第 203 页。

大学生社会责任感培育的关键在于大学生责任行为实践能力的提高，而实践能力与实践情境、实践内容、实践程序、实践方法密切相关。通过不断进行实践体验，可以将社会责任感深深烙印于大学生心里，自然流露在学生的具体行为当中。

3. 行为惯性

以社会主义核心价值观为逻辑理路的大学生社会责任感要真正培育到位，不能一味地进行理论知识的灌输，而应使社会主义核心价值观和大学生社会责任感充分融合，使大学生深度接受并认同，并以此作为指导自己日常行为的基本准则，让负责任的行为成为大学生平时学习生活中的行为常态，从而养成行为惯性。

责任行为要在经常的、反复的实践锻炼和修养中，才能养成习惯。正如列宁所说，应该"使我们学到的东西真正深入血肉，真正地完全地成为生活的组成部分"，"只有那些已经深入文化、深入日常生活习惯的东西，才能算作已达到的成就"。[①]

将责任感"入行"，彰显责任行为，是大学生社会责任感生成的最终环节。在社会主义核心价值观的引导下，大学生需将社会责任感不断外化为责任行为，并且持之以恒，以养成富有社会责任感的行为习惯。

综上所述，大学生社会责任品质遵循责任心理（包括责任认知、责任情感）—责任思想（由责任意志形成的责任信念）—责任道德行为的生成路径，由低级到高级，由简单到复杂，由易变到稳定。责任心理、责任思想、责任行为（也称责任感性认识、责任理性认识和责任行为）三者相互渗透、相互制约、相互促进。大学生社会责任感的生成与发展包含着知、情、意、行四个基本要素，这四个要素不断进行着由不平衡到平衡、由不适应到适应的矛盾变化运动。

---

① 中共中央马克思恩格斯列宁斯大林著作编译局：《列宁选集》第 4 卷，人民出版社 1995 年版，第 785—786 页。

三 大学生社会责任感生成的外部要素

大学生社会责任感的生成与发展与其所处的外界环境息息相关。影响社会责任感生成的外在要素，是大学生社会责任感生成机理的重要组成部分。社会属性是人的根本属性，人是社会的产物，正如恩格斯所说："人们自觉地或不自觉地，归根到底总是从他们阶级地位所依据的实际关系中——从他们进行生产和交换的经济关系中，吸取自己的道德观念。"① 马克思主义认为，社会存在决定社会意识，社会意识是社会存在的反映。大学生社会责任感是在客观的外部环境影响下的个体主观心理活动的结果。经济、政治、文化、社会舆论、空间场域等是促进大学生社会责任感生成的外在要素。

（一）经济政治的影响

经济政治状况是影响大学生社会责任感生成的宏观社会背景要素。道德是经济基础的反映，是由经济基础决定的，经济关系的性质决定着道德的性质。列宁指出："物质生产力的状况是所有一切思想和各种不同趋势的根源。"② 私有制孕育出个人主义，公有制孕育出集体主义。社会经济结构的根本变革必然会导致道德体系的新旧更迭。毋庸置疑，经济的发展变化，经济体制的改革完善，会极大地影响大学生社会责任感的形成与责任心理结构的调整。

政治与道德都属意识形态范畴，但是政治在很大程度上左右着人们的道德观和价值观。政治制度、政治习惯、政治风气等是影响人们道德观和价值观的具体政治因素。在社会发展进程中，统治阶级或通

---

① 中共中央马克思恩格斯列宁斯大林著作编译局：《马克思恩格斯全集》第20卷，人民出版社1971年版，第102页。

② 中共中央马恩列斯著作编译局：《列宁全集》第26卷，人民出版社1988年版，第59页。

过强权、灌输、教化、惩戒等手段加强对人们的意识形态控制，使民众的道德观、价值观和行为符合统治阶级的利益。政治生态对人们道德观的形成与发展有引导作用。一般而言，若政治生态良好，政治清明、社会稳定、公共秩序井然，那人们的道德观和行为就会向上向善，社会责任感就会较强且较容易激发；相反，若政治生态和政治环境黑暗、社会公共秩序失范，那人们的道德观就会出现滑坡，社会责任感就会弱化。

当前，世界正处于百年未有之大变局，经济全球化、政治多极化、文化多元化、社会信息化的深入推进，导致国际国内局势发生了深刻变化，世界范围内意识形态话语权的争夺越来越激烈，西方国家运用互联网肆意宣扬个人自由主义思想，利用经济全球化和文化产品对青少年进行思想文化的渗透和传播，尤其是以美国为首的发达国家打着民主人权的旗号以"世界警察"的角色居高临下，对我国开展意识形态的输出与侵袭，这无疑对我国大学生的价值取向与抉择产生潜移默化的影响。如果不采取有力的应对措施，将会严重弱化我国青年社会主义核心价值观和道德教育的效果。

（二）精神文化的熏陶

精神文化间接地影响责任主体对责任客体的认知与判断，对责任主体思想观念的塑造产生了潜移默化的重要影响，所以，大学生社会责任感的生成要发挥精神文化的熏陶功能。"人既是文化的创造者，又是文化的产物，为特定的社会文化氛围所造就。"[1] 精神文化是影响个体思想形成与变化的重要外部因素。"作为社会生活主体的人，在社会生活中遵守什么样的道德原则和道德规范，以及如何自觉遵守，往往受到当

---

[1] 许苏民：《文化哲学》，上海人民出版社 1990 年版，第 128 页。

时社会文化环境尤其是道德文化环境的影响和制约。"① 文化既包含中华传统文化，也包括当代中国文化；既包括中国文化，也包括外来文化。大学生社会责任感的生成过程，在一定程度上是社会文化向个体内在精神世界输入、渗透和影响的过程。当前，随着改革开放的不断深入，不同文化的交流与碰撞更加频繁激烈，各种社会思潮和理论学说不断涌现，极大地影响了大学生社会责任感的生成和发展。

中国传统文化是一代代人创新传承下来的，具有稳定性强、系统性全、内容性广的特点。范仲淹的"先天下之忧而忧，后天下之乐而乐"、张载的"为天地立心，为生民立命、为往圣断绝学，为万世开太平"、林则徐的"苟利国家生死以，岂因祸福避趋之"等，都蕴含着深厚的社会责任感。我国传统文化中丰富的责任思想资源对大学生社会责任感的生成有巨大的推动作用。当代中国文化是指建设中国特色社会主义过程中形成的先进文化。它以马克思主义为指导，以培养"四有新人"为目标，面向现代化、面向世界、面向未来，是民族的、科学的、大众的、健康积极向上的、具有中国特色的社会主义文化。"富强、民主、文明、和谐，自由、平等、公正、法治，爱国、敬业、诚信、友善"的社会主义核心价值观是当代中国文化的精华，是人们行动的内在尺度和价值标准。

随着改革开放和"一带一路"倡议的深入推进，外来文化与本国文化不断交流融合，成为导致人们道德观念发生深刻变化的重要外部因素，大学生社会责任观也在随之发生变化。在吸取外来文化精华的时候，也要十分警惕西方资本主义国家的意识形态渗透，他们别有用心地通过多种手段和途径向青年大学生宣传民主、自由等资产阶级观念，腐蚀青年人的思想，大学生对社会责任的认识也会因此受到不良影响。

---

① 白臣：《道德自觉论》，社会科学文献出版社 2017 年版，第 111 页。

（三）社会舆论的导向

在信息时代，大众传媒是媒体向民众传递信息的平台，是人们了解各类信息的重要途径。现代大众传媒类型有传统媒体和新媒体两种，电视、广播、报纸是传统媒体形式，而互联网是新媒体。由它们构成了庞大的传播网络，传播的信息不仅内容丰富、覆盖面广，而且观赏性强，特别是新媒体技术普及后，信息的共享性、传播效率、深入性更强，引发的传播效应更大。人们通过网络学习、工作、生活，各种各样的信息无处不在、无时不存。现代大众传媒的蓬勃发展，加速了社会舆论的形成，对人们价值观的生成、认同、内化，或排斥、动摇甚至改变起着潜移默化的导向作用。

新媒体时代，社会舆论的教育引导功能越来越强大。由于大众传媒传播的是二手信息，并不是信息传播者的亲眼所见、亲耳所闻和亲身经历，传播的信息本身就反映了信息传播者的立场、价值取向、行为倾向等思想观念。"大众传媒是通过自己对世界的'理解'来影响受众对世界的感知和认识的，新闻媒介对事实的选择和解释就是这种理解的体现。媒介'传播'的世界不是世界本身，而是已经被选择和解释过的世界。这个'世界'很可能是扭曲的、变形的，但它总是作为真实存在的世界传播给受众的。"[①] 因此，大众传媒通过各种各样的方式使社会成员接受有思想倾向的信息，进而影响人们的价值观和行为方式。做好社会舆论引导工作，有利于良好社会道德风气的形成。大学生社会责任感的生成、稳固及内化都离不开大众传媒的强大支持。正确的社会舆论导向，一方面通过对负责行为的褒奖，增强人们的满足感和自豪感，提升人们的思想境界；另一方面通过对失责行为的批判，矫正失责者的行为过失，净化社会风气。

---

① 居延安：《信息·沟通·传播》，上海人民出版社 1986 年版，第 184 页。

（四）教育教化的引导

教育教化是与责任主体内在要素联系最为密切的外在要素，是促进大学生社会责任感生成的有效手段。国家意志要顺利转化为个人意志，需要发挥教育教化的灌输、塑造、矫正等作用。教育是大学生社会责任感生成的重要条件，它直接影响责任感形成的方向和水平。教育对教育对象的影响远远大于政治、经济、文化、社会舆论等对其的自发影响，因为教育能根据个体过去的经验、兴趣、情感、信念、知识体系等，有计划、有目的地系统性施加影响。可以说，教育环境越清朗，教育内容越全面，教育过程设计越科学，教育手段越丰富，对大学生社会责任感生成所产生的影响就越大。教育有学校教育、家庭教育、社会教育等多种形式，它们对大学生社会责任感的生成起着不同程度的引导作用。

对人们的教育教化主要通过学校教育来完成。统治阶级总是通过系统性的学校教育向受教育者传授或灌输国家意志和阶级意识。因为学校教育更具系统性、针对性、计划性和阶段性，所以它在社会责任感的生成中发挥着主导作用。家庭是构成社会的细胞，是个体生活最早、最长久之地，也是个体被教育教化的最初场所。个体最初的社会化是从家庭关系建立开始的，个体道德形成最基础的环境是家庭环境，家庭环境对大学生社会责任感的生成影响深远。首先，与家庭成员之间建立的早期情感为个体责任品质的形成提供了心理上必需的联系感、依恋感、安全感、信任感、归属感。其次，家长的道德修养和责任品质对孩子作用深刻，家风良好，父母品行端正、诚实守信、责任感强，对儿女的社会责任感培养自然有极大的促进作用，反之亦然。社会教育在大学生社会责任感生成中的作用越来越强。每个人既是社会教育的主体，又是客体，人际交往、社区生活等都是社会教育的形式。人际交往主要指与熟人、朋友、同事、邻居的互动过程。马克思指出："一个人的发展取决于和他直接或间接进行交往的其他一切人的发展。"① 每个个体都生活在某一社会群体之中，大学生的社会责任感自然会被其人际交往状况所影响。随着城镇化的进展和现代社区的发展，以地缘关系构成的陌生区域逐渐取代了以血缘关系构成的熟人区域。人们共同生活的社区是现代典型的社会群体形式。文明和谐、团结友爱、积极向上的社区风气，会感染并激发社区居民的道德追求。

教育教化的引导对大学生社会责任感的生成至关重要，它要求学校、家庭和社会等多方配合，共同发力，营造出有利于大学生社会责任感生成的良好育人环境。

第三节　大学生社会责任感的生成过程

探讨大学生社会责任感的生成机理，除了从机理的静态维度分析大学生社会责任感生成的构成要素外，还必须从机理的动态维度阐述大学生社会责任感的生成过程。大学生社会责任感生成过程中最关键、最核心的问题是如何将大学生的社会责任认知有效转化为社会责任行为。总体而言，大学生社会责任感的生成过程是大学生思想和行为经历四级不同水平的内化和外化的过程。四级水平从低到高的内化分别是社会责任观念、社会责任情感、社会责任信念和社会责任素养。四级水平从低到高的外化分别是社会责任语言、社会责任情绪、社会责任行为和社会责任自觉。内化四级水平与外化四级水平是一一对应的。

一　入耳：责任观念与责任语言的一级互动转化

责任观念与责任语言的一级互动转化是大学生社会责任感生成过程

---

① 中共中央马克思恩格斯列宁斯大林著作编译局：《马克思恩格斯全集》第3卷，人民出版社1960年版，第515页。

中的最基础环节。处于一定现实社会环境下的大学生，根据自身的需要通过感知觉有选择地接受外界在社会责任知识、社会责任规范、社会责任榜样等方面施加的影响，形成相应的社会责任知识和观念，也就是"入耳"——获得社会责任认知，这一过程就是一级内化。这种内化只是大学生初步掌握社会责任知识和观念，还未形成强烈的社会责任动机，也没有强烈的社会责任意志，更谈不上固化为社会责任信念。但一级内化是大学生社会责任感生成的必经阶段，大学生只有具备了相应的社会责任知识，掌握了社会责任规范，接受了社会责任榜样的感召，才会对社会责任有最基本的认知和判断。

一级内化完成后，就进入了一级外化环节。一级外化是指大学生依据初步形成的社会责任认知，对现实中出现的社会责任问题或情境，用语言的方式予以讨论、评价和判断，也就是对社会责任问题表达自己的看法和认识。这种外化的形式只是语言形态，是不成体系的，不稳定且多变的，并没有引发深刻的社会责任情感，更没有转化为社会责任行为。人们的行为形成一般都遵循从思想到语言、情绪，再到行为，最后到行为习惯的规律，内外一级互动转化符合这一规律。所以，内外一级互动转化是大学生最终形成社会责任感和养成社会责任行为习惯必不可少的环节。

二　入情：责任情感与责任情绪的二级互动转化

大学生一级外化呈现出的社会责任语言，会引发外界的反应和评价，如赞赏、肯定、鼓励、反对、批评、嘲讽等，这些反应和评价会反过来刺激大学生的头脑，大学生会对社会责任认知进行筛选和序列化重构，激发出相应的社会责任情感，进而产生社会责任动机。这个过程就是二级内化，是大学生社会责任感生成的"入情"——激发责任情感阶段。

二级内化完成后，大学生产生了责任情感，进而表现出相应的责任情绪，这就是二级外化。情绪分为基本情绪和复合情绪，快乐、愤怒、悲哀和恐惧是情绪的基本形式，复合情绪是由基本情绪的不同组合派生出来的。大学生社会责任情感通过责任情绪表现出来，如大学生对某一社会责任问题持有怀疑情感，那么则表现出迷茫或漠然的情绪。社会责任情感情绪的出现是责任认知转化为责任意志，进而转变为责任行为不可或缺的重要阶段。

三　入脑：责任信念与责任行为的三级互动转化

大学生表现出来的社会责任情绪必然会反作用于责任认知并引发某些社会反映，从而使大学生经历更为丰富深刻的社会责任情感体验。在这种情感体验的影响下，大学生的社会责任认知更为深刻，会在原有知识结构上建构起新的认知，汲取相关理论精髓，使社会责任动机更加强烈，社会责任意志随之产生，知、情、意等方面经过交互作用最终融合稳固成为诚信道德信念。这一过程就是三级内化，也就是大学生社会责任感生成的"入脑"——坚定社会责任意志和固化社会责任信念的过程。

自觉性、果断性、坚韧性和自制性是意志品质的呈现，在意志基础上形成的信念具有坚定性、永恒性和稳定性的特征。一旦大学生社会责任意志坚定，社会责任信念形成与巩固，大学生会对责任情境和公共生活及时做出回应，承担应承担的责任，履行应履行的义务，社会责任行为就会应运而生，表现出具体的、即时的、现实的责任行动。这就是从三级内化到三级外化的过程。但是，大学生社会责任行为的出现并不意味着社会责任感的最终形成，还必须养成社会责任行为习惯，形成社会责任认识定式。所以，此阶段的大学生社会责任感还必须进一步内化和外化。

四　入心：责任素养与责任自觉的四级互动转化

大学生社会责任感生成需要经历一个认知升华、经验积累、情感凝聚、实践行动的过程，往往需要反复刺激、反复学习、反复实践、反复调整。大学生社会责任感培育的最终目标是培养大学生较高的社会责任素养，将偶发冲动的、分情境讲条件的低水平社会责任感锤炼成自动反应的、无条件的、深植于内心的高水平社会责任感。这是四级内化，也就是大学生社会责任感生成的"入心"——塑造社会责任素养的过程。

个体的行为过程是动态发展的，是从不明确到明确，从不坚定到坚定，从不自觉到自觉，从不习惯到习惯的演变过程，其间可能会经历螺旋上升，甚至在曲折中倒退。在社会责任素养的指引下，大学生完全在道德理念下自觉支配自己的责任行为，并在经常的、反复的实践活动中培养责任行为习惯，并且持之以恒，才能成为稳固的行为模式。"人的个别性行为只有变成经常性行为，成为一种习惯，行为所蕴含的价值意义才能最终成为主体的内在自觉追求，也就意味着这一方面的思想道德品质的形成。"[1] 从社会责任素养到社会责任自觉，就是从四级内化转变为四级外化的过程。

至此，大学生社会责任感的生成过程基本完成。此后，在新的外部环境刺激和影响下，又会引发大学生新一轮社会责任内化、外化的过程，循环往复，使得大学生的社会责任感不断提升。大学生社会责任感生成的内外四级互动转化整个过程如图 3.1 所示，当然，该图只反映了大学生社会责任感生成的一般过程。

---

[1]　平章起、梁禹祥：《思想政治教育基本理论问题研究》，南开大学出版社 2000 年版，第 165 页。

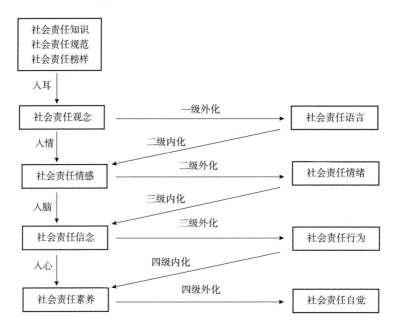

图 3.1 大学生社会责任感内外四级互动转化的过程

第四节 大学生社会责任感的生成规律

"规律就是事物发展过程中的本质联系和必要联系。"① 历史唯物主义指出，社会生产方式的发展有其客观规律，由生产方式决定的社会道德水平也不是杂乱无章的，而是有其自身的生成和发展规律。当然，大学生社会责任感的生成与发展不可能永恒不变，必然是一个有自身规律的动态变化过程。大学生社会责任感的生成规律是主体与客体、个体性与社会性、自律与自律、知与行之间辩证统一。充分认识和把握大学生社会责任感生成的规律，有助于为大学生培育科学正确的社会责任感提供重要的理论指导和实践操作指南。

---

① 陈万柏、张耀灿：《思想政治教育学原理》，高等教育出版社 2007 年版，第 145 页。

一　主体与客体相统一

辩证唯物主义认为，人类是大自然的客观存在，其意志和行为受限于客观环境，经济基础决定社会道德水平，同时道德水平又反作用于经济基础。可以说，人类认识世界和改造世界有两个尺度，一是客观的物的尺度。二是主观的人的尺度，这两者相互作用，互相影响，共同促进大学生社会责任感的生成与发展，体现了主观与客观的统一。

大学生社会责任感生成的客观性具体表现在以下方面。一是社会责任感受客观社会环境的制约。社会责任感作为社会意识形态反映于社会存在，其生成和发展都是由生产力水平和社会经济基础决定的。同时，社会责任认知、情感、意志和行为的产生都受到教育、文化、空间场域等多种客观条件的影响。根据社会客观条件和自身道德实际，大学生才能生成主体的社会责任自觉。二是大学生社会责任感来源于其对道德规律的了解和遵循，是对社会道德关系和社会责任规范的反映。人与人之间的道德准则和责任规范规定着行为主体在一定的社会条件下应该履行哪些道德义务，承担哪些道德责任。

大学生社会责任感生成的主观性具体表现在以下方面。一是大学生对客观环境的主观反应，对社会责任感的生成起着重要的促进作用。社会责任感的主体能在认识责任规范和准则中意识到自己的主体性，这是社会责任感生成的前提条件。在活动实践中能主动履行自己的责任义务，开展自己的责任行为，构成社会责任感生成的现实条件。二是大学生对客观环境和道德规律的主观应对，对社会责任自觉有着重要的能动作用。大学生在面对客观的责任情境时，会主动对照自身内在的道德追求与理想来做抉择。如果与自己的心理预期相符合，大学生会表现出正向的情绪状态，产生积极的行为动机，激发责任行为。相反，如果与自己的心理预期不一致甚至相悖，大学生会呈现消极的情绪状态，抵触外在的道德规范，延缓或中断自身应有的道德行为。

综上所述，大学生社会责任感归根结底是在一定的社会条件下产生的。大学生这一行为主体反映客观环境、反映道德规律、反映认知过程，并在此基础上做出主观能动的应对措施。客观环境的决定作用和主观意识的能动作用共同促使大学生社会责任感的生成和发展。

二　个体性与社会性相统一

社会责任感虽然以知、情、意、行的心理现象存在于社会个体身上，但它不是个体与生俱来的，而是从个体与社会责任反复作用而产生的。在个体与社会的责任关系中，社会的角色是责任赋予者，而个体的角色是责任承担者。个体性是大学生的主体特性，大学生作为一个特殊的社会群体，身心发展日趋成熟，他们的世界观、人生观和价值观也逐渐定型和完善，极大影响了大学生社会责任感的生成。社会性是指大学生是社会群体的一分子，具有社会性，大学生应该积极回应社会的要求和期待，承担时代赋予的社会客观责任。大学生的个体性和社会性具有动态平衡的关系，两者间需要保持适度的张力。也就是说，社会对大学生的要求和期待在符合社会发展要求的同时，也要考虑大学生自身状况和可塑性。

大学生的个体性和社会性之间的关系表现在诸多方面。一是个体与家庭建立的责任关系，这要求大学生从家庭角度出发主动承担起相应的家庭责任；二是个体与社会公共生活的责任关系，这要求大学生从维护社会公共秩序的角度承担起相应的社会公共责任；三是个体与国家和民族之间的责任关系，这要求大学生要从国家和民族的角度承担起相应的国家和民族的责任。

大学生社会责任感总是处于"现实状态"与"符合社会期待的理想状态"的矛盾运动中，而推动大学生社会责任感向着社会期待的方向发展，是社会责任感培育的基本任务。大学生个体性和社会性之间的矛盾不是一成不变的，而是分阶段渐进变化的，在某个阶段的矛盾解决后，又会因为社会要求的变化和大学生主体特点的变化而产生新的矛盾，这就需要根据新情况再来解决新矛盾。因此，大学生社会责任感生成的过程是不断解决个体性和社会性之间矛盾、实现个体性和社会性统一的过程，从而推动大学生社会责任感向社会期待的方向发展。

三　自律与他律相统一

自律是指在无外界力量督促和支配的情况下，通过自己要求自己，自己管理自己，约束自己的一言一行，自觉地遵守规则和纪律。自律是一种不可或缺的人格力量，它依靠自我意志对意识、情感、行为进行评判、调控和管理，从而使主体所认同的责任认知和责任情感通过责任行为表现出来。自律具有主动性、自觉性的特点，能够促使大学生长期坚持符合社会要求的责任行为。他律是指个体由外部力量进行直接约束与控制，简言之，就是个人的言行要接受他人的约束、检查和监督。他律具有被动性、强制性的特点，其标准和要求会随着外在客观环境的变化而变化，他律是大学生社会责任感生成的必要条件。

自律和他律是辩证统一的，两者可以相互转化。首先，自律是他律的基础，如果没有自律，责任认知、责任情感及责任意志就无法达到一定的水平，从而无法接受他律的约束，其责任行为就难以产生，即使产生了也无法持久，只有自律才能使社会责任感升华至责任自觉的最高境界；其次，他律是为了更好地自律，即通过外在条件的约束和教育者的引导，可以让个体明确行为标准和规则，使自己预见到失范行为带来的不良后果和自己要承担的责任，从而不断地调整和完善自己，更好地规范自己的行为，实现更好的自律。坚定的责任意志品质是自律运行的关键因素，它能促使个体自觉克服一切困难和障碍来开展和坚持责任行为。责任认知和责任情感只有在坚定的责任意志的基础上，才能顺利转化为责任行为。

因此，在大学生社会责任感培育的过程中，要遵循自律和他律相统一的规律，在加强对大学生教育教化的同时，也要加强对外在社会因素的优化，使大学生社会责任感在自律和他律的相互作用中日趋稳固。

四　知与行相统一

责任认知是大学生社会责任感生成的基础，在社会责任感生成的过程中发挥着极其重要的作用。第一，责任认知是心理过程的开始，决定着心理各要素的发展方向和深化程度；第二，责任认知将个体零散的认知通过加工、分析、整合转化为稳定而有系统的责任观念，从而使个体对社会责任感的认识更加全面；第三，责任认知是责任行为的支配中枢，在责任认知的支配下，个体行为才避免了随意性、随机性，呈现出一定的方向性、目的性，确保行为的连续性和稳定性。

责任行为是大学生社会责任感的验证，决定了责任感生成的效果和水平。没有责任行为的社会责任感仅是"纸上谈兵""空中楼阁"，并非完整意义的社会责任感。同时，当个体做出责任行为后，可以通过综合分析外界的反馈，促进认知的不断深化和内化。所以，大学生社会责任感的生成不能只停留在责任认知上，更要在践行责任行为过程中强化和升华责任感。在现实中，责任认知和责任行为并非一直保持同步，并不是每一次责任认知都能转化为责任行为，也不是每一次责任行为都是在责任认知的指引下展开的，存在知行分裂的现象。

因此，在大学生社会责任感培育过程中要遵从责任认知和责任行为相统一的规律。一方面，加强对大学生责任认知的教育引导，加强大学生对社会责任的认识和领悟，提高其对社会责任感的认识、判断、选择、分析和调控能力，加强大学生社会责任感的认知内化力；另一方面，提高大学生社会责任感的责任行为能力，使大学生养成责任行为习惯，实现大学生责任行为自觉，强化大学生社会责任感的行为外化力，进而实现知行合一，有效促进大学生社会责任感的生成与发展。

第四章 大学生社会责任感测量量表的编制

编制《社会主义核心价值观视域下大学生社会责任感量表》，是全面了解大学生社会责任感现状的基础性、关键性环节。我们采用德尔菲法、专家团体焦点访谈、问卷调查法、统计分析法等质性与量化相结合的研究方法，对1086个样本数据进行因子分析、信效度检验，揭示出社会主义核心价值观视域下大学生社会责任感量表在国家、社会、个人三个层面的社会责任感均包含四个一级维度以及相应的三个二级维度，具体内容为责任认知（准确性、整体性、深刻性），责任情感（认同感、归属感、效能感），责任意志（坚定性、自觉性、自制性），责任行为（决心、信心、恒心）。该量表的总体信度达到0.984，内容效度与结构效度符合心理测量学对量表编制的要求。因此，该量表可以成为测量大学生社会责任感的有效工具。

社会责任感的测量，国外将其融入其他量表中作为一个子量表，如明尼苏达多相人格问卷（MMPI）中的社会责任问卷；也有针对全球的社会责任量表，如 Starrett（1996）编制的全球社会责任感量表（Global Social Responsibility Scale）。国内大学生社会责任感的测量，主要从物质责任感、文化责任感和群体责任感三个维度，或者从个体责任感、他人责任感、集体责任感、社会责任感四个维度①，或者从集体责任心、同伴责任心、他人责任心、社会发展责任心四个维度②进行测量，这三个量表的信效度都达到了统计学标准。总体上，国内外对大学生社会责任感的内涵及其测量均存在较大分歧。因此，为凸显社会主义核心价值观的视域，我们根据第二章对社会主义核心价值观视域下的大学生社会责任感的内容结构的分析，编制了《社会主义核心价值观视域下大学生社会责任感量表》，以此来测量大学生社会责任感的现状与特点。

第一节 操作定义及维度结构的确定

一 操作定义

社会主义核心价值观由国家层面的价值目标（富强、民主、文明、和谐）、社会层面的价值导向（自由、平等、公正、法治）、个人层面的价值规范（爱国、敬业、诚信、友善）构成。因此，社会主义核心价值观视域下大学生社会责任感也可以从这三个层面来体现。我们根据第二章对大学生社会责任感具体内涵的阐释，对大学生社会责任感的维度结构进行分析。

二 维度结构

大学生社会责任感由责任认知、责任情感、责任意志、责任行为四个部分构成，四者以大学生自我概念为中心，构成一个相辅相成的统一体。

---

① 肖波：《青少年社会责任心问卷编制》，硕士学位论文，湖南师范大学，2009 年。

② 陶金花、朱键军：《90 后大学生社会责任心发展特点研究》，《安徽工业大学学报（社会科学版）》2014 年第 9 期。

（一）责任认知是前提

责任认知是大学生对社会主义核心价值观视域下所蕴含的国家、社会、个人层面的责任内容、意义、行为等的感知、理解、判断和评价，是大学生对国家、社会、个人三个层面具体社会责任感内容的主观认知与态度，主要体现在准确性、整体性、深刻性三个方面。

责任认知的准确性指的是大学生对社会主义核心价值观的语义表述及其三个层面具体社会责任感内容的概念、意义、作用的掌握理解判断的准确程度；责任认知的整体性指的是大学生对社会主义核心价值观24个字语义表述及其三个层面具体社会责任感内容的掌握理解判断的全面程度；责任认知的深刻性指的是大学生对社会主义核心价值观及其三个层面具体社会责任感内容的掌握理解判断的深刻程度。责任认知是责任行为产生的前提，只有对内容有了正确、全面、深刻的认知和理解，才能积累感性认识实现认识的具体化，促进责任情感、意志和行为的产生。

（二）责任情感是基础

责任情感是大学生对社会主义核心价值观在国家、社会、个人三个层面具体内涵进行准确、全面、深刻理解并履行职责后产生的内心感受和体验，主要包括认同感、归属感、效能感。

责任情感的认同感指的是大学生对社会主义核心价值观24个字语义表述及其三个层面具体社会责任感内容认知领悟后内心的接受认可程度；责任情感的归属感是指在认同基础上产生的确定与维系感；责任情感的效能感指的是在认同、归属之后产生的胜任与自信感。责任情感来源于责任认知，并对责任认知有加强、深化或淡化的作用，责任情感一旦形成就具有迅速且相对持久的积极或消极影响，是责任行为产生的原动力。

（三）责任意志是根本

责任意志是大学生在对社会主义核心价值观的认同、体验基础上为实现责任行为而做出的自觉努力。主要体现在坚定性、自觉性、自制性三个方面。

责任意志的坚定性指的是大学生在对社会主义核心价值观 24 个字语义表述及其三个层面具体社会责任感内容的理解体验基础上，为实现责任行为而表现出的坚韧程度；责任意志的自觉性指的是在领悟体验基础上为实现责任行为目标而表现出的自觉自愿程度；责任意志的自制性指的是在理解体验基础上为实现责任行为目标而体现出的自我约束的强度。责任情感容易受到干扰，对责任行为的形成可以起到积极或消极的作用，当起消极作用时，责任意志就发挥调节、督促和约束作用，保证责任行为的顺利实施，否则，责任认知再深刻和丰富也很难转换为责任行为。

（四）责任行为是关键

责任行为是大学生对社会主义核心价值观在国家、社会、个人三个层面进行认同、体验后，为实现责任行为目标而履行义务和责任的行为方式及习惯，是衡量社会责任感形成和强弱的标志，主要以决心、信心、恒心三种方式体现出来①。

责任行为的决心是指大学生对社会主义核心价值观在国家、社会、个人三个层面及其社会责任感的具体内容进行认同、体验后展现出积极责任行为方式和习惯的坚毅程度；责任行为的信心指的是大学生在认同、体验基础上展现出的积极责任行为方式和习惯对达成责任行为目标

---

① 决心、信心、恒心本是意志过程的三个阶段，此处引申为责任意志影响责任行为的三个层次。

的信任程度；责任行为的恒心指的是大学生在认同、体验基础上展现出积极责任行为方式和习惯的持久程度。责任行为是在个人责任认知的指导下，由责任情感驱动，在责任意志的调节下产生的，是个体责任感得以形成的关键。

第二节　编制过程

根据前述社会主义核心价值观视域下大学生社会责任感的结构维度，遵循维度与量表项目的最佳匹配原则，采用专家访谈、团体焦点访谈、开放式和半结构化问卷等方法选定量表项目，对初测问卷进行因子分析和信度效度检验后确定正式问卷。

一　量表项目的选定

（一）德尔菲法与专家访谈

根据目的性抽样原则选取思想政治教育等专业教授 5 名，心理学教授 2 名，以及相关专业硕士以上辅导员 5 名，对社会主义核心价值观视域下大学生社会责任感的内涵、结构维度等进行探讨。

第一步，德尔菲法（Delphi Technique）。课题主持人分别对前述 7 名专家就"社会主义核心价值观视域下大学生社会责任感的内涵、结构维度"进行问卷，对 7 名专家的观点进行收集整合后再次发出新的问卷，回收其观点后再次整合，提出新的问题。

第二步，团体焦点访谈法（Focus Group），一共进行了两次，涉及 7 名专家和 5 名专职辅导员。第一次，基本确定前述大学生社会责任感的操作定义及其维度。第二次，就初步编写完成并获得了 82 个样本初测结果的《社会主义核心价值观视域下大学生社会责任感量表》（初测版）进行审核与评定，主要考察审核题项表征的精确性、是否通俗简练易懂，删除句意含糊不清的题项，尤其考察题项与所属维度的内在逻辑关联是否紧密，把因子载荷题项低于0.4的题项直接删除。

（二）开放式问卷

考虑到性别、民族、专业、学科、学校类型、年级、政治身份等因素，由3名思想政治教育专业辅导员和2名心理健康专业辅导员整层随机抽取46名大学生进行开放式问卷，每个辅导员与9—10名大学生进行半结构化访谈。访谈主要围绕三个问题展开。第一，在国家层面（富强、民主、文明、和谐）作为大学生应该承担哪些责任。第二，在社会层面（自由、平等、公正、法治）作为大学生应该承担哪些责任。第三，在个人层面（爱国、敬业、诚信、友善）作为大学生应该承担哪些责任。对46名大学生的397条陈述进行聚类分析，结合扎根理论对之进行三级编码，获得适合用作测题的项目113项。

二　项目编写与评估

2名思想政治教育专业硕士辅导员和1名心理健康专业硕士辅导员根据前述大学生社会责任感的结构维度，通过开放问卷与访谈获得的397条尤其是编码后的113项陈述，适当参考其他社会责任感量表的部分测题①，遵循每个二级维度以3—5个测题来观测该维度，共计编写出156项测题；5名思想政治教育专业教授和2名心理学教授对156项测题反复审核、斟酌，根据测题与所属维度的密切程度以及表述适宜性，删除了8道测题，留下148道测题构成初测问卷。采用李克特五点法计分，从"非常不符合""比较不符合""符合""比较符合"，"到非常符合"，分别以1、2、3、4、5来表示，并且设置了10%的反向计分题。

---

① 陶金花、朱键军：《90后大学生社会责任心发展特点研究》，《安徽工业大学学报（社会科学版）》2014年第9期。

（一）正式问卷的形成

1. 初测对象与方式

使用前述编写的 148 道测题构成的初测问卷对 95 名大学生进行测试，获得有效问卷 82 份，有效率 86%。其中男生 52 人，占 63.4%；女生 30 人，占 36.6%。共产党员 22 人，占 26.8；共青团员 56 人，占 68.3%；群众 4 人，占 4.9%。专科 1 人，占 1.2%；本科 81 人，占 98.8%。农村生 50 人，占 61%；城市生 32 人，占 39%。大一 24 人，占 29.3%；大二 21 人，占 25.6%；大三 37 人，占 45.15。汉族 68 人，占 82.9%；其他民族 14 人，占 17.1%。法学 1 人，占 1.2%；经济学 14 人，占 17.1%；理学 8 人，占 9.8%；工学 45 人，占 45.9%。

2. 初测的信度与效度

（1）初测信度检验

总体克朗巴哈 α 系数为 0.976，折半信度为 0.956。责任认知、责任情感、责任意志、责任行为四个一级维度的克朗巴哈 α 系数分别为 0.937，0.896，0.903，0.926。这些克朗巴哈 α 系数均接近或大于 0.9，说明其信度达到优秀水平。

（1）初测效度检验

对 148 道题进行因子分析（Factor Analysis），除了 5 道测题的因子载荷低于 0.4 外，其他 143 道测题的因子载荷处于 0.742 至 0.937 之间，说明初测问卷的内容效度优良。以大学生社会责任感与责任认知、责任情感、责任意志、责任行为进行相关分析，结果显示其相关系数处于 0.774 至 0.952 之间，说明初测问卷的构想效度优良。

基于问卷初测结果的信度效度均较好，符合量表编制的统计学要求，因此，无须做复测，可将初测修订后的正式问卷作为终测量表。

3. 正式问卷的审定

根据初测问卷的因子分析和信度效度检验结果，由 2 名思想政治教育专业教授和 1 名心理学教授斟酌审核，决定删除初测问卷 148 道测题中因子负荷低于 0.4 的 5 道测题，余下的 143 道测题构成《社会主义核心价值观视域下大学生社会责任感量表》。其中包括国家、社会、个人三个层面的责任认知 43 题，责任情感 35 题，责任意志 31 题，责任行为 34 题。

（二）施测对象与方式

1. 施测对象

运用前述已经编制好的由 143 道测题构成的量表对 1123 人施测，获得有效问卷 1086 份，有效率 96.7%。其中男生 568 人，占 52.3%；女生 518 人，占 47.7%。共产党员（含预备党员）285 人，占 26.2%；共青团员 744 人，占 68.5%；群众 55 人，占 5.1%；民主党派 2 人，占 0.2%。专科生 125 人，占 11.5%；本科生 961 人，占 88.5%。农村生 727 人，占 52.7%；城市生 458 人，占 42.2%。"985"和"211"高校 248 人，占 22.8%；普通一本 707 人，占 65.1%；地方二本 24 人，占 2.2%；高职高专 107 人，占 9.9%；汉族 971 人，占 89.4%；其他民族 115 人，占 10.6%。学科情况见表 4.1。

表 4.1 参测人员学科分布情况

学科名称	哲学	法学	经济学	文学	历史学	教育学	心理学	管理学	理学	工学	农学	医学	艺术学	体育学	其他	总计
人数	19	88	92	61	22	50	11	106	174	321	8	44	26	9	55	1086
占比/%	1.7	8.1	8.5	5.6	2.0	4.6	1.0	9.8	16	29.6	0.7	4.1	2.4	0.8	5.1	100

2. 施测方式、时间和数据处理

2019 年 11 月至 2020 年 6 月，采用教室纸笔施测和互联网测验相结合的方式进行，所有测试数据均运用 SPSS 25.0 进行录入和统计分析，验证性因子分析采用 AMOS 25.0 进行处理。

第三节　结果分析

采用《社会主义核心价值观视域下大学生社会责任感量表》进行问卷调查，获得 1086 个有效样本，对样本数据进行项目分析、探索性因素分析、信度与效度检验，获得以下结果。

一　项目分析

采用临界比率（Critical Ration，CR）法对 1086 份《社会主义核心价值观视域下大学生社会责任感量表》得分进行高低分组的独立样本显著性差异检验，将总分按照从高到低的次序排列，前 28% 为高分组，后 28% 为低分组。结果显示，143 道测题均达到显著性水平（t > 3，p < 0.01），因此所有测题都保留。

二　探索性因素分析

样本是否适合做因素分析，主要依据 KMO 值是否大于 0.9 而不小于 0.5，以及巴特利特球形检验的显著性。[1] 表 4.2 显示，本量表数据的 KMO 值为 0.982，大于 0.9，Bartlett's 球形检验达到非常显著水平（p = 0.000 < 0.001），样本适合作探索性因素分析。

表 4.2　　　　　　　　　**KMO 值与 Bartlett's 球形检验结果**

KMO 样本适当性测度		**0.982**
Bartlett's 球形检验	近似卡方分布	102960.640
	自由度	10153
	显著性	0.000

---

[1]　吴明隆：《SPSS 统计应用实务》，科学出版社 2003 年版，第 43 页。

　　由于初测问卷后已经删除了因子负荷低于 0.4 的 5 道题，表 4.3 是采用主成分分析法并进行了最大似然旋转后的因子负荷表，其因子负荷处于 0.486 至 0.767 之间；交叉负荷值大于 0.7 的测题也没有出现；每个二级维度的观测题项不少于 3 项。

表 4.3　　社会主义核心价值观视域下大学生社会责任感因素分析结果

项目	T1	T2	T3	T4	T5	T6	T7	T8	T9	T10
因子负荷	0.641	0.673	0.688	0.590	0.637	0.642	0.553	0.580	0.597	0.639

项目	T11	T12	T13	T14	T15	T16	T17	T18	T19	T20
因子负荷	0.618	0.631	0.676	0.617	0.636	0.627	0.613	0.583	0.568	0.640

项目	T21	T22	T23	T24	T25	T26	T27	T28	T29	T30
因子负荷	0.656	0.635	0.595	0.631	0.624	0.573	0.496	0.632	0.538	0.606

项目	T31	T32	T33	T34	T35	T36	T37	T38	T39	T40
因子负荷	0.592	0.613	0.533	0.596	0.648	0.633	0.486	0.685	0.532	0.606

项目	T41	T42	T43	T44	T45	T46	T47	T48	T49	T50
因子负荷	0.622	0.629	0.648	0.601	0.603	0.592	0.492	0.716	0.541	0.620

项目	T51	T52	T53	T54	T55	T56	T57	T58	T59	T60
因子负荷	0.546	0.537	0.573	0.630	0.572	0.577	0.586	0.580	0.670	0.623

项目	T61	T62	T63	T64	T65	T66	T67	T68	T69	T70
因子负荷	0.660	0.660	0.590	0.558	0.566	0.751	0.631	0.604	0.571	0.569

项目	T71	T72	T73	T74	T75	T76	T77	T78	T79	T80
因子负荷	0.750	0.584	0.563	0.714	0.574	0.608	0.530	0.547	0.509	0.461

续　表

项目	T81	T82	T83	T84	T85	T86	T87	T88	T89	T90
因子负荷	0.764	0.560	0.512	0.529	0.566	0.767	0.560	0.566	0.669	0.631

项目	T91	T92	T93	94	T95	T96	T97	T98	T99	T100
因子负荷	0.633	0.570	0.625	0.638	0.643	0.663	0.635	0.616	0.568	0.592

项目	T101	T102	T103	T104	T105	T106	T107	T108	T109	T110
因子负荷	0.563	0.651	0.649	0.633	0.666	0.635	0.583	0.566	0.564	0.599

项目	T111	T112	T113	T114	T115	T116	T117	T118	T119	T120
因子负荷	0.580	0.544	0.607	0.514	0.583	0.589	0.599	0.596	0.628	0.568

项目	T121	T122	T123	T124	T125	T126	T127	T128	T129	T130
因子负荷	0.498	0.526	0.521	0.569	0.579	0.589	0.596	0.541	0.547	0.550

项目	T131	T132	T133	T134	T135	T136	T137	T138	T139	T140
因子负荷	0.589	0.563	0.542	0.565	0.560	0.586	0.522	0.583	0.542	0.634

项目	T141	T142	T143							
因子负荷	0.614	0.609	0.570							

注：提取方法为主成分分析法。

三　信度分析

量表的总体信度以及各分量表信度均以克朗巴哈 α 系数来检验，具体结果见表4.4。

表 4.4　　　　　　　　各维度的克朗巴哈 α 信度系数

维度	总体	责任认知	责任情感	责任意志	责任行为	准确性	整体性	深刻性	认同感	归属感
α	0.984	0.960	0.935	0.934	0.939	0.893	0.888	0.887	0.847	0.837

维度	效能感	坚定性	自觉性	自制性	决心	信心	恒心	国家层面	社会层面	个人层面
α	0.805	0.896	0.839	0.743	0.781	0.877	0.864	0.961	0.953	0.964

从表 4.4 发现,《社会主义核心价值观视域下大学生社会责任感量表》的总体信度高达 0.984,责任认知、责任情感、责任意志、责任行为等一级维度的信度也都在 0.934 以上,且国家、社会、个人三个层面的分量表信度也在 0.953 以上,各二级维度量表信度则处于 0.743 至 0.896 之间。因此,本量表的信度比较优秀。

四　效度分析

主要采用内容效度和结构效度两个指标来检验《社会主义核心价值观视域下大学生社会责任感量表》的有效性,即能否准确测出所要测量的目标。

(一) 内容效度

多名专家围绕社会主义核心价值观视域下大学生社会责任感这一主题进行了两次团体焦点访谈,对大学生社会责任感及其维度做出了比较精准的定义,在此基础上组织了 46 名大学生进行了开放式问卷,适当吸收他人关于社会责任感量表项目的有益成果,编制出的 143 道测题都能够反映大学生社会责任感的维度目标,并且从表 4.3 "社会主义核心价值观视域下大学生社会责任感因素分析结果"得到了证实，该表每道测题的因子负荷均在 0. 45 以上，说明本量表的内容效度比较好。

（二）结构效度

采用相关分析对量表的结构效度进行检验。从表 4. 5 发现，量表总分与责任认知、责任情感、责任意志、责任行为四个一级维度分量表之间的相关系数处于 0. 945 至 0. 969 之间；量表总分与国家层面、社会层面、个人层面的责任感之间的相关系数也在 0. 931 至 0. 957 之间，说明本量表的结构效度非常优秀。

表 4. 5　　　　　　　各维度与量表总分的相关系数①

	总　分	责任认知	责任情感	责任意志	责任行为	国家层面	社会层面	个人层面
责任认知	0. 945 **	1						
责任情感	0. 960 **	0. 872 **	1					
责任意志	0. 969 **	0. 879 **	0. 926 **	1				
责任行为	0. 945 **	0. 836 **	0. 872 **	0. 908 **	1			
国家层面	0. 950 **	0. 932 **	0. 925 **	0. 908 **	0. 857 **	1		
社会层面	0. 957 **	0. 868 **	0. 927 **	0. 938 **	0. 927 **	0. 866 **	1	
个人层面	0. 931 **	0. 879 **	0. 868 **	0. 905 **	0. 904 **	0. 817 **	0. 849 **	1

注：** 表示 p < 0. 01。

---

① 表 4. 5 中的责任认知、责任情感、责任意志、责任行为与国家层面、社会层面、个人层面的社会责任感之间的相关系数均在 0. 9 以上，是因为二者之间的测题存在部分重复；然而，责任认知、责任情感、责任意志、责任行为与国家层面、社会层面、个人层面的社会责任感的二级维度下的测题之间的相关系数均在 0. 3 至 0. 6 之间，表明测题测的就是其所属维度的目标。因此，本问卷的结构效度依然相当优秀。

第四节 讨论与结论

一 本量表编制的规范性与科学性

（一）编制过程规范

首先，在厘清社会责任感理论脉络的基础上，采取德尔菲法、专家访谈法、团体焦点法，对开放式问卷进行聚类分析，并基于扎根理论进行编码，初步确定社会主义核心价值观视域下大学生社会责任感的内涵和维度结构；其次，参照社会责任感量表的有益成果，结合开放式问卷和预测结果，综合编写《社会主义核心价值观视域下大学社会责任感》初测问卷，检验其信效度后再请专家逐条审定问卷内容的逻辑相关性；最后，对初测问卷进行项目分析、探索性因素分析，再次请专家审定问卷条目，最后构成最终测量表。

（二）编制结果科学

编制的《社会主义核心价值观视域下大学社会责任感量表》具有符合心理测量学要求的信度指标和效度指标。首先，一般来说，信度在0.8以上就可以接受。本量表总体信度高达0.984，责任认知、责任情感、责任意志、责任行为等一级维度的信度也都在0.934以上，且国家、社会、个人三个层面的分量表信度也在0.953以上，展现出优秀的信度水平。其次，量表的内容效度优秀，143道测题的因子负荷处于0.486至0.767之间。最后，量表的结构效度也优秀。量表总分与责任认知、责任情感、责任意志、责任行为四个一级维度分量表之间的相关系数处于0.945至0.969之间；量表总分与国家层面、社会层面、个人层面的责任感之间的相关系数也在0.931至0.957之间。

虽然本量表的编制达到了心理测量学要求，但尚存在两个需要完善的方面。其一，本量表的效标效度还有待进一步检验，比如应用本量表测试得分高的大学生是否也表现出较高的利他行为。其二，为了提高本量表的实用性，达到申请专利的要求，研制与本量表相应的"常模"很有必要。

二　本量表的意义

采用质性和量化研究相结合的方法系统编制了适合新时代大学生的《社会主义核心价值观视域下大学生社会责任感量表》，具有一定的理论意义和实践意义。

（一）深化了大学生社会责任感理论

以前关于社会责任感量表的研究，大多从一般性内容方面，比如物质责任感、文化责任感、群体责任感[①]，或者从个体责任感、他人责任感、集体责任感、社会责任感等方面进行测量，很少体现与时俱进的时代精神。然而，本研究从社会主义核心价值观视角，结合国家、社会、个人三个层面对新时代大学生社会责任感进行测量，既丰富和深化了社会责任感理论，又体现出本量表的时代性、实用性与针对性。

（二）奠定了量化评价大学生社会责任感的工具基础

本量表的编制成功奠定了量化评价大学生社会责任感的工具基础。同时，运用此量表对新时代大学生社会责任感进行测量，可以揭示出"00后"大学生社会责任感存在的优势与不足，从而可以提升培育大学生社会责任感之方法的科学性、针对性与实效性。

---

① 赵兴奎、张大均：《社会责任心研究述评》，《河北师范大学学报（教育科学版）》2006 年第 5 期。

三　结论

本研究获得两项结论。一是《社会主义核心价值观视域下大学生社会责任感量表》在国家、社会、个人三个层面均包含四个一级维度以及相应的三个二级维度，具体内容包括责任认知（准确性、整体性、深刻性），责任情感（认同感、归属感、效能感），责任意志（坚定性、自觉性、自制性），责任行为（决心、信心、恒心）。二是《社会主义核心价值观视域下大学生社会责任感量表》的信效度指标符合心理测量学要求，可以作为社会主义核心价值观视域下大学生社会责任感的测量工具。

第五章 大学生社会责任感的实证研究

为了揭示社会主义核心价值观视域下大学生社会责任感的特征，了解大学生社会责任感的现实特点，我们选取北京、天津、湖南、湖北、广州、江苏、河南、贵州、辽宁、甘肃、新疆等 11 个地区的北京科技大学、天津师范大学、中南大学、湖南大学、湖南师范大学、湖南科技大学、湖南理工学院、武汉大学、武汉理工大学、广州大学、常州大学、河海大学、大连交通大学、遵义师范学院、兰州交通大学、兰州理工大学、河南科技大学、河南师范大学、河北大学、新疆大学、石河子大学共 21 所高校的 1123 名在校大学生，运用总共设置 143 道问题的《社会主义核心价值观视域下大学生社会责任感量表》，进行了实证调查研究。实证研究中获得 46 个研究结果，进而提炼出四个研究结论：社会主义核心价值观视域下大学生社会责任感总体上高出均值 30% 以上，表现出积极正向的状态；影响大学生社会责任感的因素重要程度各不相同；人口统计学因素对大学生社会责任感的影响呈现出多样性差异；大学生社会责任感在学校类型和学科上大多存在 0.01 水平的显著差异。根据四个研究结论，提出了科学培育大学生社会责任感的 19 条启示。

第一节 实证调查研究方法

一 研究对象

运用本课题组编制好的由 143 道测题构成的量表对 1123 人测试的具体情况见第四章与表 4.1。

二 研究工具

本课题组编制的《社会主义核心价值观视域下大学生社会责任感量表》。该量表总体信度达到 0.984，内容效度与结构效度都达到优秀水平。

三 施测程序

采用教室纸笔施测和互联网测验相结合的方式进行，所有测试数据均运用 SPSS 25.0 进行录入和统计分析，模型拟合和路径分析采用 AMOS 25.0 进行处理。

第二节 大学生社会责任感的特征分析

对 1086 个样本数据进行描述统计、独立样本 T 检验、一元方差与多元方差分析、回归分析等统计分析，揭示出大学生社会责任感的总体特征，国家层面责任感、社会层面责任感、个人层面责任感，责任认知、责任情感、责任意志、责任行为等一级维度及其二级维度在人口统计学因素上呈现出差异性特征。

一 总体特征

（一）大学生社会责任感积极向上

本量表的 143 道题采用李克特五点式反映尺度，计分方式为 1 代表非常不符合，2 代表比较不符合，3 代表符合，4 代表比较符合，5 代表非常符合。得分越高，表示其内在态度越积极、越强烈。理论均值 = 3 × 题项数，其中 3 表示符合，高于 3 则表示比较符合或非常符合，其态度或意愿更加积极、强烈。将表 5.2 中的（实际均值 − 理论均值）÷ 实际均值 × 100% = 高于或低于理论均值的百分数。

从表 5.1 可以看出，大学生社会责任感总体上高出理论均值 30.73%，大学生国家责任感高出理论均值 31.69%，社会层面责任感高出理论均值 30.61%，个人层面责任感高出理论均值 32.84%，说明大学生在总体上和国家、社会、个人三个层面均表现出比较积极的社会责任感。另外，在大学生社会责任感的四个一级维度上，责任认知高出理论均值 32.87%，责任情感高出理论均值 30.93%，责任意志高出理论均值 31.55%，责任行为高出理论均值 30.92%，说明在四个一级维度大学生社会责任感也均表现得相当积极。

表 5.1　　　　　大学生社会责任感均值（样本 N：1086）

维度	测题	理论均值	实际均值	实际标准差
社会责任感	143	429	619.35	65.703
责任认知	43	129	192.17	20.137
责任情感	35	105	152.02	17.283
责任意志	31	93	135.87	15.232
责任行为	34	102	147.65	17.113
国家层面	50	150	219.58	24.654
社会层面	48	144	207.53	24.330
个人层面	45	135	201.02	21.263

(二) 大学生社会责任感的差异性

一般来说，样本大于30才能算作大样本，这样由个体推断总体才具有统计学意义。因此在下面对大学生社会责任感、国家层面责任感、社会层面责任感、个人层面责任感和责任认知、责任情感、责任意志、责任行为共八个变量进行独立样本 T 检验时，凡样本数小于30，就不纳入检验。此检验主要探寻上述八个变量在人口统计学因素方面存在哪些差异，以及是否显著。

1. 学历差异

从表5.2可以看出，社会责任感、国家层面责任感、社会层面责任感以及责任认知、责任情感、责任意志、责任行为七个变量在学历这个因素上均存在0.01水平上（p < 0.01）的显著差异，而个人层面责任感不存在本科、专科层次的显著差异。

表5.2　　社会责任感等八个变量的独立样本 T 检验（学历）

变量名	t	f自由度	Sig.（双尾）	平均值差值	标准误差值
社会责任感	−3.377	1084	0.001**	−20.997	6.217
国家层面责任感	−4.214	1084	0.000**	−9.804	2.326
社会层面责任感	−3.495	1084	0.000**	−8.043	2.301
个人层面责任感	−1.545	1084	0.123	−3.122	2.020
责任认知	−3.195	1084	0.001**	−6.091	1.907
责任情感	−3.780	1084	0.000**	−6.174	1.633
责任意志	−3.312	1084	0.001**	−4.774	1.442
责任行为	−2.673	1084	0.008**	−4.337	1.623

注：学历分为本科、专科，** 表示 p < 0.01。

2. 生源地差异

从表5.3可以看出，大学生社会责任感等在生源地（农村、城市）因素上，除了国家层面责任感存在0.05水平（p＜0.05）上的显著差异外，其他七个变量均存在0.01水平（p＜0.01）上的显著差异。

表5.3　　　社会责任感等八个变量的独立样本T检验（生源地）

变量名	t	f自由度	Sig.（双尾）	平均值差值	标准误差值
社会责任感	－3.466	1083	0.001**	－13.932	4.020
国家层面责任感	－2.503	1083	0.012*	－3.785	1.512
社会层面责任感	－4.308	1083	0.000**	－6.394	1.484
个人层面责任感	－2.932	1083	0.003**	－3.820	1.303
责任认知	－2.935	1083	0.003**	－3.622	1.234
责任情感	－3.348	1083	0.001**	－3.542	1.058
责任意志	－3.295	1083	0.001**	－3.073	0.932
责任行为	－3.778	1083	0.000**	－3.952	1.046

注：生源地分为农村、城镇；** 表示 p＜0.01，* 表示 p＜0.05。

3. 学校类型差异

学校类型主要分为四种，分别是"985""211"高校、普通本科院校（一本）、地方本科院校（二本）、高职高专。两两比较这四类学校在大学生社会责任感等八个变量上的差异显著性，结果见表5.4。

表 5.4   社会责任感等八个变量的独立样本 T 检验（学校类型）

变量名	学校类型	t	F 自由度	Sig.（双尾）	平均值差值	标准误差值
社会责任感	"985""211"VS 普通本科	1.850	953	0.065	8.864	4.792
	"985""211"VS 地方本科	2.052	270	0.041*	27.460	13.380
	"985""211"VS 高职高专	4.128	353	0.000**	31.554	7.643
	普通本科 VS 地方本科	1.383	729	0.167	18.595	13.447
	普通本科 VS 高职高专	3.311	812	0.001**	22.690	6.853
	地方本科 VS 高职高专	0.270	129	0.788	4.095	15.188
国家层面责任感	"985""211"VS 普通本科	2.043	953	0.041*	3.651	1.787
	"985""211"VS 地方本科	1.584	270	0.114	8.035	5.071
	"985""211"VS 高职高专	4.596	353	0.000**	13.377	2.911
	普通本科 VS 地方本科	0.878	729	0.380	4.384	4.994
	普通本科 VS 高职高专	3.802	812	0.000**	9.726	2.558
	地方本科 VS 高职高专	0.911	129	0.364	5.342	5.865
社会层面责任感	"985""211"VS 普通本科	1.150	953	0.251	2.025	1.761
	"985""211"VS 地方本科	2.404	270	0.017*	11.552	4.805
	"985""211"VS 高职高专	3.851	353	0.000**	10.869	2.822
	普通本科 VS 地方本科	1.910	729	0.056	9.528	4.987
	普通本科 VS 高职高专	3.454	812	0.001**	8.844	2.560
	地方本科 VS 高职高专	-0.115	129	0.908	-0.683	5.919
个人层面责任感	"985""211"VS 普通本科	2.141	953	0.033*	3.315	1.549
	"985""211"VS 地方本科	1.897	270	0.059	8.339	4.397
	"985""211"VS 高职高专	2.912	353	0.004**	7.388	2.537
	普通本科 VS 地方本科	1.163	729	0.245	5.024	4.319
	普通本科 VS 高职高专	1.836	812	0.067	4.073	2.218
	地方本科 VS 高职高专	-0.186	129	0.852	-0.951	5.104

续　表

变量名	学校类型	t	F 自由度	Sig.（双尾）	平均值差值	标准误差值
责任认知	"985""211"VS 普通本科	2.586	953	0.010*	3.767	1.457
	"985""211"VS 地方本科	1.507	270	0.133	6.185	4.106
	"985""211"VS 高职高专	4.524	353	0.000**	10.717	2.369
	普通本科 VS 地方本科	0.591	729	0.554	2.419	4.090
	普通本科 VS 高职高专	3.316	812	0.001**	6.950	2.096
	地方本科 VS 高职高专	0.931	129	0.354	4.532	4.867
责任情感	"985""211"VS 普通本科	1.600	953	0.110	2.014	1.258
	"985""211"VS 地方本科	1.804	270	0.072	6.265	3.473
	"985""211"VS 高职高专	4.220	353	0.000**	8.465	2.006
	普通本科 VS 地方本科	1.201	729	0.230	4.251	3.540
	普通本科 VS 高职高专	3.566	812	0.000**	6.452	1.809
	地方本科 VS 高职高专	0.545	129	0.587	2.201	4.037
责任意志	"985""211"VS 普通本科	1.440	953	0.150	1.602	1.112
	"985""211"VS 地方本科	1.741	270	0.083	5.581	3.205
	"985""211"VS 高职高专	3.725	353	0.000**	6.762	1.815
	普通本科 VS 地方本科	1.290	729	0.198	3.978	3.084
	普通本科 VS 高职高专	3.275	812	0.001**	5.159	1.575
	地方本科 VS 高职高专	0.335	129	0.738	1.181	3.523
责任行为	"985""211"VS 普通本科	1.417	953	0.157	1.778	1.255
	"985""211"VS 地方本科	2.895	270	0.004**	10.062	3.475
	"985""211"VS 高职高专	3.223	353	0.001**	6.290	1.952
	普通本科 VS 地方本科	2.337	729	0.020*	8.284	3.545
	普通本科 VS 高职高专	2.520	812	0.012*	4.512	1.790
	地方本科 VS 高职高专	-0.976	129	0.331	-3.772	3.865

注1：学校类型分为"985""211"，普通本科（一本），地方本科（二本），高职高专。

注2：** 表示 $p < 0.01$，* 表示 $p < 0.05$。

从表 5.5 可以看出，存在显著差异的变量包括以下几种。大学生社会责任感总体方面，"985""211"高校与地方本科院校（$p < 0.05$）、高职高专（$p < 0.01$）之间差异显著，普通本科院校与高职高专之间的差异非常显著（$p < 0.01$）。国家层面责任感方面，"985""211"高校与普通本科院校（$p < 0.05$）、高职高专（$p < 0.01$）之间差异显著，普通本科院校与高职高专之间的差异非常显著（$p < 0.01$）。社会层面责任感方面，"985""211"高校与地方本科院校之间差异显著（$p < 0.05$），与高职高专之间差异非常显著（$p < 0.01$）；普通本科院校与高职高专之间的差异非常显著（$p < 0.01$）。个人责任感方面，"985""211"高校与普通本科院校之间差异显著（$p < 0.05$），与高职高专之间差异非常显著（$p < 0.01$）。

学校类型在大学生社会责任感四个一级维度上的差异显著性如下。责任认知方面，"985""211"高校与普通本科院校差异显著（$p < 0.05$）；"985""211"高校、普通本科院校与高职高专之间差异非常显著（$p < 0.01$）。责任情感和责任意志方面，"985""211"高校、普通本科院校与高职高专之间差异非常显著（$p < 0.01$）。责任行为方面，"985""211"高校与地方本科院校、高职高专之间差异非常显著（$p < 0.01$），普通本科院校与地方本科院校、高职高专之间差异显著（$p < 0.05$）。

4. 民族差异

从表 5.5 可以看出，汉族和其他少数民族在国家层面责任感上没有显著差异；在社会责任感总体、社会层面责任感、责任情感、责任意志四个变量上的差异非常显著（$p < 0.01$）；在个人层面责任感、责任认知、责任行为三个变量上的差异显著（$p < 0.05$）。

表 5.5 　　社会责任感等八个变量的独立样本 T 检验 （民族）

变量名	t	f 自由度	Sig.（双尾）	平均值差值	标准误差值
社会责任感	2.716	1082	0.007**	17.693	6.515

变量名	t	f自由度	Sig.（双尾）	平均值差值	标准误差值
国家层面责任感	1.493	1082	0.136	3.660	2.451
社会层面责任感	3.857	1082	0.000**	9.275	2.404
个人层面责任感	2.327	1082	0.020*	4.909	2.110
责任认知	2.281	1082	0.023*	4.559	1.999
责任情感	2.658	1082	0.008**	4.556	1.714
责任意志	3.034	135.656	0.003**	4.838	1.594
责任行为	2.262	1082	0.024*	3.842	1.699

注1：民族分为汉族和其他民族；** 表示 $p < 0.01$，* 表示 $p < 0.05$。

5. 学科差异

按照统计学样本选取规定，大于 30 的为大样本，其数据分析的统计学意义才更加明显。因此，根据表5.1参测人员学科分布情况，将样本人数少于 30 的学科，包括哲学、历史学、心理学、艺术学、体育学、农学共六门学科除外；只比较样本大于 30 的学科，包括法学、经济学、文学、教育学、管理学、理学、工学、医学、其他学科等两两之间的差异显著性。以社会责任感、国家层面责任感、社会层面责任感、个人层面责任感、责任认知、责任情感、责任意志、责任行为（简称八个变量）为检验变量，以学科为分组变量，依次对两两学科——如管理学—工学为一组——进行独立样本 T 检验，只将其间差异显著的结果列出（因为表格太多，限于篇幅，只描述结果，不列数据表格）。

法学：法学与经济学、管理学、其他学科在八个变量上均存在 0.01 水平的显著差异；法学与文学在个人责任上存在 0.05 水平的显著差异，在责任行为上存在 0.01 水平的显著差异；法学与教育学在社会责任感、社会层面责任感、个人层面责任感、责任意志四个变量上存在

0.05 水平的显著差异，在责任行为上存在 0.01 水平的显著差异；法学与工学在除责任认知外的七个变量上均存在 0.05 水平的显著差异；法学与医学在责任认知上存在 0.05 水平的显著差异，在其他七个变量上均存在 0.01 水平的显著差异。

经济学：经济学与文学在社会责任感、国家层面责任感、责任意志三个变量上存在 0.05 水平的显著差异，在责任情感上存在 0.01 水平的显著差异；经济学与教育学在责任情感上存在 0.01 水平的显著差异；经济学与理学在八个变量上均存在 0.01 水平的显著差异；经济学与工学在社会责任感、国家层面责任感、个人层面责任感、责任情感、责任意志五个变量上存在 0.01 水平的显著差异，在社会层面责任感、责任认知、责任行为三个变量上存在 0.05 水平的显著差异。

文学：文学与管理学在责任情感、责任意志两个变量上存在 0.05 水平的显著差异；文学与医学在责任情感上存在 0.05 水平的显著差异；文学与其他学科在社会层面责任感、责任情感、责任意志三个变量上存在 0.05 水平的显著差异。

教育学：教育学与医学、其他学科在责任情感上均存在 0.05 水平的显著差异。

管理学：管理学与理学在个人价值、责任情感两个变量上存在 0.05 水平的显著差异，在社会责任感、国家层面责任感、社会层面责任感、责任认知、责任意志、责任行为六个变量上均存在 0.01 水平的显著差异；管理学与工学在社会责任感、国家层面责任感、社会层面责任感、个人层面责任感、责任意志五个变量上均存在 0.05 水平的显著差异，在责任认知、责任行为两个变量上均存在 0.01 水平的显著差异。

理学：理学与医学在八个变量上均存在 0.05 水平的显著差异；理学与其他学科在社会责任感、社会层面责任感、责任情感、责任意志、责任行为五个变量上均存在 0.01 水平的显著差异，在国家层面责任感、责任认知两个变量上存在 0.05 水平的显著差异。

工学：工学与其他学科在社会责任感、责任情感、责任意志、责任行为四个变量上均存在 0.05 水平的显著差异，在社会层面责任感上存在 0.01 水平的显著差异。

（三）大学生社会责任感影响因素的重要程度

采用回归分析法探寻大学生社会责任感的影响因素的重要程度。

首先，从社会主义核心价值观视域下大学生社会责任感的国家、社会、个人三个层面进行分析，以大学生社会责任感为因变量，国家层面责任感、社会层面责任感、个人层面责任感为预测变量，进行多元线性回归分析，结果见表 5.6。

表 5.6　大学社会责任感的线性回归分析（国家、社会、个人层面）

模型 1	调整的 R^2	F 检验	Sig.	Beta	t	Sig.	VIF.
常量 – 0.701	0.999	653683.314	0.000**				
国家层面责任感				0.382	254.300	0.000**	4.433
社会层面责任感				0.360	219.732	0.000**	5.265
个人层面责任感				0.313	220.651	0.000**	3.958

注：** 表示 $p < 0.01$。

从表 5.6 可以看出，模型的 F 检验非常显著（$p < 0.01$），膨胀因子 VIF < 10（表明不存在共线性问题），调整后的 R^2 即决定系数为 0.999，这些说明以国家层面责任感、社会层面责任感、个人层面责任感来预测大学生社会责任感的回归模型拟合非常好；标准化回归系数 Beta 分别为 0.382、0.360、0.313，因此，大学生社会责任感 = – 0.701 + 0.382 国家层面责任感 + 0.360 社会层面责任感 + 0.313 个人层面责任感。大学生社会责任感的这一回归方程表明，影响社会责任感的因素按重要程度由高到低依次是国家层面责任感、社会层面责任感、个人层面责

任感。

其次，以大学生社会责任感为因变量，以责任认知、责任情感、责任意志、责任行为四个一级维度为预测变量，进行多元线性回归分析，结果见表5.7。

表5.7　　　　大学社会责任感的线性回归分析（结构维度）

模型1	调整的 R^2	F 检验	Sig.	Beta	t	Sig.	VIF.
常量 .487	1.000	711208.830	0.000**				
责任认知				0.299	222.476	0.000**	5.156
责任情感				0.260	154.907	0.000**	8.016
责任意志				0.235	118.556	0.000**	9.147
责任行为				0.253	170.471	0.000**	6.262

注：** 表示 $p < 0.01$。

从表5.7可以发现，模型的F检验非常显著（$p < 0.01$），膨胀因子 $VIF < 10$（表明不存在共线性问题），调整后的 R^2 即决定系数为1.000，这些说明以责任认知、责任情感、责任意志、责任行为来预测大学生社会责任感的回归模型拟合非常好；标准化回归系数 Beta 分别为0.299、0.260、0.235、0.253，因此，回归方程大学生社会责任感 = 0.487 + 0.299 责任认知 + 0.260 责任情感 + 0.253 责任行为 + 0.235 责任意志。该回归方程表明，影响社会责任感的因素按重要程度由高到低依次是责任认知、责任情感、责任行为、责任意志。

二　国家层面社会责任感的特征

（一）人口统计学因素影响的重要程度

以国家层面社会责任感为因变量，以性别、政治身份、学历、生源、年级、学校类型、民族、学科分类等人口统计学因素为自变量，进行最优尺度回归分析（Catreg. Version 3.0），结果见表5.8。

表5.8　　　　　　　　国家层面责任感的最优尺度回归系数

自变量	Beta	f自由度	F	Sig.
性别	0.070	1	2.560	0.110
政治身份	0.131	3	2.408	0.066
学历	0.065	1	0.860	0.354
生源	0.068	1	3.795	0.023*
年级	0.035	3	0.552	0.458
学校类型	0.086	3	1.455	0.234
民族	0.050	1	2.692	0.045*
学科	0.170	14	13.369	0.000**

注：因变量为国家责任感；*表示 $p < 0.05$，**表示 $p < 0.01$。

根据表5.8中的 Beta 值等结果，可以写出国家层面责任感的多元回归方程，国家层面责任感 = 0.070 性别 + 0.131 政治身份 + 0.065 学历 + 0.068 生源 + 0.035 年级 + 0.086 学校类型 + 0.050 民族 + 0.170 学科。人口统计学因素对国家层面责任感的影响按重要程度由高到低依次是学科、政治身份、学校类型、性别、生源、学历、民族、年级。其中，学科对国家层面责任感具有0.01水平的显著影响，生源和民族对国家层面责任感具有0.05水平的显著影响。

（二）国家层面责任感的人口统计学差异

以国家层面责任感为因变量，分别以政治身份、学历、生源、学校类型、学科分类等人口统计学因素为自变量，进行一元方差分析（ANOVA），结果见表5.9。

表 5.9 国家层面责任感的一元方差分析

自变量	F	Sig.	事后多重检验 LSD		
政治身份	7.257	0.000**	民主党派	共产党员	0.032*
				共青团员	0.091
				群众	0.000**
学历	17.760	0.000**			
生源	3.205	0.041*			
学校类型	7.728	0.000**	"985""211"高校	普通本科	0.043*
				高职高专	0.000**
			高职高专	普通本科	0.000**
学科	3.069	0.000**	法学	经济学	0.000**
				管理学	0.000**
				医学	0.004**
				其他学科	0.005**
			经济学	文学	0.016*
				理学	0.001**
				工学	0.004**
			管理学	理学	0.002**
				工学	0.008**
			文学	管理学	0.028*
			医学	理学	0.017*
			其他学科	理学	0.025*
			艺术学	经济学、教育学、管理学、医学、其他学科	<.01**
				哲学、文学、历史学、理学、工学、体育学	<.05*

注：因变量为国家责任感；* 表示 $p < 0.05$，** 表示 $p < 0.01$。

从表5.9可以发现，国家层面责任感的人口统计学因素影响导致的差异主要体现在政治身份、学历、生源、学校类型，尤其是学科差异方面，而在性别、年级、民族三个因素上不存在显著差异。

1. 政治身份差异

国家层面责任感在政治身份因素上存在0.01水平的显著差异，其中民主党派与共产党员之间存在0.05水平的显著差异，与群众存在0.01水平的显著差异。为什么如此？推测的可能原因是，一方面民主党派的样本只有2个，影响结果的准确性；另一方面，国家责任感的内容是富强、民主、文明、和谐，民主党派的信仰可能与此不一致，此问题有待后续进一步追踪研究。

2. 学历与生源差异

国家层面责任感在学历（本科、专科）因素上存在0.01水平的显著差异；在生源（城市、农村）因素上存在0.05水平的显著差异。

3. 学校类型差异

国家层面责任感在学校类型上存在0.01水平的显著差异。其中高职高专与"985""211"高校、普通本科院校存在0.01水平的显著差异，"985""211"高校与普通本科院校存在0.05水平的显著差异。

4. 学科差异

国家层面责任感在学科上存在0.01水平的显著差异，具体表现在以下五个方面。

法学：与经济学、管理学、医学、其他学科均存在0.01水平的显著差异。

经济学：与理学、工学存在0.01水平的显著差异，与文学存在0.05水平的显著差异。

管理学：与理学、工学均存在0.01水平的显著差异。

艺术学：与经济学、教育学、管理学、医学、其他学科均存在

0.01 水平的显著差异；与哲学、文学、历史学、理学、工学、体育学均存在 0.05 水平的显著差异。

此外，文学与管理学、理学与医学和其他学科均存在 0.05 水平的显著差异。

三 社会层面责任感的特征

(一) 人口统计学因素影响社会层面责任感的重要程度

以社会层面责任感为因变量，以性别、政治身份、学历、生源、年级、学校类型、民族、学科分类等人口统计学因素为自变量，进行最优尺度回归分析 (Catreg. Version 3.0)，结果见表 5.10。

表 5.10　　　　　　　　社会层面责任感的最优尺度回归系数

自变量	Beta	f自由度	F	Sig.
性别	0.086	1	5.061	0.025 *
政治身份	0.237	3	2.808	0.039 *
学历	0.018	1	0.107	0.744
生源	0.085	1	4.120	0.017 *
年级	0.012	3	0.044	0.957
学校类型	0.064	3	0.502	0.479
民族	0.077	1	3.217	0.022 *
学科	0.138	14	7.072	0.000 **

注：因变量为社会层面责任感； * 表示 $p < 0.05$， ** 表示 $p < 0.01$。

根据表 5.10 中的 Beta 值等结果，可以写出社会层面责任感的多元回归方程，社会层面责任感 = 0.086 性别 + 0.237 政治身份 + 0.018 学历 + 0.085 生源 + 0.012 年级 + 0.064 学校类型 + 0.077 民族 + 0.138 学科。人口统计学因素对社会层面责任感的影响按重要程度由高到低依次是政治身份、学科、性别、生源、民族、学校类型、学历、年级。其中，学科对社会层面责任感具有 0.01 水平的显著差异，政治身份、性别、民族、生源对社会层面责任感具有 0.05 水平的显著差异。

（二）社会层面责任感的人口统计学差异

以社会层面责任感为因变量，分别以性别、政治身份、学历、生源、年级、学校类型、民族、学科分类等人口统计学因素为自变量，进行一元方差分析（ANOVA），结果见表 5.11。

表 5.11　　　　　　　　　社会层面责任感的一元方差分析

自变量	F	Sig.	事后多重检验 LSD		
政治身份	7.079	0.000 **	民主党派	共产党员	0.000 **
				共青团员	0.000 **
				群众	0.000 **
学历	12.213	0.000 **			
生源	9.374	0.000 **			
学校类型	6.371	0.000 **	"985""211"高校	地方本科	0.025 *
				高职高专	0.000 **
			高职高专	普通本科	0.000 **
学科	3.085	0.000 **	其他学科	文学	0.025 *
				心理学	0.038 *
			理学	经济学	0.002 **
				管理学	0.006 **
				医学	0.020 *
				其他学科	0.001 **

自变量	F	Sig.	事后多重检验 LSD		
学科	3.085	0.000 **	工学	法学	0.014 *
				经济学	0.010 *
				管理学	0.032 *
				其他学科	0.004 **
			法学	经济学	0.000 **
				教育学	0.023 *
				管理学	0.000 **
				医学	0.001 **
				其他学科	0.000 **
			艺术学	哲学、经济学、文学、历史学、教育学、管理学、理学、工学、医学、其他学科	<.01 **
				体育学	0.019 *

注：因变量为社会层面责任感；* 表示 $p < 0.05$，** 表示 $p < 0.01$。

从表 5.11 发现，人口统计学因素政治身份、学历、生源、学校类型、学科对社会层面责任感的影响均具有 0.01 水平的显著差异，性别、年级、民族对社会层面责任感的影响差异不显著。

1. 政治身份差异

社会层面责任感在政治身份因素上存在 0.01 水平的显著差异，其中民主党派与共产党员、共青团员、群众之间均存在 0.01 水平的显著差异，其原因有待进一步追踪研究。

2. 学历与生源差异

二者对社会层面责任感均存在 0.01 水平的显著差异。

3. 学校类型差异

学校类型对社会层面责任感的影响具有 0.01 水平的显著差异，其中，高职高专与"985""211"高校、普通本科院校均存在 0.01 水平的显著差异；"985""211"高校与地方本科院校存在 0.05 水平的显著差异。

4. 学科差异

学科对社会层面责任感的影响存在 0.01 水平的显著差异，具体表现在以下五个方面。

理学：与经济学、管理学、其他学科存在 0.01 水平的显著差异，与医学存在 0.05 水平的显著差异。

工学：与其他学科存在 0.01 水平的显著差异，与法学、经济学、管理学均存在 0.05 水平的显著差异。

法学：与经济学、管理学、医学、其他学科均存在 0.01 水平的显著差异，与教育学存在 0.05 水平的显著差异。

艺术学：与哲学、经济学、文学、历史学、教育学、管理学、理学、工学、医学、其他学科均存在 0.01 水平的显著差异；与体育学存在 0.05 水平的显著差异。

其他学科：与文学、心理学存在 0.05 水平的显著差异。

四　个人层面责任感的特征

（一）人口统计学因素影响个人层面责任感的重要程度

以个人责任感为因变量，以性别、政治身份、学历、生源、年级、学校类型、民族、学科分类等人口统计学因素为自变量，进行最优尺度回归分析（Catreg. Version 3.0），结果见表 5.12。

表5.12　　　　　　　　个人层面责任感的最优尺度回归系数

自变量	Beta	f自由度	F	Sig.
性别	0.017	1	0.270	0.603
政治身份	0.038	3	0.134	0.940
学历	−0.071	1	1.819	0.178
生源	0.081	1	4.828	0.008[**]
年级	−0.016	3	0.063	0.802
学校类型	−0.120	3	40994	0.007[**]
民族	0.081	1	5.871	0.001[**]
学科	0.208	14	15.701	0.000[**]

注：因变量为个人责任感；[**]表示 p < 0.01。

根据表5.12中的 Beta 值等结果，可以写出个人层面责任感的多元回归方程，个人层面责任感 = 0.017 性别 + 0.038 政治身份 − 0.071 学历 + 0.081 生源 − 0.016 年级 − 0.120 学校类型 + 0.081 民族 + 0.208 学科。人口统计学因素对个人层面责任感的影响按重要程度由高到低依次是学科、学校类型、生源、民族、学历、政治身份、性别、年级。其中，学科、学校类型、生源、民族对个人责任感具有 0.01 水平的显著影响。

（二）个人层面责任感的人口统计学差异

以个人层面责任感为因变量，分别以性别、政治身份、学历、生源、年级、学校类型、民族、学科分类等人口统计学因素为自变量，进行一元方差分析（ANOVA），结果见表5.13。

表 5.13 个人责任感的一元方差分析

自变量	F	Sig.	事后多重检验 LSD		
政治身份	2.170	0.090	民主党派	共产党员	0.035*
				共青团员	0.028*
				群众	0.052
生源	4.368	0.013*			
学校类型	3.745	0.011*	"985""211"高校	普通本科	0.034*
				高职高专	0.003**
民族	5.162	0.002**			
学科	2.503	0.002**	理学	经济学	0.004*
				管理学	0.011*
				医学	0.040*
			法学	哲学	0.016*
				经济学	0.005**
				管理学	0.000**
				医学	0.003**
				其他学科	0.005**
			工学	法学	0.040*
				经济学	0.005*
				管理学	0.014*
			艺术学	哲学	0.019*
				经济学	0.002**
				管理学	0.005**
				医学	0.008**
				其他学科	0.014*

注：因变量为个人责任感；*表示 $p < 0.05$，**表示 $p < 0.01$。

从表 5.13 可以看出，人口统计学因素民族与学科对个人层面责任感的影响均具有 0.01 水平的显著差异，生源与学校类型对个人层面责任感的影响具有 0.05 水平的显著差异。性别、政治身份、年级、学历对个人层面责任感的影响差异不显著。

1. 学校类型差异

学校类型对个人层面责任感的影响具有 0.05 水平的显著差异，具体表现为"985""211"高校与高职高专之间存在 0.01 水平的显著差异，与普通本科院校之间存在 0.05 水平的显著差异。

2. 学科差异

学科对个人层面责任感的影响具有 0.01 水平的显著差异，具体表现在以下四个方面。

理学：与经济学存在 0.01 水平的显著差异，与管理学、医学存在 0.05 水平的显著差异。

法学：与经济学、管理学、医学、其他学科均存在 0.01 水平的显著差异，与哲学存在 0.05 水平的显著差异。

工学：与经济学存在 0.01 水平的显著差异，与法学、管理学均存在 0.05 水平的显著差异。

艺术学：与经济学、管理学、医学均存在 0.01 水平的显著差异，与哲学、其他学科存在 0.05 水平的显著差异。

3. 民族和生源差异

民族对个人层面责任感的影响具有 0.01 水平的显著差异，生源对个人责任感的影响具有 0.05 水平的显著差异。

4. 政治身份

政治身份对个人层面责任感的影响总体上没有显著差异，但是，民主党派与共产党员、共青团员、群众之间却存在 0.05 水平的显著差异，其原因有待后续深入研究。

五　责任认知的特征

根据大学生社会责任感的结构维度，责任认知是由大学生对社会主义核心价值观认知的准确性、整体性、深刻性构成的。因此，责任认知的特征主要体现在三个方面。第一，准确性、整体性、深刻性在责任认知构成中哪一个更重要？第二，责任认知在国家、社会、个人三个层面，哪个层面对准确性、整体性、深刻性的影响更大？第三，人口统计学因素对责任认知甚至包括准确性、整体性、深刻性的影响差异是否显著？解答这三个问题，可以用线性回归分析法和一元方差分析法对责任认知的问卷数据进行分析。

（一）影响责任认知的内部因素的重要程度

以责任认知为因变量，责任认知的准确性、整体性、深刻性为自变量，进行多元线性回归分析，结果见表5.14。

表5.14　　　　　　　　责任认知的多元线性回归分析

模型1	调整的 R^2	F检验	Sig.	Beta	t	Sig.	VIF.
常量1.047	0.992	43327.993	0.000**				
准确性				0.393	58.462	0.000**	5.917
整体性				0.288	47.123	0.000**	4.910
深刻性				0.358	54.038	0.000**	5.755

注：因变量为责任认知，** 表示 $p<0.01$。

从表5.14可以看出，F检验达到0.01水平的显著性，方差膨胀因子 $VIF<10$（说明该回归模型不存在共线性问题），调整的 R^2 即责任认知的回归模型的决定系数为0.992，表明该模型拟合非常

好。从而获得回归方程：责任认知 = 1.047 + 0.393 准确性 + 0.288 整体性 + 0.358 深刻性。从该回归方程中的 Beta 值可以看出，影响责任认知的内部因素按重要程度由高到低依次是准确性、深刻性、整体性。

（二）责任认知的人口统计学差异

以责任认知为因变量，分别以性别、政治身份、学历、生源、年级、学校类型、民族、学科分类等人口统计学因素为自变量，进行一元方差分析（ANOVA），结果见表 5.15。

表 5.15　　　　　　　　　责任认知的一元方差分析

自变量	F	Sig.	事后多重检验 LSD		
政治身份	7.990	0.000	民主党派	共产党员	0.000**
				共青团员	0.000**
				群众	0.000**
学历	10.206	0.001**			
生源	4.513	0.011*			
学校类型	7.371	0.000**	"985""211"高校	普通本科	0.011*
				高职高专	0.001**
			高职高专	普通本科	001**
学科	2.533	0.001**	理学	经济学	0.002*
				管理学	0.002*
				医学	0.035*
				其他学科	0.026*

续　表

自变量	F	Sig.	事后多重检验 LSD		
学科	2.533	0.001 **	法学	经济学	0.001 **
				管理学	0.001 **
				医学	0.015 *
				其他学科	0.011 *
			工学	艺术学	0.016 *
				经济学	0.009 **
				管理学	0.007 **
学科	2.533	0.001 **	艺术学	文学	0.024 *
				体育学	0.028 *
				教育学	0.010 *
				经济学	0.000 **
				管理学	0.000 **
				医学	0.002 **
				其他学科	0.002 **

注：因变量为责任认知；** 表示 $p < 0.01$。

从表 5.15 可以看出，责任认知的人口统计学差异主要表现在政治身份、学历、生源、学校类型、学科这五个方面。

1. 政治身份差异

责任认知在政治身份因素上存在 0.01 水平的显著差异，具体表现为民主党派大学生与共产党员、共青团员、群众均存在0.01水平的显著差异。其原因有待后续深入研究。

2. 学历和生源差异

责任认知在学历（本科、专科）因素上存在0.01水平的显著差异；在生源（城市、农村）因素上存在0.05水平的显著差异。

3. 学校类型差异

责任认知在学校类型上存在0.01水平的显著差异，具体表现为"985""211"高校与普通本科院校存在0.05水平的显著差异，与高职高专存在0.01水平的显著差异；普通本科院校与高职高专存在0.01水平的显著差异。

4. 学科差异

责任认知与学科因素存在0.01水平的显著差异，具体表现在理学、法学、工学、医学四个方面。

理学和法学：分别与经济学、管理学之间存在0.01水平的显著差异，分别与医学、其他学科之间存在0.05水平的显著差异。

工学：与经济学、管理学之间存在0.01水平的显著差异，与艺术学存在0.05水平的显著差异。

艺术学：与经济学、管理学、医学、其他学科均存在0.01水平的显著差异，与教育学、文学、体育学之间均存在0.05水平的显著差异。

（三）准确性

1. 影响准确性因素的重要程度

以责任认知准确性为因变量，国家层面责任认知的准确性、社会层面责任认知的准确性、个人层面责任认知的准确性为预测变量，进行多元线性回归分析，结果见表5.16。

表 5.16   准确性的多元线性回归分析

模型 1	调整的 R^2	F 检验	Sig.	Beta	t	Sig.	VIF.
常量 – 1.315	1.000	4.443E + 16	0.000 **				
国家层面责任认知的准确性				0.404	114188304.674	0.000 **	1.666
社会层面责任认知的准确性				0.403	103931442.364	0.000 **	2.000
个人层面责任认知的准确性				0.356	89239114.977	0.000 **	2.119

注：因变量为责任认知的准确性，** 表示 $p < 0.01$。

从表 5.16 可以看出，F 检验达到 0.01 水平的显著性，方差膨胀因子 VIF < 10（说明该回归模型不存在共线性问题），调整的 R^2 即责任认知的回归模型的决定系数为 1.000，表明该模型拟合非常好。从而获得回归方程：责任认知的准确性 = – 1.315 + 0.404 国家层面责任认知的准确性 + 0.403 社会层面责任认知的准确性 + 0.356 个人层面责任认知的准确性。从该回归方程中的 Beta 值可以看出，影响责任认知准确性的因素按重要程度由高到低依次是国家层面责任认知的准确性、社会层面责任认知的准确性、个人层面责任认知的准确性。

2. 人口统计学因素影响准确性的差异性

以责任认知的准确性为因变量，分别以性别、政治身份、学历、生源、年级、学校类型、民族、学科分类等人口统计学因素为自变量，进行一元方差分析（ANOVA），结果见表 5.17。

表 5.17 准确性的一元方差分析

自变量	F	Sig.	事后多重检验 LSD		
政治身份	10.470	0.000 **	民主党派	共产党员	0.000 **
				共青团员	0.000 **
				群众	0.000 **
学历	5.131	0.024 *			
生源	3.894	0.021 *			
学校类型	4.752	0.003 **	"985""211"高校	普通本科	0.027 *
				高职高专	0.000 **
			普通本科	高职高专	0.014 *
学科	2.188	0.007 **	理学	经济学	0.008 *
				管理学	0.004 **
				医学	0.042 *
				其他学科	0.042 *
学科	2.188	0.007 **	法学	经济学	0.005 **
				管理学	0.003 **
				医学	0.022 *
				其他学科	0.022 *
			工学	艺术学	0.015 *
				经济学	0.034 *
				管理学	0.018 *
			艺术学	经济学、管理学、医学、其他学科	< .01 **
				哲学、历史学、教育学、文学	< .05 *

注：因变量为责任认知的准确性；* 表示 $p < 0.05$，** 表示 $p < 0.01$。

从表5.17可以看出，责任认知的准确性主要在政治身份、学历、生源、学校类型、学科五个方面表现出人口统计学差异。

（1）政治身份差异

责任认知的准确性在政治身份上存在0.01水平的显著差异，具体表现为民主党派与共产党员、共青团员、群众均存在0.01水平的显著差异。

（2）学历与生源差异

责任认知的准确性在学历（本科、专科）和生源（城市、农村）上存在0.05水平的显著差异。

（3）学校类型差异

责任认知的准确性在学校类型上存在0.01水平的显著差异，具体表现为"985""211"高校与普通本科院校之间存在0.05水平的显著差异，与高职高专存在0.01水平的显著差异；普遍本科院校与高职高专存在0.05水平的显著差异。

（4）学科差异

责任认知准确性与学科因素存在0.01水平的显著差异，具体在理学、法学、工学、艺术学上表现更明显。

理学和法学：均分别与经济学、管理学存在0.01水平的显著差异，与医学、其他学科存在0.05水平的显著差异。

工学：与艺术学、经济学、管理学均存在0.05水平的显著差异。

艺术学：与经济学、管理学、医学、其他学科均存在0.01水平的显著差异，与哲学、历史学、教育学、文学均存在0.05水平的显著差异。

（四）整体性分析

1. 影响整体性因素的重要程度

以责任认知的整体性为因变量，国家层面责任认知的整体性、社会层面责任认知的整体性、个人层面责任认知的整体性为预测变量，进行多元线性回归分析，结果见表5.18。

表5.18　　　　　　　　　　整体性的多元线性回归分析

模型1	调整的 R^2	F 检验	Sig.	Beta	t	Sig.	VIF.
常量 5.684E	1.000	1.412E+17	0.000**				
国家层面责任认知的整体性				0.526	291439769.000	0.000**	1.381
社会层面责任认知的整体性				0.394	189860363.505	0.000**	1.823
个人层面责任认知的整体性				0.297	152217745.302	0.000**	1.610

注：因变量为责任认知的整体性，** 表示 $p < 0.01$。

从表5.18可以看出，F检验达到0.01水平的显著性，方差膨胀因子 VIF < 10（说明该回归模型不存在共线性问题），调整的 R^2 即责任认知整体性的回归模型的决定系数为1.000，表明该模型拟合非常好。从而获得回归方程：责任认知的整体性 = 5.684E + 0.526 国家层面责任认知的整体性 + 0.394 社会层面责任认知的整体性 + 0.297 个人层面责任认知的整体性。从该回归方程中的 Beta 值可以看出，影响责任认知整体性的因素按重要程度由高到低依次是国家层面责任认知的整体性、社会层面责任认知的整体性、个人层面责任认知的整体性。

2. 人口统计学因素影响整体性的差异性 *

以责任认知的整体性为因变量，分别以性别、政治身份、学历、生源、年级、学校类型、民族、学科分类等人口统计学因素为自变量，进行一元方差分析（ANOVA），结果见表5.19。

表5.19　　　　　　　　　　　整体性的一元方差分析

自变量	F	Sig.	事后多重检验 LSD		
政治身份	6.223	0.000 **	民主党派	共产党员	0.000 **
				共青团员	0.000 **
				群众	0.000 **
学历	10.483	0.001 **			
生源	6.446	0.002 **			
学校类型	7.559	0.000 **	"985""211"高校	普通本科	0.004 **
				高职高专	0.002 **
			普通本科	高职高专	0.002 **
学科	2.244	0.005 **	理学	经济学	0.005 *
				管理学	0.004 **
				医学	0.020 *
			法学	教育学	0.032 *
				经济学	0.002 **
				管理学	0.002 **
				医学	0.008 **

自变量	F	Sig.	事后多重检验 LSD		
学科	2.244	0.005**	工学	艺术学	0.014*
				经济学	0.028*
				管理学	0.022*
			艺术学	经济学、教育学、管理学、医学、其他学科	<0.01**
				文学、工学、体育学	<0.05*

注：因变量为责任认知的整体性；* 表示 $p < 0.05$，** 表示 $p < 0.01$。

表 5.19 显示，责任认知的整体性在政治身份、学历、生源、学校类型、学科五个因素上存在人口统计学的显著差异。

（1）政治身份差异

政治身份对责任认知整体性的影响非常显著（$p < 0.01$），表现为民主党派与共产党员、共青团员、群众之间的差异均非常显著（$p < 0.01$）。

（2）学历和生源差异

责任认知的整体性在学历（本科、专科）和生源（城市、农村）上均存在 0.01 水平的显著差异。

（3）学校类型差异

学校类型对责任认知整体性的影响存在 0.01 水平的显著差异，表现为"985""211"高校与普通本科院校、高职高专之间均存在 0.01 水平的显著差异，普通本科院校与高职高专之间也存在 0.01 水平的显著差异。

（4）学科差异

学科对责任认知整体性的影响具有 0.01 水平的显著差异，具体表现在理学、法学、工学、艺术学四门学科上。

理学：与经济学、管理学存在 0.01 水平的显著差异，与医学存在 0.05 水平的显著差异。

法学：与经济学、管理学、医学三门学科均存在 0.01 水平的显著差异，与教育学存在 0.05 水平的显著差异。

工学：与艺术学、经济学、管理学三门学科均存在 0.05 水平的显著差异。

艺术学：与经济学、教育学、管理学、医学、其他学科之间均存在 0.01 水平的显著差异，与文学、工学、体育学三门学科之间均存在 0.05 水平的显著差异。

（五）深刻性

1. 影响深刻性因素的重要程度

以责任认知的深刻性为因变量，国家层面责任认知的深刻性、社会层面责任认知的深刻性、个人层面责任认知的深刻性为预测变量，进行多元线性回归分析，结果见表 5.20。

表 5.20　　　　　　　　深刻性的多元线性回归分析

模型 1	调整的 R^2	F 检验	Sig.	Beta	t	Sig.	VIF.
常量 −1.243E	1.000		0.000**				
国家层面责任认知的深刻性				0.500	567161892.441	0.000**	1.555
社会层面责任认知的深刻性				0.351	370783297.402	0.000**	1.794
个人层面责任认知的深刻性				0.335	353618095.640	0.000**	1.790

注：因变量为责任认知的深刻性，** 表示 $p < 0.01$。

从表 5.20 可以看出，F 检验达到 0.01 水平的显著性，方差膨胀因子 VIF < 10（说明该回归模型不存在共线性问题），调整的 R^2 即责任认知深刻性的回归模型的决定系数为 1.000，表明该模型拟合非常好。从而获得回归方程：责任认知的深刻性 = -1.243E + 0.500 国家层面责任认知的深刻性 + 0.351 社会层面责任认知的深刻性 + 0.335 个人层面责任认知的深刻性。从该回归方程中的 Beta 值可以看出，影响责任认知深刻性的因素按重要程度由高到低依次是国家层面责任认知的深刻性、社会层面责任认知的深刻性、个人层面责任认知的深刻性。

2. 深刻性的人口统计学差异

以责任认知的深刻性为因变量，分别以性别、政治身份、学历、生源、年级、学校类型、民族、学科分类等人口统计学因素为自变量，进行一元方差分析（ANOVA），结果见表 5.21。

表 5.21　　　　　　　　　深刻性的一元方差分析

自变量	F	Sig.	事后多重检验 LSD		
政治身份	6.354	0.000 **	民主党派	党员	0.000 **
				团员	0.000 **
				群众	0.000 **
学历	13.002	0.000 **			
学校类型	8.906	0.000 **	"985" "211" 高校	普通本科	0.010 *
				高职高专	0.000 **
			普通本科	高职高专	0.000 **
学科	2.424	0.002 **	理学	经济学	0.002 **
				管理学	0.001 **

续　表

自变量	F	Sig.	事后多重检验 LSD		
学科	2.424	0.002**	法学	经济学	0.001**
				管理学	0.001**
				医学	0.038*
				其他学科	0.030*
			工学	经济学	0.003**
				管理学	0.001**
			艺术学	经济学	0.001**
				管理学	0.005**
				医学	0.012*
				其他学科	0.010*

注：因变量为责任认知的深刻性；* 表示 $p < 0.05$，** 表示 $p < 0.01$。

表 5.21 显示，人口统计学因素政治身份、学历、学校类型、学科等对责任认知深刻性的影响差异非常显著。性别、生源、年级、民族对责任认知深刻性影响差异不显著。

（1）政治身份差异

政治身份对责任认知深刻性的影响具有 0.01 水平的显著差异，表现为民主党派与共产党员、共青团员、群众之间均存在 0.01 水平的显著差异。

（2）学历差异

学历（本科、专科）对责任认知深刻性的影响具有 0.01 水平的显著差异。

（3）学校类型差异

学校类型对责任认知深刻性的影响具有 0.01 水平的显著差异，表现为"985""211"高校与普通本科院校之间存在 0.05 水平的显著差异，与高职高专之间存在 0.01 水平的显著差异；普通本科院校与高职高专之间存在 0.01 水平的显著差异。

（4）学科差异

学科对责任认知深刻性的影响具有 0.01 水平的显著差异，表现在理学、法学、工学、艺术学四门学科上。

理学和工学：与经济学、管理学均存在 0.01 水平的显著差异。

法学：与经济学、管理学均存在 0.01 水平的显著差异，与医学、其他学科均存在 0.05 水平的显著差异。

艺术学：与经济学、管理学均存在 0.01 水平的显著差异，与医学、其他学科均存在 0.05 水平的显著差异。

六　责任情感的特征

根据大学生社会责任感的结构维度，责任情感是由大学生对社会主义核心价值观的认同感、归属感、效能感构成的。因此，责任情感的特征主要体现在三个方面。第一，认同感、归属感、效能感在责任情感构成中哪一个更重要？第二，责任情感在国家、社会、个人三个层面，哪个层面对认同感、归属感、效能感的影响更大？第三，人口统计学因素对责任情感包括认同感、归属感、效能感的影响差异是否显著？解答这三个问题，可以用线性回归分析法和一元方差分析法对责任情感的问卷数据进行分析。

（一）影响责任情感的内部因素的重要程度

以责任情感为因变量，以责任情感的认同感、归属感、效能感为预测变量，进行多元线性回归分析，结果见表 5.22。

表 5.22   责任情感的多元线性回归分析

模型 1	调整的 R²	F 检验	Sig.	Beta	t	Sig.	VIF.
常量 -0.918	0.990	34579.979	0.000**				
认同感				0.332	51.440	0.000**	4.378
归属感				0.318	45.787	0.000**	5.046
效能感				0.413	76.520	0.000**	3.051

注：因变量为责任情感，** 表示 $p < 0.01$。

从表 5.22 可以看出，F 检验达到 0.01 水平的显著性，方差膨胀因子 VIF < 10 （说明该回归模型不存在共线性问题），调整的 R² 即责任认知的回归模型的决定系数为 0.990，表明该模型拟合非常好。从而获得回归方程：责任情感 = -0.918 + 0.413 效能感 + 0.332 认同感 + 0.318 归属感。从该回归方程中的 Beta 值可以看出，影响责任情感的内部因素按重要程度由高到低依次是效能感、认同感、归属感。

（二）责任情感的人口统计学差异

以责任情感为因变量，分别以性别、政治身份、学历、生源、年级、学校类型、民族、学科分类等人口统计学因素为自变量，进行一元方差分析（ANOVA），结果见表 5.23。

表 5.23   责任情感的一元方差分析

自变量	F	Sig.	事后多重检验 LSD		
政治身份	6.066	0.000	民主党派	共产党员	0.000**
				共青团员	0.000**
				群众	0.000**
学历	14.287	0.000**			

续　表

自变量	F	Sig.	事后多重检验 LSD		
生源	5.688	0.003**			
民族	2.685	0.045*			
年级	1.884	0.130	大一	大三	0.023*
学校类型	6.588	0.000**	高职高专	普通本科	0.000**
				"985""211"高校	0.000**
学科	3.680	0.000**	理学	经济学	0.001**
				管理学	0.023*
				医学	0.017*
				其他学科	0.010*
			法学	经济学	0.001**
				历史学	0.033*
				管理学	0.001**
				医学	0.001**
				工学	0.012*
				其他学科	0.011*
				体育学	0.047*
			工学	艺术学	0.002**
				经济学	0.001**
				医学	0.040*
				其他学科	0.025*
			医学	文学	0.026*
				教育学	0.043*

自变量	F	Sig.	事后多重检验 LSD		
学科	3.680	0.000**	艺术学	哲学、文学、教育学	<0.05*
				经济学、管理学、历史学、理学、工学、体育学、医学、其他学科	<.01**

注：因变量为责任情感；* 表示 $p < 0.05$，** 表示 $p < 0.01$。

表5.23显示，人口统计学因素政治身份、学历、生源、民族、年级、学校类型、学科等对责任情感的影响差异非常显著。性别对责任情感的影响差异不显著。

1. 政治身份差异

政治身份对责任情感的影响具有 0.01 水平的显著差异，表现为民主党派与共产党员、共青团员、群众三者之间均存在 0.01 水平的显著差异。

2. 学历、生源、民族、年级差异

学历（本科、专科）、生源（城市、农村）对责任情感的影响存在 0.01 水平的显著差异，民族对责任情感的影响存在 0.05 水平的显著差异；年级总体上对责任情感的影响差异不显著，但是，大一与大三在责任情感的效能感（$p = 0.023 < 0.05$）上存在 0.05 水平的显著差异。

3. 学校类型差异

学校类型对责任情感的影响存在 0.01 水平的显著差异，表现为高职高专与"985""211"高校、普通本科院校之间均存在 0.01 水平的显著差异。

4. 学科差异

学科对责任情感的影响具有 0.01 水平的显著差异，表现在理学、法学、工学、医学、艺术学五门学科上。

理学：与经济学存在 0.01 水平的显著差异，与管理学、医学、其他学科均存在 0.05 水平的显著差异。

法学：与经济学、管理学、医学三门学科均存在 0.01 水平的显著差异，与历史学、工学、体育学、其他学科均存在 0.05 水平的显著差异。

工学：与艺术学、经济学均存在 0.01 水平的显著差异，与医学、其他学科均存在 0.05 水平的显著差异。

医学：与文学、教育学均存在 0.05 水平的显著差异。

艺术学：与经济学、管理学、历史学、理学、工学、体育学、医学、其他学科均存在 0.01 水平的显著差异，与哲学、文学、教育学均存在 0.05 水平的显著差异。

（三）认同感分析

1. 影响认同感因素的重要程度

以责任情感的认同感为因变量，国家层面责任情感的认同感、社会层面责任情感的认同感、个人层面责任情感的认同感为预测变量，进行多元线性回归分析（采用输入法），结果见表 5.24。

表 5.24　　　　　　　　　认同感的多元线性回归分析①

模型 1	调整的 R^2	F 检验	Sig.	Beta	t	Sig.	VIF.
常量 −1.847E	1.000		0.000 **				
国家层面责任情感的认同感				0.384			1.816

---

① 表 5.24 采用输入法进行回归分析，出现了常量为负，t、Sig. 无数据的情况，但是决定系数 R^2 为 1，方差膨胀因子小于 10，不存在共线性问题，表明模型拟合非常好。对认同感采用"逐步回归"进行分析，其结果 R^2 为 0.74，但只有两个因素被引入分析。如果三个因素都引入分析，则出现个人层面的 t、Sig. 无数据显示。后续回归也存在类似问题，以此为准，不再解释。

模型 1	调整的 R²	F 检验	Sig.	Beta	t	Sig.	VIF.
社会层面责任情感的认同感				0.454			1.773
个人层面责任情感的认同感				0.335			1.707

注：认同感为因变量，** 表示 p < 0.01。

从表 5.24 可以看出，F 检验达到 0.01 水平的显著性，方差膨胀因子 VIF < 10（说明该回归模型不存在共线性问题），调整的 R^2 即责任情感的认同感回归模型的决定系数为 1.000，表明该模型拟合非常好。从而获得回归方程：责任情感的认同感 = −1.847E + 0.454 社会层面责任情感的认同感 + 0.384 国家层面责任情感的认同感 + 0.335 个人层面责任情感的认同感。从该回归方程中的 Beta 值可以看出，影响责任情感的认同感的内部因素按重要程度由高到低依次是社会层面责任情感的认同感、国家层面责任情感的认同感、个人层面责任情感的认同感。

2. 认同感的人口统计学差异

以责任情感的认同感为因变量，分别以性别、政治身份、学历、生源、年级、学校类型、民族、学科分类等人口统计学因素为自变量，进行一元方差分析（ANOVA），结果见表 5.25。

表 5.25　　　　　　　　　认同感的一元方差分析

自变量	F	Sig.	事后多重检验 LSD		
政治身份	8.244	0.000	民主党派	共产党员	0.000 **
				共青团员	0.000 **
				群众	0.000 **
学历	9.699	0.002 **			

续　表

自变量	F	Sig.	事后多重检验 LSD		
生源	3.799	0.023[*]			
学校类型	5.444	0.001[**]	高职高专	普通本科	0.001[**]
				"985""211"高校	0.000[**]
学科	2.676	0.001[**]	理学	经济学	0.004[**]
				管理学	0.014[*]
				医学	0.046[*]
				其他学科	0.036[*]
			法学	经济学	0.000[**]
				管理学	0.001[**]
				医学	0.005[**]
				历史学	0.036[*]
				工学	0.034[*]
				其他学科	0.004[**]
			管理学	文学	0.023[*]
				教育学	0.016[*]
			医学	文学	0.043[*]
				教育学	0.030[*]
			工学	艺术学	0.018[*]
				经济学	0.014[*]
				管理学	0.044[*]

自变量	F	Sig.	事后多重检验 LSD		
学科	2.676	0.001 **	艺术学	哲学	0.032 *
				历史学	0.012 *
				经济学	0.001 **
				管理学	0.001 **
				医学	0.003 **
				其他学科	0.002 **

注：因变量为责任情感的认同感；* 表示 p < 0.05，** 表示 p < 0.01。

表 5.25 显示，人口统计学因素政治身份、学历、生源、学校类型、学科等对责任情感的认同感的影响差异非常显著。性别、年级、民族对责任情感的认同感影响差异不显著。

（1）政治身份差异

政治身份对责任情感的认同感的影响存在 0.01 水平的显著差异，表现为民主党派与共产党员、共青团员、群众之间存在 0.01 水平的显著差异。

（2）学历、生源差异

学历（本科、专科）对责任情感的认同感的影响具有 0.01 水平的显著差异，生源（城市、农村）对责任情感的认同感的影响具有 0.05 水平的显著差异。

（3）学校类型差异

学校类型对责任情感的认同感的影响存在 0.01 水平的显著差异，表现为高职高专与"985""211"高校、普通本科院校之间均存在 0.01 水平的显著差异。

（4）学科差异

学科对责任情感的认同感的影响存在 0.01 水平的显著差异，表现在理学、法学、管理学、医学、工学、艺术学六门学科上。

理学：与经济学存在 0.01 水平的显著差异，与管理学、医学、其他学科三者之间均存在 0.05 水平的显著差异。

法学：与经济学、管理学、医学、其他学科四者之间均存在 0.01 水平的显著差异，与历史学、工学之间存在 0.05 水平的显著差异。

管理学和医学：与文学、教育学之间均存在 0.05 水平的显著差异。

工学：与艺术学存在 0.01 水平的显著差异，与经济学、管理学之间均存在 0.05 水平的显著差异。

艺术学：与经济学、管理学、医学、其他学科四者之间均存在 0.01 水平的显著差异，与哲学、历史学之间均存在 0.05 水平的显著差异。

（四）归属感

1. 影响归属感因素的重要程度

以责任情感的归属感为因变量，国家层面责任情感的归属感、社会层面责任情感的归属感、个人层面责任情感的归属感为预测变量，进行多元线性回归分析，结果见表5.26。

表5.26　　　　　　　　　归属感的多元线性回归分析

模型 1	调整的 R^2	F 检验	Sig.	Beta	t	Sig.	VIF.
常量 8.527E	1.000	3.101E + 16	0.000 **				
国家层面责任情感的归属感				0.516	124095995.336	0.000 **	1.611

模型 1	调整的 R^2	F 检验	Sig.	Beta	t	Sig.	VIF.
社会层面责任情感的归属感				0.384	96444692.151	0.000 **	1.479
个人层面责任情感的归属感				0.303	723809.787	0.000 **	1.634

注：归属感为因变量，** 表示 p<0.01。

表 5.26 表明，F 检验达到 0.01 水平的显著性，方差膨胀因子 VIF<10（说明该回归模型不存在共线性问题），调整的 R^2 即责任情感的归属感回归模型的决定系数为 1.000，表明该模型拟合非常好。从而获得回归方程：责任情感的归属感 = 8.527E + 0.516 国家层面责任情感的归属感 + 0.384 社会层面责任情感的归属感 + 0.303 个人层面责任情感的归属感。从该回归方程中的 Beta 值可以看出，影响责任情感的归属感的内部因素按重要程度由高到低依次是国家层面责任情感的归属感、社会层面责任情感的归属感、个人层面责任情感的归属感。

2. 归属感的人口统计学差异

以责任情感的归属感为因变量，分别以性别、政治身份、学历、生源、年级、学校类型、民族、学科分类等人口统计学因素为自变量，进行一元方差分析（ANOVA），结果见表 5.27。

表 5.27　　　　　　　　　归属感的一元方差分析

自变量	F	Sig.	事后多重检验 LSD		
政治身份	7.270	0.000	民主党派	共产党员	0.000 **
				共青团员	0.000 **
				群众	0.001 **

续　表

自变量	F	Sig.	事后多重检验 LSD		
政治身份	7.270	0.000	群众	党员	0.023 *
				团员	0.015 *
性别	3.874	0.049 *			
学历	10.244	0.001 **			
学校类型	4.903	0.002 **	高职高专	普通本科	0.002 **
				"985""211"高校	0.000 **
学科	2.529	0.001 **	法学	经济学	0.000 *
				管理学	0.011 *
				医学	0.021 *
				其他学科	0.008 **
			经济学	文学	0.008 **
				教育学	0.005 **
				理学	0.003 **
				工学	0.002 **
				医学	0.000 **
			艺术学	历史学、管理学、理学、工学、医学、其他学科	<0.01 **
				哲学、文学、体育学	<0.05 *

注：因变量为责任情感的归属感；* 表示 $p < 0.05$，** 表示 $p < 0.01$。

　　表5.27显示，人口统计学因素政治身份、性别、学历、学校类型、学科等对责任情感的归属感的影响差异非常显著。生源、年级、民族对责任情感的归属感影响差异不显著。

（1）政治身份差异

政治身份对责任情感的归属感的影响存在 0.01 水平的显著差异，一方面表现为民主党派与共产党员、共青团员、群众三者之间均存在 0.01 水平的显著差异；另一方面表现为群众与共产党员、共青团员之间存在 0.05 水平的显著差异。

（2）性别与学历差异

性别对责任情感的归属感的影响存在 0.05 水平的显著差异，学历（本科、专科）对责任情感的归属感的影响存在 0.01 水平的显著差异。

（3）学校类型差异

学校类型对责任情感的归属感的影响存在 0.01 水平的显著差异，表现为高职高专与"985""211"高校、普通本科院校之间均存在 0.01 水平的显著差异。

（4）学科差异

学科对责任情感的归属感的影响存在 0.01 水平的显著差异，主要表现在法学、经济学、艺术学三门学科上。

法学：与经济学、其他学科之间均存在 0.01 水平的显著差异，与管理学、医学之间均存在 0.05 水平的显著差异。

经济学：与文学、教育学、理学、工学、医学五门学科之间均存在 0.01 水平的显著差异。

艺术学：与历史学、管理学、理学、工学、医学、其他学科之间均存在 0.01 水平的显著差异；与哲学、文学、体育学三门学科之间均存在 0.05 水平的显著差异。

（五）效能感

1. 影响效能感因素的重要程度

以责任情感的效能感为因变量，国家层面责任情感的效能感、社会层面责任感的效能感、个人层面责任情感的效能感为预测变量，进行多元线性回归分析，结果见表5.28。

表5.28　　　　　　　　　　效能感的多元线性回归分析

模型1	调整的 R^2	F 检验	Sig.	Beta	t	Sig.	VIF.
常量 −9.948E	1.000		0.000**				
国家层面任情感的效能感				0.388			1.963
社会层面责任情感的效能感				0.412			2.014
个人层面责任情感的效能感				0.351			1.892

注：效能感为因变量，** 表示 $p < 0.01$。

表5.28表明，F检验达到0.01水平的显著性，方差膨胀因子 VIF < 10（说明该回归模型不存在共线性问题），调整的 R^2 即责任情感的效能感回归模型的决定系数为1.000，表明该模型拟合非常好。从而获得回归方程：责任情感的效能感 = −9.948E + 0.412社会层面责任情感的效能感 + 0.388国家层面责任情感的效能感 + 0.351个人层面责任情感的效能感。从该回归方程中的Beta值可以看出，影响责任情感的效能感的内部因素按重要程度由高到低依次是社会层面责任情感的效能感、国家层面责任情感的效能感、个人层面责任情感的效能感。

2. 效能感的人口统计学差异

以责任情感的效能感为因变量，分别以性别、政治身份、学历、生源、年级、学校类型、民族、学科分类等人口统计学因素为自变量，进行一元方差分析（ANOVA），结果见表5.29

表 5. 29　　　　　　　　　　　效能感的一元方差分析

自变量	F	Sig.	事后多重检验 LSD		
政治身份	3.064	0.027 *	民主党派	共产党员	0.006 **
				共青团员	0.006 **
				群众	0.013 **
学历	15.231	0.000 **			
生源	8.211	0.000 **			
民族	3.947	0.008 **			
学校类型	6.386	0.000 **	"985""211"高校	地方本科	0.014 *
				高职高专	0.000 **
			普通本科	地方本科	0.026 *
			高职高专	"985""211"高校	0.000 **
				普通本科	000 **
学科	4.519	0.000 **	理学	经济学	0.000 **
				管理学	0.010 *
				医学	0.001 **
				其他学科	0.004 **
				艺术学	010 *
			法学	经济学	0.000 **
				管理学	0.000 **
				历史学	0.013 *
				教育学	0.042 *
				工学	0.004 **
				医学	0.000 **
				其他学科	0.000 **

自变量	F	Sig.	事后多重检验 LSD		
学科	4.519	0.000**	工学	艺术学	0.001**
				经济学	0.000**
				医学	0.007**
				其他学科	0.027*
			艺术学	文学	0.017*
				哲学	0.020*
				体育学	0.011*
				教育学	0.002**
				历史学	0.005**
				管理学	0.000**
				医学	0.000**
				其他学科	0.000**

注：因变量为责任情感的效能感；* 表示 $p < 0.05$，** 表示 $p < 0.01$。

从表 5.29 可以看出，人口统计学因素政治身份、学历、生源、民族、学校类型、学科等对责任情感的效能感的影响差异非常显著。性别、年级对责任情感的效能感影响差异不显著。

（1）政治身份差异

政治身份对责任情感的效能感的影响存在 0.05 水平的显著差异，表现为民主党派与共产党员、共青团员之间存在 0.01 水平的显著差异，与群众之间存在 0.05 水平的显著差异。

（2）学历、生源与民族差异

学历（本科、大专）、生源（城市、农村）、民族（汉族、其他民族）对责任情感的效能感的影响均存在 0.01 水平的显著差异。

（3）学校类型差异

学校类型对责任情感的效能感的影响存在 0.01 水平的显著差异，其中，"985""211" 高校与地方本科院校之间存在 0.05 水平的显著差异，与高职高专之间存在 0.01 水平的显著差异；高职高专与普通本科院校、"985""211" 高校之间均存在 0.01 水平的显著差异；普通本科院校与地方本科院校之间也存在 0.05 水平的显著差异。

（4）学科差异

学科对责任情感的效能感的影响存在 0.01 水平的显著差异，主要表现在理学、法学、工学、艺术学四门学科上。

理学：与经济学、医学、其他学科之间均存在 0.01 水平的显著差异，与管理学、艺术学之间存在 0.05 水平的显著差异。

法学：与经济学、管理学、工学、医学、其他学科之间均存在 0.01 水平的显著差异，与历史学、教育学之间均存在 0.05 水平的显著差异。

工学：与艺术学、经济学、医学三门学科之间均存在 0.01 水平的显著差异，与其他学科之间存在 0.05 水平的显著差异。

艺术学：与教育学、历史学、管理学、医学、其他学科之间均存在 0.01 水平的显著差异，与文学、哲学、体育学三门学科之间均存在 0.05 水平的显著差异。

七　责任意志的特征

根据大学生社会责任感的结构维度，责任意志是由大学生对社会主义核心价值观体悟的自觉性、坚定性、自制性构成的。因此，责任意志的特征主要体现在三个方面。第一，自觉性、坚定性、自制性在责任意志构成中哪一个更重要？第二，责任意志在国家、社会、个人三个层面，哪个层面对自觉性、坚定性、自制性的影响更大？第三，人口统计学因素对责任意志包括自觉性、坚定性、自制性的影响差异是否显著？

解答这三个问题，可以用线性回归分析法和一元方差分析法对责任意志的问卷数据进行分析。

（一）影响责任意志的内部因素的重要程度

以责任意志为因变量，责任意志的自觉性、坚定性、自制性为自变量，进行多元线性回归分析，结果见表5.30。

表5.30 责任意志的多元线性回归分析

模型1	调整的 R^2	F 检验	Sig.	Beta	t	Sig.	VIF.
常量 −4.476E	1.000						
自觉性				0.363			4.925
坚定性				0.377			3.716
自制性				0.333			3.028

注：责任意志为因变量。

表5.30显示，方差膨胀因子 VIF < 10（说明该回归模型不存在共线性问题），调整的 R^2 即责任意志回归模型的决定系数为1.000，表明该模型拟合非常好。从而获得回归方程：责任意志 = −4.476E + 0.377 责任意志的坚定性 + 0.363 责任意志的自觉性 + 0.333 责任意志的自制性。从该回归方程中的 Beta 值可以看出，影响责任意志的内部因素按重要程度由高到低依次是坚定性、自觉性、自制性。

（二）责任意志的人口统计学差异

以责任意志为因变量，分别以性别、政治身份、学历、生源、年级、学校类型、民族、学科分类等人口统计学因素为自变量，进行一元方差分析（ANOVA），结果见表5.31。

表 5.31　　　　　　　　　　　　责任意志的一元方差分析

自变量	F	Sig.	事后多重检验 LSD		
政治身份	4.301	0.005**	民主党派	共产党员	0.000**
				共青团员	0.000**
				群众	0.001**
学历	10.967	0.001**			
生源	5.429	0.005**			
民族	3.591	0.013*			
学校类型	5.538	0.001**	高职高专	"985""211"高校	0.000**
				普通本科	0.001**
学科	3.221	0.000**	理学	经济学	0.001**
				管理学	0.005**
				医学	0.017*
				其他学科	0.006**
				艺术学	044*
			法学	经济学	0.000**
				管理学	0.000**
				哲学	0.015*
				工学	0.029*
				医学	0.002**
				其他学科	0.000**
			工学	艺术学	0.013*
				经济学	0.004**
				医学	0.047*
				管理学	0.018*
				其他学科	0.018*

自变量	F	Sig.	事后多重检验 LSD		
学科	3.221	0.000 **	艺术学	哲学、经济学、管理学、医学、其他学科	<0.01 **
				历史学、教育学、理学、工学、体育学	<0.05 *

注：因变量为责任意志；* 表示 $p < 0.05$，** 表示 $p < 0.01$。

表 5.31 显示，人口统计学因素政治身份、学历、生源、民族、学校类型、学科等对责任意志的影响差异非常显著。性别、年级对责任意志的影响差异不显著。

1. 政治身份差异

政治身份对责任意志的影响存在 0.01 水平的显著差异，表现为民主党派与共产党员、共青团员、群众三者之间均存在 0.01 水平的显著差异。

2. 学历、生源和民族差异

学历（本科、专科）和生源（城市、农村）对责任意志的影响均存在 0.01 水平的显著差异，民族对责任意志的影响存在 0.05 水平的显著差异。

3. 学校类型差异

学校类型对责任意志的影响存在 0.01 水平的显著差异，表现为高职高专与"985""211"高校、普通本科院校之间均存在 0.01 水平的显著差异。

4. 学科差异

学科对责任意志的影响差异在理学、法学、工学、艺术学四门学科表现得更加显著。

理学：与经济学、管理学、其他学科之间均存在 0.01 水平的显著差异，与医学、艺术学存在 0.05 水平的显著差异。

法学：与经济学、管理学、医学、其他学科均存在 0.01 水平的显著差异，与哲学、工学之间均存在 0.05 水平的显著差异。

工学：与经济学存在 0.01 水平的显著差异，与艺术学、医学、管理学、其他学科均存在 0.05 水平的显著差异。

艺术学：与哲学、经济学、管理学、医学、其他学科均存在 0.01 水平的显著差异，与历史学、教育学、理学、工学、体育学均存在 0.05 水平的显著差异。

(三) 自觉性分析

1. 影响自觉性因素的重要程度

以责任意志的自觉性为因变量，以国家层面责任意志的自觉性、社会层面责任意志的自觉性、个人层面责任意志的自觉性为预测变量，进行多元线性回归分析，结果见表 5.32。

表 5.32　　　　　　　　自觉性的多元线性回归分析

模型 1	调整的 R^2	F 检验	Sig.	Beta	t	Sig.	VIF.
常量 1.492E	1.000						
国家层面自觉性				0.417	502806431.704	0.000**	1.845
社会层面自觉性				0.448	561194538.044	0.000**	1.714
个人层面自觉性				0.304	363617568.680	0.000**	1.877

注：因变量为责任意志的自觉性；* 表示 $p < 0.05$，** 表示 $p < 0.01$。

从表 5.32 可以看出，方差膨胀因子 VIF < 10（说明该回归模型不存在共线性问题），调整的 R^2 即责任意志的自觉性回归模型的决定系数为 1.000，表明该模型拟合非常好。从而获得回归方程：责任意志的自觉性 = 1.492E + 0.448 社会层面责任意志的自觉性 + 0.417 国家层面责任意志的自觉性 + 0.304 个人层面责任意志的自觉性。从该回归方程中的 Beta 值可以看出，影响责任意志自觉性的因素按重要程度由高到低依次是社会层面责任意志的自觉性、国家层面责任意志的自觉性、个人层面责任意志的自觉性。

2. 自觉性的人口统计学差异*

以责任意志的自觉性为因变量，分别以性别、政治身份、学历、生源、年级、学校类型、民族、学科分类等人口统计学因素为自变量，进行一元方差分析（ANOVA），结果见表 5.33。

表5.33　　　　　　　　　　自觉性的一元方差分析

自变量	F	Sig.	事后多重检验 LSD		
政治身份	5.697	0.001**	民主党派	共产党员	0.000**
				共青团员	0.000**
				群众	0.000**
学历	12.635	0.000**			
生源	4.701	0.009**			
民族	4.146	0.006**			
学校类型	5.135	0.002**	高职高专	"985""211"高校	0.000**
				普通本科	001**

———————

* 不存在统计学上显著差异的变量,则不列入表内。

续　表

自变量	F	Sig.	事后多重检验 LSD		
学科	3.023	0.000 **	理学	经济学	0.001 **
				管理学	0.007 **
				医学	0.018 *
				其他学科	0.004 **
				哲学	013 *
			法学	经济学	0.000 **
				管理学	0.002 **
				哲学	0.004 **
				体育学	0.031 *
				工学	0.040 *
				医学	0.005 **
				其他学科	0.001 **
			工学	艺术学	0.020 *
				经济学	0.013 *
				哲学	0.043 *
				其他学科	0.028 *
			艺术学	哲学	0.002 **
				体育学	0.011 *
				经济学	0.001 **
				管理学	0.002 **
				医学	0.002 **
				其他学科	0.001 **

注：因变量为责任意志的自觉性。

表 5.33 显示，人口统计学因素政治身份、学历、生源、民族、学校类型、学科等对责任意志的自觉性的影响差异非常显著。性别、年级对责任意志的自觉性的影响差异不显著。

（1）政治身份差异

政治身份对责任意志自觉性的影响存在 0.01 水平的显著差异，表现为民主党派与共产党员、共青团员、群众之间均存在 0.01 水平的显著差异。

（2）学历、生源和民族差异

学历（本科、专科）、生源（城市、农村）、民族（汉族、其他民族）对责任意志的自觉性的影响均存在 0.01 水平的显著差异。

（3）学校类型差异

学校类型对责任意志的自觉性的影响存在 0.01 水平的显著差异，表现为高职高专与"985""211"高校、普通本科院校均存在 0.01 水平的显著差异。

（4）学科差异

学科对责任意志的自觉性的影响存在 0.01 水平的显著差异，具体表现在理学、法学、工学、艺术学四门学科上。

理学：与经济学、管理学、其他学科均存在 0.01 水平的显著差异，与医学、哲学存在 0.05 水平的显著差异。

法学：与经济学、管理学、哲学、医学、其他学科均存在 0.01 水平的显著差异，与体育学、工学均存在 0.05 水平的显著差异。

工学：与艺术学、经济学、哲学、其他学科均存在 0.05 水平的显著差异。

艺术学：与哲学、经济学、管理学、医学、其他学科均存在 0.01 水平的显著差异，与体育学存在 0.05 水平的显著差异。

（四）坚定性分析

1. 影响坚定性因素的重要程度

以责任意志的坚定性为因变量，以国家层面责任意志的坚定性、社会层面责任意志的坚定性、个人层面责任意志的坚定性为预测变量，进行多元线性回归分析，结果见表 5.34。

表 5.34　　　　　　　　坚定性的多元线性回归分析

模型 1	调整的 R^2	F 检验	Sig.	Beta	t	Sig.	VIF.
常量 – 1.101E	1.000						
国家层面责任意志的坚定性				0.429			2.052
社会层面责任意志的坚定性				0.300			2.012
个人层面责任意志的坚定性				0.418			1.888

注：因变量为责任意志的坚定性。

从表 5.34 可以看出，方差膨胀因子 VIF < 10（说明该回归模型不存在共线性问题），调整的 R^2 即责任意志的坚定性回归模型的决定系数为 1.000，表明该模型拟合非常好。从而获得回归方程：责任意志的坚定性 = – 1.101E + 0.429 国家层面责任意志的坚定性 + 0.418 个人层面责任意志的坚定性 + 0.300 社会层面责任意志的坚定性。从该回归方程中的 Beta 值可以看出，影响责任意志坚定性的因素按重要程度由高到低依次是国家层面责任意志的坚定性、个人层面责任意志的坚定性、社会层面责任意志的坚定性。

2. 坚定性的人口统计学差异

以责任意志的坚定性为因变量，分别以性别、政治身份、学历、生源、年级、学校类型、民族、学科分类等人口统计学因素为自变量，进行一元方差分析（ANOVA），结果见表5.35。

表5.35　坚定性的一元方差分析

自变量	F	Sig.	事后多重检验 LSD		
政治身份	4.845	0.002 **	民主党派	共产党员	0.000 **
				共青团员	0.000 **
				群众	0.000 **
学历	6.129	0.013 *			
民族	2.731	0.043 *			
学校类型	4.966	0.002 **	高职高专	"985""211"高校	0.000 **
				普通本科	007 **
			"985""211"高校	普通本科	0.045 *
学科	2.019	0.014 *	理学	经济学	0.037 *
				管理学	0.016 *
				其他学科	0.037 **
			法学	经济学	0.006 **
				管理学	0.002 **
				其他学科	0.007 **
			工学	管理学	0.005 **
				经济学	0.015 *
				其他学科	0.019 *
			艺术学	哲学	0.024 *
				经济学	0.005 **
				管理学	0.003 **
				医学	0.037 *
				体育学	0.040 *
				其他学科	0.005 **

注：因变量为责任意志的坚定性；* 表示 $p < 0.05$，** 表示 $p < 0.01$。

表 5.35 显示，人口统计学因素政治身份、学历、民族、学校类型、学科等对责任意志的坚定性的影响差异非常显著。性别、生源、年级对责任意志的坚定性的影响差异不显著。

（1）政治身份差异

政治身份对责任意志的坚定性的影响存在 0.01 水平的显著差异，表现为民主党派与共产党员、共青团员、群众均存在 0.01 水平的显著差异。

（2）学历、民族差异

学历（本科、专科）、民族（汉族、其他民族）对责任意志的坚定性影响均存在 0.05 水平的显著差异。

（3）学校类型差异

学校类型对责任意志的坚定性的影响存在 0.01 水平的显著差异，一方面表现为高职高专与"985""211"高校、普通本科院校均存在 0.01 水平的显著差异，另一方面表现为"985""211"高校与普通本科院校存在 0.05 水平的显著差异。

（4）学科差异

学科对责任意志的坚定性的影响存在 0.05 水平的显著差异，主要表现在理学、法学、工学、艺术学四门学科上。

理学和工学：与经济学、管理学、其他学科均存在 0.05 水平的显著差异。

法学：与经济学、管理学、其他学科均存在 0.01 水平的显著差异。

艺术学：与经济学、管理学、其他学科均存在 0.01 水平的显著差异，与哲学、医学、体育学均存在 0.05 水平的显著差异。

（五）自制性

1. 影响自制性因素的重要程度

以责任意志的自制性为因变量，以国家层面责任意志的自制性、社会层面责任意志的自制性、个人层面责任意志的自制性为预测变量，进行多元线性回归分析，结果见表5.36。

表5.36 自制性的多元线性回归分析

模型1	调整的 R^2	F 检验	Sig.	Beta	t	Sig.	VIF.
常量 −4.086E	1.000						
国家层面责任意志的自制性				0.407			1.829
社会层面责任意志的自制性				0.416			1.911
个人层面责任意志的自制性				0.385			1.339

注：因变量为责任意志的自制性。

从表5.36可以看出，方差膨胀因子VIF < 10（说明该回归模型不存在共线性问题），调整的 R^2 即责任意志的自制性回归模型的决定系数为1.000，表明该模型拟合非常好。从而获得回归方程：责任意志的自制性 = −4.086E + 0.416社会层面责任意志的自制性 + 0.407国家层面责任意志的自制性 + 0.385个人层面责任意志的自制性。从该回归方程中的Beta值可以看出，影响责任意志自制性的因素按重要程度由高到低依次是社会层面责任意志的自制性、国家层面责任意志的自制性、个人层面责任意志的自制性。

2. 自制性的人口统计学差异

以责任意志的自制性为因变量，分别以性别、政治身份、学历、生源、年级、学校类型、民族、学科分类等人口统计学因素为自变量，进行一元方差分析（ANOVA），结果见表5.37。

表5.37 自制性的一元方差分析

自变量	F	Sig.	事后多重检验 LSD		
政治身份	1.988	0.114	民主党派	共产党员	0.031 *
				共青团员	0.038 *
				群众	0.058

续 表

自变量	F	Sig.	事后多重检验 LSD		
学历	10.668	0.001**			
生源	7.953	0.000**			
民族	2.891	0.034*			
学校类型	4.635	0.003**	高职高专	"985""211"高校	0.001**
				普通本科	0.002**
学科	4.496	0.000**	理学	经济学	0.000**
				管理学	0.005**
				医学	0.001**
				其他学科	0.005**
				艺术学	018*
			法学	哲学	0.045*
				经济学	0.000**
				历史学	0.047*
				教育学	0.002**
				管理学	0.000**
				工学	0.002**
				医学	0.000**
				其他学科	0.000**
			工学	艺术学	0.002**
				经济学	0.001**
				医学	0.005**
				其他学科	0.040*
			艺术学	经济学、教育学、管理学、医学、其他学科	<0.01*
				哲学、文学、历史学	<0.05*

注：因变量为责任意志的自制性；* 表示 p<0.05，** 表示 p<0.01。

表 5.37 显示，人口统计学因素学历、生源、民族、学校类型、学科等对责任意志的自制性的影响差异非常显著。政治身份、性别、年级对责任意志的自制性影响差异不显著。

（1）政治身份差异

政治身份对责任意志的自制性影响总体上差异不显著，但是，民主党派与共产党员存在 0.05 水平的显著差异。

（2）学历、生源、民族差异

学历（本科、专科）、生源（城市、农村）对责任意志的自制性影响均存在 0.01 水平的显著差异，民族（汉族、其他民族）对责任意志的自制性影响存在 0.05 水平的显著差异。

（3）学校类型差异

学校类型对责任意志的自制性影响存在 0.01 水平的显著差异，表现为高职高专与"985""211"高校、普通本科院校均存在 0.01 水平的显著差异。

（4）学科差异

学科对责任意志的自制性影响存在 0.01 水平的显著差异，主要体现在理学、法学、工学、艺术学四门学科上。

理学：与经济学、管理学、医学、其他学科均存在 0.01 水平的显著差异，与艺术学存在 0.05 水平的显著差异。

法学：与经济学、教育学、管理学、工学、医学、其他学科均存在 0.01 水平的显著差异，与哲学、历史学均存在 0.05 水平的显著差异。

工学：与艺术学、经济学、医学均存在 0.01 水平的显著差异，与其他学科存在 0.05 水平的显著差异。

艺术学：与经济学、教育学、管理学、医学、其他学科均存在 0.01 水平的显著差异，与哲学、文学、历史学均存在 0.05 水平的显著差异。

八　责任行为的特征

根据大学生社会责任感的结构维度，责任行为是由大学生对社会主义核心价值观体悟的决心、信心、恒心①构成的。因此，责任行为的特征主要体现在三个方面。第一，在责任行为构成中，决心、信心、恒心，哪一个更重要？第二，国家、社会、个人三个层面，哪个层面对责任行为中的决心、信心、恒心影响更大？第三，人口统计学因素对责任行为包括决心、信心、恒心的影响差异是否显著？解答这三个问题，可以用线性回归分析和一元方差分析对责任行为的问卷数据进行分析。

（一）影响责任行为的内部因素的重要程度

以责任行为为因变量，以责任行为的决心、信心、恒心为预测变量，进行多元线性回归分析，结果参见表 5.38。

表 5.38　责任行为的多元线性回归分析

模型 1	调整的 R^2	F 检验	Sig.	Beta	t	Sig.	VIF.
常量 4.694E	1.000	115208611.8	0.000 **				
决心				0.270	2441.686	0.000 **	4.239
信心				0.306	3042.106	0.000 **	3.504
恒心				0.489	4713.808	0.000 **	3.716

注：因变量为责任行为，** 表示 $p < 0.01$。

表 5.38 表明，F 检验具有 0.01 水平的显著差异，方差膨胀因子 VIF < 10（说明该回归模型不存在共线性问题），调整的 R^2 即责任行为

---

① 决心、信心、恒心本是意志过程的三个阶段，此处引申为责任意志影响责任行为的三个层次，进而在行为方式与习惯上表现出来的程度差异。

回归模型的决定系数为 1.000，表明该模型拟合非常好。从而获得回归方程：责任行为 = 4.694E + 0.489 恒心 + 0.306 信心 + 0.270 决心。从该回归方程中的 Beta 值可以看出，影响责任行为的内部因素按重要程度由高到低依次是恒心、信心、决心。

（二）责任行为的人口统计学差异

以责任行为为因变量，分别以性别、政治身份、学历、生源、年级、学校类型、民族、学科分类等人口统计学因素为自变量，进行一元方差分析（ANOVA），结果见表 5.39。

表 5.39　　　　　　　　　责任行为的一元方差分析

自变量	F	Sig.	事后多重检验 LSD		
政治身份	2.382	0.068	民主党派	共产党员	0.009 **
				共青团员	0.009 **
				群众	0.013 **
学历	7.144	0.008 **			
生源	7.259	0.001 **			
学校类型	5.247	0.001 **	"985""211" 高校	地方本科	0.006 **
				高职高专	0.001 **
			普通本科	地方本科	0.019 *
				高职高专	0.011 *
学科	3.323	0.000 **	理学	经济学	0.004 **
				管理学	0.003 **
				医学	0.025 *
				其他学科	0.009 **
				艺术学	019 *

续　表

自变量	F	Sig.	事后多重检验 LSD		
学科	3.323	0.000 **	法学	哲学	0.049 *
				经济学	0.000 **
				文学	0.016 *
				教育学	0.004 **
				管理学	0.000 **
				工学	0.015 *
				医学	0.001 **
				其他学科	0.000 **
			工学	艺术学	0.006 **
				经济学	0.010 *
				管理学	0.006 **
				其他学科	0.019 *
			艺术学	经济学、文学、教育学、管理学、工学、医学、其他学科	<0.01 **
				哲学、历史学、理学、农学	<0.05 *

注：因变量为责任行为；* 表示 p<0.05，** 表示 p<0.01。

表 5.39 显示，人口统计学因素学历、生源、学校类型、学科等对责任行为的影响差异非常显著。政治身份、性别、民族、年级对责任行为的影响差异不显著。

1. 政治身份差异

政治身份对责任行为的影响差异不显著（p=0.68>0.05），但是其中民主党派与共产党员、共青团员均存在 0.01 水平的显著差异，与群众存在 0.05 水平的显著差异。

2. 学历和生源差异

学历和生源对责任行为的影响均存在 0.01 水平的显著差异。

3. 学校类型差异

学校类型对责任行为的影响存在 0.01 水平的显著差异，一方面表现为"985""211"高校与地方本科院校、高职高专均存在 0.01 水平的显著差异，另一方面表现为普通本科院校与地方本科院校、高职高专均存在 0.05 水平的显著差异。

4. 学科差异

学科对责任行为的影响存在 0.01 水平的显著差异，主要体现在理学、法学、工学、艺术学等四门学科上。

理学：与经济学、管理学、其他学科之间均存在 0.01 水平的显著差异，与医学、艺术学之间均存在 0.05 水平的显著差异。

法学：与经济学、教育学、管理学、医学、其他学科均存在 0.01 水平的显著差异，与哲学、文学、工学均存在 0.05 水平的显著差异。

工学：与艺术学、管理学均存在 0.01 水平的显著差异，与经济学、其他学科间均存在 0.05 水平的显著差异。

艺术学：与经济学、文学、教育学、管理学、工学、医学、其他学科之间均存在 0.01 水平的显著差异，与哲学、历史学、理学、农学均存在 0.05 水平的显著差异。

（三）决心分析

1. 影响决心因素的重要程度

以责任行为的决心为因变量，以国家层面的决心、社会层面的决心、个人层面的决心为预测变量，进行多元线性回归分析，结果见表 5.40。

表5.40　　　　　　　　决心的多元线性回归分析

模型1	调整的 R^2	F 检验	Sig.	Beta	t	Sig.	VIF.
常量 −1.350E	1.000	5.437E + 16	0.000**				
国家层面的决心				0.402	129495502.753	0.000**	1.575
社会层面的决心				0.445	155036307.253	0.000**	1.346
个人层面的决心				0.391	128267576.093	0.000**	1.513

注：因变量为责任行为的决心，** 表示 $p < 0.01$。

表5.40 的表明，F 检验存在 0.01 水平的显著差异，方差膨胀因子 VIF < 10（说明该回归模型不存在共线性问题），调整的 R^2 即责任行为之决心回归模型的决定系数为 1.000，表明该模型拟合非常好。从而获得回归方程：责任行为的决心 = −1.350E + 0.445 社会层面的决心 + 0.402 国家层面的决心 + 0.391 个人层面的决心。从该回归方程中的 Beta 值可以看出，影响责任行为的决心的因素按重要程度由高到低依次是社会层面的决心、国家层面的决心、个人层面的决心。

2. 决心的人口统计学差异

以责任行为的决心为因变量，分别以性别、政治身份、学历、生源、年级、学校类型、民族、学科分类等人口统计学因素为自变量，进行一元方差分析（ANOVA），结果见表5.41。

表5.41　　　　　　　　决心的一元方差分析

自变量	F	Sig.	事后多重检验 LSD		
政治身份	2.370	0.069	民主党派	共产党员	0.012*
				共青团员	0.011*
				群众	0.018*

自变量	F	Sig.	事后多重检验 LSD		
学历	12.540	0.000**			
生源	7.476	0.001**			
民族	2.795	0.039*			
学校类型	5.315	0.001**	"985""211"高校	地方本科	0.043*
				高职高专	0.000**
			普通本科	高职高专	0.002**
学科	3.246	0.000**	理学	经济学	0.009**
				管理学	0.007**
				法学	0.022*
				其他学科	0.012*
				艺术学	008**
			法学	经济学	0.000**
				管理学	0.000**
				教育学	0.027*
				工学	0.007**
				医学	0.004**
				其他学科	0.000**
			工学	艺术学	0.005**
				经济学	0.009**
				管理学	0.006**
				其他学科	0.012*
			艺术学	经济学、教育学、管理学、医学、其他学科	<0.01**
				哲学、文学、历史学、农学、体育学	<0.05*

注：因变量为责任行为的决心；* 表示 $p < 0.05$，** 表示 $p < 0.01$。

从表5.41可以看出，人口统计学因素学历、生源、民族、学校类型、学科等对责任行为的决心的影响差异非常显著。政治身份、性别、年级对责任行为的决心影响差异不显著。

（1）政治身份差异

政治身份对责任行为的决心的影响差异不显著（$p = 0.69 > 0.05$），但是其中的民主党派与共产党员、共青团员、群众之间均存在0.05水平的显著差异。

（2）学历、生源和民族差异

学历（本科、专科）和生源（城市、农村）对责任行为的决心影响均存在0.01水平的显著差异，民族（汉族、其他民族）对责任行为的决心影响具有0.05水平的显著差异。

（3）学校类型差异

学校类型对责任行为的决心的影响存在0.01水平的显著差异，其中"985""211"高校与地方本科院校存在0.05水平的显著差异，与高职高专存在0.01水平的显著差异；普通本科院校与高职高专存在0.01水平的显著差异。

（4）学科差异

学科对责任行为的决心的影响存在0.01水平的显著差异，主要表现在理学、法学、工学、艺术学四门学科上。

理学：与经济学、管理学、艺术学均存在0.01水平的显著差异，与法学、其他学科均存在0.05水平的显著差异。

法学：与经济学、管理学、工学、医学、其他学科均存在0.01水平的显著差异，与教育学存在0.05水平的显著差异。

工学：与艺术学、经济学、管理学均存在0.01水平的显著差异，与其他学科存在0.05水平的显著差异。

艺术学：与经济学、教育学、管理学、医学、其他学科均存在0.01水平的显著差异，与哲学、文学、历史学、农学、体育学均存在

0.05 水平的显著差异。

（四）信心分析

1. 影响信心因素的重要程度

以责任行为的信心为因变量，以国家层面的信心、社会层面的信心、个人层面的信心为预测变量，进行多元线性回归分析，结果见表5.42。

表5.42　　　　　　　　信心的多元线性回归分析

模型1	调整的 R^2	F 检验	Sig.	Beta	t	Sig.	VIF.
常量 1.279E	1.000						
国家层面的信心				0.364			1.742
社会层面的信心				0.462			1.886
个人层面的信心				0.350			1.634

注：因变量为责任行为的信心。

表5.42表明，方差膨胀因子 VIF < 10（说明该回归模型不存在共线性问题），调整的 R^2 即责任行为的信心回归模型的决定系数为1.000，表明该模型拟合非常好。从而获得回归方程：责任行为的信心 = 1.279E + 0.462 社会层面的信心 + 0.364 国家层面的信心 + 0.350 个人层面的信心。从该回归方程中的 Beta 值可以看出，影响责任行为的信心的因素按重要程度由高到低依次是社会层面的信心、国家层面的信心、个人层面的信心。

2. 信心的人口统计学差异

以责任行为的信心为因变量，分别以政治身份、学历、生源、学校类型、学科分类等人口统计学因素为自变量，进行一元方差分析（ANOVA），结果见表5.43。

表 5.43 信心的一元方差分析

自变量	F	Sig.	事后多重检验 LSD		
政治身份	2.714	0.042*	民主党派	共产党员	0.007**
				共青团员	0.006**
				群众	0.009**
学历	4.682	0.031*			
生源	4.674	0.010*			
学校类型	4.973	0.002**	"985""211"高校	普通本科	0.0.018*
				地方本科	0.023*
				高职高专	0.000**
			普通本科	高职高专	0.035*
学科	2.645	0.001**	理学	经济学	0.027*
				管理学	0.016*
				艺术学	0.024*
			法学	经济学	0.001**
				管理学	0.001**
				文学	0.020*
				教育学	0.017*
				医学	0.007**
				其他学科	0.004**
			工学	艺术学	0.032*
				经济学	0.007**
				管理学	0.003**
				医学	0.037*
				其他学科	0.020*

自变量	F	Sig.	事后多重检验 LSD		
学科	2.645	0.001**	艺术学	经济学、文学、教育学、管理学、医学、其他学科	<0.01**
				哲学、历史学、理学、工学、体育学	<0.05*

注：因变量为责任行为的信心；* 表示 $p < 0.05$，** 表示 $p < 0.01$。

表 5.43 表明，人口统计学因素政治身份、学历、生源、学校类型、学科等对责任行为的信心影响差异非常显著。性别、年级、民族对责任行为的信心影响差异不显著。

（1）政治身份差异

政治身份对责任行为的信心影响存在 0.05 水平的显著差异，其中民主党派与共产党员、共青团员、群众均存在 0.01 水平的显著差异。

（2）学历和生源差异

学历（本科、专科）和生源（城市、农村）对责任行为的信心影响均存在 0.05 水平的显著差异。

（3）学校类型差异

学校类型对责任行为的信心的影响存在 0.01 水平的显著差异，一方面，"985""211"高校与普通本科、地方本科院校均存在 0.05 水平的显著差异，与高职高专存在 0.01 水平的显著差异；另一方面，普通本科院校，与高职高专存在 0.05 水平的显著差异。

（4）学科差异

学科对责任行为的信心的影响存在 0.01 水平的显著差异，虽然也集中表现在理学、法学、工学、艺术学四门学科上，但具体表现不同。

理学：与经济学、管理学、艺术学均存在 0.05 水平的显著差异。

法学：与经济学、管理学、医学、其他学科均存在 0.01 水平的显著差异，与文学、教育学则存在 0.05 水平的显著差异。

工学：与经济学、管理学均存在 0.01 水平的显著差异，与艺术学、医学、其他学科均存在 0.05 水平的显著差异。

艺术学：与经济学、文学、教育学、管理学、医学、其他学科均存在 0.01 水平的显著差异，与哲学、历史学、理学、工学、体育学五门学科均存在 0.05 水平的显著差异。

（五）恒心分析

1. 影响恒心因素的重要程度

以责任行为的恒心为因变量，以国家层面的恒心、社会层面的恒心、个人层面的恒心为预测变量，进行多元线性回归分析，结果见表 5.44。

表 5.44 恒心的多元线性回归分析

模型 1	调整的 R^2	F 检验	Sig.	Beta	t	Sig.	VIF.
常量 9.948E	1.000						
国家层面的恒心				0.363			1.842
社会层面的恒心				0.425			2.044
个人层面的恒心				0.366			1.903

注：因变量为责任行为的恒心。

表 5.44 表明，方差膨胀因子 VIF < 10（说明该回归模型不存在共线性问题），调整的 R^2 即责任行为之恒心回归模型的决定系数为 1.000，表明该模型拟合非常好。从而获得回归方程：责任行为的恒心 = 9.948E + 0.425 社会层面的恒心 + 0.366 个人层面的恒心 + 0.363 国家层面的恒心。从该回归方程中的 Beta 值可以看出，影响责任行为之恒心的因

素按重要程度由大到小依次是社会层面的恒心、个人层面的恒心、国家层面的恒心。

2. 恒心的人口统计学差异

以责任行为的恒心为因变量，分别以政治身份、学历、生源、年级、学校类型、学科分类等人口统计学因素为自变量，进行一元方差分析（ANOVA），结果见表5.45。

表5.45　　　　　　　　恒心的一元方差分析

自变量	F	Sig.	事后多重检验 LSD		
政治身份	1.716	0.162	民主党派	共产党员	0.025*
				共青团员	0.026*
				群众	0.032*
学历	5.597	0.032*			
生源	7.043	0.001**			
年级	2.092	0.100	大三	大四	0.027*
学校类型	4.792	0.003**	"985""211"高校	地方本科	0.002*
				高职高专	0.017*
			普通本科	地方本科	0.003**
				高职高专	0.033*
学科	3.238	0.000**	理学	经济学	0.002**
				管理学	0.002**
				医学	0.007**
				其他学科	0.006**
				教育学	016*

续 表

自变量	F	Sig.	事后多重检验 LSD		
学科	3.238	0.000**	法学	经济学	0.000**
				管理学	0.000**
				文学	0.014*
				教育学	0.002**
				工学	0.008**
				医学	0.001**
				其他学科	0.001**
			工学	经济学	0.033*
				管理学	0.027*
				艺术学	0.007**
			艺术学	经济学、文学、教育学、管理学、医学、其他学科	<.01**
				哲学、历史学	<.05*

注：因变量为责任行为的恒心；* 表示 p<0.05，** 表示 p<0.01。

通过表 5.45 可以发现，人口统计学因素学历、生源、学校类型、学科等对责任行为的恒心的影响差异非常显著。政治身份、年级对责任行为的恒心的影响差异不显著。

（1）政治身份差异

虽然政治身份对责任行为的恒心的影响总体上差异不显著（p＝0.162＞0.05），但其中的民主党派与共产党员、共青团员、群众之间存在 0.05 水平的显著差异。

（2）学历、生源和年级差异

学历（本科、专科）对责任行为的恒心的影响存在 0.05 水平的显著差异，生源（城市、农村）对责任行为的恒心的影响存在 0.01 水平的显著差异。年级对责任行为的恒心的影响差异不显著（p = 0.100 > 0.05），但是大三与大四存在 0.05 水平的显著差异。

（3）学校类型差异

学校类型对责任行为的恒心的影响存在 0.01 水平的显著差异，具体表现为"985""211"高校与地方本科之间存在 0.01 水平的显著差异，与高职高专之间存在 0.05 水平的显著差异；普通本科与地方本科之间存在 0.01 水平的显著差异，与高职高专之间存在 0.05 水平的显著差异。

（4）学科差异

学科对责任行为的恒心的影响存在 0.01 水平的显著差异，虽然也集中表现在理学、法学、工学、艺术学四门学科上，但具体差异颇为不同。

理学：与经济学、管理学、医学、其他学科均存在 0.01 水平的显著差异，与教育学存在 0.05 水平的显著差异。

法学：与经济学、管理学、教育学、工学、医学、其他学科等均存在 0.01 水平的显著差异，与文学存在 0.05 水平的显著差异。

工学：与艺术学存在 0.01 水平的显著差异，与经济学、管理学均存在 0.05 水平的显著差异。

艺术学：与经济学、文学、教育学、管理学、医学、其他学科均存在 0.01 水平的显著差异，与哲学、历史学均存在 0.05 水平的显著差异。

九　结果讨论和结论

（一）结果讨论

1. 政治身份对大学社会责任感影响差异显著

前述研究结果表明，政治身份对大学生社会责任感的国家层面责任感、社会层面责任感、个人层面责任感，责任认知、责任情感、责任意志、责任行为以及各自的二级维度的影响大多存在 0.05 甚或 0.01 水平的显著差异，此结果有待后续深入研究。理由有二：第一，样本中民主党派的样本在本研究中只有 2 个，而共产党员，尤其共青团员和群众的样本量较大，结果导致民主党派与共产党员、共青团员、群众之间差异非常显著。第二，身份认同对个体的认知、情感、意志、行为的确会产生影响，这可从角色理论和特纳的自我范畴理论①得到理论解释。政治身份属于身份认同的内容之一，其对个体的责任感产生影响实属正常。比如，从一般常识看，相比于一般群众，身为共产党员其责任感就表现得更为强烈。但是，政治身份对大学生社会责任感等诸多方面的影响差异是否非常显著，也有待进一步深入研究印证。

2. 经济学、管理学导致的对社会责任感影响的学科差异有待深入研究

本研究结果发现，经济学、管理学对大学生社会责任感等的影响与其他十多个学科之间均存在显著差异，究其原因，到底是经济学、管理学的学科思维方式对大学生社会责任感的影响所致，还是其学科知识结构的影响所致，还有待个案式的质性追踪研究或者实验对照研究等深入探究。

（二）主要结论

从前述表 5.2 至表 5.46 共计 45 个研究结果，可以提炼出以下四个研究结论。

---

① ［澳］约翰·特纳（John C. Turner）等：《自我归类理论》，杨宜音等译，中国人民大学出版社 2011 年版，第 44—70 页。

1. 社会主义核心价值观视域下大学生社会责任感总体上高出均值30%以上，表现出比较积极向上的状态，但存在明显的人口统计学差异

第一，大学生社会责任感总体上高出理论均值30.73%，大学生国家层面责任感高出理论均值31.69%，社会层面责任感高出理论均值30.61%，个人层面责任感高出理论均值32.84%，说明大学生社会责任感在总体上和国家、社会、个人三个层面上均表现出比较积极向上的状况。

第二，在大学生社会责任感的四个一级维度上，责任认知高出理论均值32.87%，责任情感高出理论均值30.93%，责任意志高出理论均值31.55%，责任行为高出理论均值30.92%，说明四个一级维度也均表现得相当积极。

第三，大学生社会责任感、国家层面责任感、社会层面责任感、个人层面责任感和责任认知、责任情感、责任意志、责任行为八个变量在学历、生源、民族、学校类型、学科等方面均存在显著差异。

2. 影响大学生社会责任感各因素的重要程度具有层次性

将前述最优尺度回归分析和多元线性回归分析的研究结果归纳总结，构成表5.46。表5.46表明，从社会责任感1到恒心的21条结论也是社会主义核心价值观视域下大学生社会责任感的21项特征。这些特征具有层次性，可以作为培育实践的理论指南。

表5.46　　　　　　影响社会责任感各因素的重要程度

维度重要性	最重要	重要	一般重要	较弱重要
1. 社会责任感1	社会层面责任感	国家层面责任感	个人层面责任感	
2. 社会责任感2	责任认知	责任情感	责任行为	责任意志
3. 国家层面责任感	学科	政治身份	学校类型	性别

续　表

维度重要性	最重要	重要	一般重要	较弱重要
4. 社会层面责任感	政治身份	学科	生源	民族
5. 个人层面责任感	学科	学校类型	生源	民族
6. 责任认知	准确性	深刻性	整体性	
7. 准确性	国家层面责任认知的准确性	社会层面责任认知的准确性	个人层面责任认知的准确性	
8. 整体性	国家层面责任认知的整体性	社会层面责任认知的整体性	个人层面责任认知的整体性	
9. 深刻性	国家层面责任认知的深刻性	社会层面责任认知的深刻性	个人层面责任认知的深刻性	
10. 责任情感	效能感	认同感	归属感	
11. 认同感	社会层面责任情感的认同感	国家层面责任情感的认同感	个人层面责任情感的认同感	
12. 归属感	国家层面责任情感的归属感	社会层面责任情感的归属感	个人层面责任情感的归属感	
13. 效能感	社会层面责任情感的效能感	国家层面责任情感的效能感	个人层面责任情感的效能感	
14. 责任意志	坚定性	自觉性	自制性	
15. 自觉性	社会层面责任意志的自觉性	国家层面责任意志的自觉性	个人层面责任意志的自觉性	
16. 坚定性	国家层面责任意志的坚定性	个人层面责任意志的坚定性	社会层面责任意志的坚定性	
17. 自制性	社会层面责任意志的自制性	国家层面责任意志的自制性	个人层面责任意志的自制性	

维度重要性	最重要	重要	一般重要	较弱重要
18. 责任行为	恒心	信心	决心	
19. 决心	社会层面的决心	国家层面的决心	个人层面的决心	
20. 信心	社会层面的信心	国家层面的信心	个人层面的信心	
21. 恒心	社会层面的恒心	个人层面的恒心	国家层面的恒心	

3. 人口统计学因素对大学生社会责任感的影响呈现差异性

将前述单因素方差分析的研究结果归纳总结，构成表 5.47。这些差异科学依据充分，可以作为因材施教培育大学社会责任感的实践依据。

表 5.47　　　　人口统计学因素对社会责任感的影响差异

维度差异	性别	政治身份	学历	生源	学校类型	民族	学科
1. 社会责任感		**	**	**	**	**	**
2. 国家层面责任感		**	**	*	**		**
3. 社会层面责任感		**	**	**	**		**
4. 个人层面责任感				*	*	**	**
5. 责任认知		**	**	*	**		**
6. 准确性		**	*	*	**		**
7. 整体性		**	**	**	**		**
8. 深刻性		**	**		**		**
9. 责任情感		**	**	**	**	*	**
10. 认同感		**	**	*	**		**
11. 归属感	*	**	**		**		**

续　表

维度差异	性别	政治身份	学历	生源	学校类型	民族	学科
12. 效能感		*	**	**	**	**	**
13. 责任意志		**	**	**	**	*	**
14. 自觉性		**	**	**	**		**
15. 坚定性		**	*		**	*	*
16. 自制性			**	**	**	*	**
17. 责任行为			**	**	**		**
18. 决心			**	**	**	*	**
19. 信心		**	*	*	**		**
20. 恒心			*	**			**

注：* 表示 $p < 0.05$，存在 0.05 水平的显著差异；** 表示 $p < 0.01$，存在 0.01 水平的显著差异。

4. 大学生社会责任感在学校类型和学科上大多存在 0.01 水平的显著差异

（1）学校类型差异

从表 5.47 可以发现，学校类型在对社会责任感的恒心的 20 个维度的影响上，除了个人责任感只存在 0.05 水平的显著差异，其他 19 个维度均存在 0.01 水平的显著差异。主要表现为"985""211"高校与高职高专、地方本科院校之间存在 0.01 或者 0.05 水平的显著差异。

（2）学科差异

从表 5.48 还可以发现，学科在对社会责任感的恒心的 20 个维度的影响上，除了坚定性只存在 0.05 水平的显著差异，其他 19 个维度均存在 0.01 水平的显著差异。主要表现集中在法学、理学、工学、经济学、艺术学等学科上。

学校类型差异尤其学科差异的表现非常复杂，具体差异情况可参见表5.10、表5.12、表5.14、表5.16、表5.18、表5.20、表5.22、表5.24、表5.26、表5.28、表5.30、表5.32、表5.34、表5.36、表5.38、表5.40、表5.42、表5.44、表5.46。表中每一个显著差异都可以作为培育大学社会责任感的实践操作依据。

（三）培育大学生社会责任感的启示

以社会主义核心价值观为指南，科学规范地培育大学生的社会责任感，提高培育的针对性和实效性，可将前述四个研究结论（尤其是21条重要程度的特征和20条显著差异特征）作为理论依据。它们蕴含着丰富的教育价值，给我们培育实践以针对性的启示和启迪。

总体上，大学生社会责任感较强，可遵循积极激励引导为主，纠错批评为辅的原则进行培育。第一，在社会主义核心价值观的国家、社会、个人三个层面，重点可从社会层面即从自由、平等、公正、法治层面入手培育大学生的社会责任感，然后进行国家层面责任感和个人层面责任感的培育。第二，在大学生社会责任感的责任认知、责任情感、责任意志、责任行为四个一级维度上，应重点突出责任情感和责任行为的培育。第三，培育过程中应该根据政治身份、学历（本科、专科）、生源（城市、农村）、民族（汉族、其他民族），尤其是学科分类和学校类型的差异而遵循因材施教的原则进行培育。

在国家层面责任感的培育上，首先要注重学科差异，其次要注重政治身份差异，再次要注重学校类型和性别差异。在社会层面责任感的培育上，首先要注重政治身份差异，其次要注重学科差异，再次要注重生源和民族差异。在个人层面社会责任感的培育上，首先要注重学科差异，其次要注重学校类型差异，再次要注重生源和民族差异。

在责任认知的培育上，首先要注重大学生对社会主义核心价值观认知领悟的准确性，其次要注重认知领悟的深刻性，再次要注重从整体上把握践行社会主义核心价值观应该承担的责任。同时，要根据政治身份、学历（本科、专科）、生源（城市、农村），尤其是学校类型、学科等的差异，采取不同的培育策略。

在责任认知准确性的培育上，首先要注重让大学生准确领悟国家责任感即富强、民主、文明、和谐的责任内涵，其次是注重社会层面即自由、平等、公正、法治的责任内涵，最后是个人层面即爱岗、敬业、诚信、友善的责任内涵。与此同时，要根据学历（本科、专科）、生源（城市、农村），尤其是学校类型、学科、政治身份等的差异，采取不同的培育策略。

在责任认知整体性的培育上，首先要注重让大学生从国家层面即富强、民主、文明、和谐的整体上认知自身所应承担责任的内涵，其次要注重从社会层面即自由、平等、公正、法治的整体上把握自身所应承担责任的内涵，最后要从个人层面即爱岗、敬业、诚信、友善的整体上把握自身所应承担责任的内涵。与此同时，要根据大学生的政治身份、学历、生源、学校类型、学科等显著差异采用不同的培育策略。

在责任认知深刻性的培育上，首先要注重让大学生从国家层面即富强、民主、文明、和谐的深刻性上领悟自身应该担当责任的内涵，其次要注重从社会层面即自由、平等、公正、法治的深刻性上领悟自身所应承担责任的内涵，最后要从个人层面即爱岗、敬业、诚信、友善的深刻性上领悟自身所应承担责任的内涵。与此同时，还要根据大学生的政治身份、学历（本科、专科）、学校类型、学科等显著差异采用不同的培育策略。

对责任情感的培育，首先要注重培育大学生责任情感的效能感，使其相信自身能够胜任社会主义核心价值观指引下的社会责任，其次要注重培育大学生责任情感的认同感，最后要注重培育大学生责任情感的归属感。与此同时，还要根据大学生的政治身份、学历（本科、专科）、生源（本科、专科）、学校类型、学科、民族等显著差异采用不同的培育策略。

对责任情感之认同感的培育，首先要注重从社会层面即自由、平等、公正、法治的层面培育大学生责任情感之认同感，其次要注重从国家层面即富强、民主、文明、和谐的层面去培育大学生责任情感之认同感，最后要注重从个人层面即爱岗、敬业、诚信、友善的层面去培育大学生责任情感之认同感。与此同时，还要根据大学生的政治身份、学历（本科、专科）、生源（城市、农村）、学校类型、学科等显著差异采用不同的培育策略。

对责任情感之归属感的培育，首先要注重从国家层面即富强、民主、文明、和谐的层面去培育大学生责任情感的归属感，其次要注重从社会层面即自由、平等、公正、法治的层面去培育大学生责任情感的归属感，最后要注重从个人层面即爱岗、敬业、诚信、友善的层面去培育大学生责任情感之归属感。与此同时，还要根据大学生的性别、政治身份、学历（本科、专科）、学校类型、学科等显著差异采用不同的培育策略。

对责任情感之效能感的培育，首先要注重从社会层面即自由、平等、公正、法治的层面去培育大学生责任情感的效能感，其次要注重从国家层面即富强、民主、文明、和谐的层面去培育大学生责任情感的效能感，最后要注重从个人层面即爱岗、敬业、诚信、友善的层面去培育大学生责任情感之效能感。与此同时，还要根据大学生学历（本科、专科）、生源（城市、农村）、学校类型、学科以及政治身份等显著差异而采用不同的培育策略。

对责任意志的培育，首先要注重培育大学生责任意志的坚定性，即从国家、社会、个人三个层面24个方面提升大学生担当相应责任的坚韧性，其次要注重培育大学生责任意志的自觉性，最后要注重培育大学生责任意志的自制性。与此同时，还要根据大学生的政治身份、学历（本科、专科）、生源（城市、农村）、学校类型、学科以及民族等显著差异而采用不同的培育策略。

对责任意志之自觉性的培育，首先要注重从社会层面即自由、平等、公正、法治的层面去培育大学生责任意志的自觉性，即提升大学生承担维护自由、平等、公正、法治相应责任的自觉自愿程度；其次要注重从国家层面即富强、民主、文明、和谐的层面去培育大学生责任意志的自觉性；最后要注重从个人层面即爱岗、敬业、诚信、友善的层面去培育大学生责任意志之自觉性。与此同时，还要根据大学生政治身份、学历（本科、专科）、生源（城市、农村）、学校类型、民族、学科等显著差异而采用不同的培育策略。

对责任意志之坚定性的培育，首先要注重从国家层面即富强、民主、文明、和谐的层面去培育大学生责任意志的坚定性，其次要注重从个人层面即爱岗、敬业、诚信、友善的层面去培育大学生责任意志的坚定性，最后要注重从社会层面即自由、平等、公正、法治的层面去培育大学生责任意志之坚定性。与此同时，还要根据大学生的政治身份、学校类型、学历（本科、专科）、民族、学科等显著差异而采用不同的培育策略。

对责任意志之自制性的培育，首先要注重从社会层面即自由、平等、公正、法治的层面去培育大学生责任意志的自制性，即提升大学生承担维护自由、平等、公正、法治相应责任时自我约束情绪等干扰影响的程度；其次要注重从国家层面即富强、民主、文明、和谐的层面去培育大学生责任意志的自制性；最后要注重从个人层面即爱岗、敬业、诚信、友善的层面去培育大学生责任意志之自制性。与此同时，还要根据大学生的学历（本科、专科）、生源（城市、农村）、学校类型、学科以及民族等显著差异而采用不同的培育策略。

对责任行为的培育，首先要注重培育大学生采取责任行为之恒心，其次要注重培育大学生采取责任行为的信心，最后要注重培育大学生采取责任行为的决心。与此同时，还要根据大学生的学历（本科、专科）、生源（城市、农村）、学校类型、学科等显著差异而采用不同的培育策略。

对责任行为之决心的培育，首先要注重从社会层面即自由、平等、公正、法治的层面去培育大学生采取责任行为的决心，即提升大学生承担维护自由、平等、公正、法治相应责任并展现出积极行为方式和习惯的坚毅程度；其次要注重从国家层面即富强、民主、文明、和谐的层面去培育大学生采取责任行为的决心，最后要注重从个人层面即爱岗、敬业、诚信、友善的层面去培育大学生采取责任行为之决心。与此同时，还要根据大学生的学历（本科、专科）、生源（城市、农村）、学校类型、学科以及民族等显著差异而采用不同的培育策略。

对责任行为之信心的培育，首先要注重从社会层面即自由、平等、公正、法治的层面去培育大学生责任行为的信心，即提升大学生承担维护自由、平等、公正、法治相应责任并展现出积极行为方式和习惯对达成责任行为目标的信任程度；其次要注重从国家层面即富强、民主、文明、和谐的层面去培育大学生采取责任行为的信心；最后要注重从个人层面即爱岗、敬业、诚信、友善的层面去培育大学生采取责任行为之信心。与此同时，还要根据大学生的政治身份、学校类型、学科以及学历（本科、专科）、生源（城市、农村）等显著差异而采用不同的培育策略。

对责任行为之恒心的培育，首先要注重从社会层面即自由、平等、公正、法治的层面去培育大学生责任行为之恒心，即提升大学生承担维护自由、平等、公正、法治相应责任而展现出积极行为方式和习惯的持久程度；其次要注重从个人层面即爱岗、敬业、诚信、友善的层面去培育大学生采取责任行为的恒心；最后要注重从国家层面即富强、民主、文明、和谐的层面去培育大学生采取责任行为之恒心。与此同时，还要根据大学生生源（城市、农村）、学校类型、学科以及学历（本科、专科）等显著差异而采用不同的培育策略。

　　学校类型和学科对大学生社会责任感的影响均存在 0.01 水平的显著差异，因此，在培育大学生社会责任感的过程中，对"985""211"高校、普通本科院校、地方本科院校、高职高专这四类学校的学生，应该分类指导，因材施教，采用与其特征相适应的方法进行培育；在对所有不同类型学校学生进行社会责任感的培育时，必须根据不同学科的特征采用不同方法进行培育，尤其对法学、理学、经济学、工学、艺术学等学科的大学生，更加需要因材施教，提高培育大学生社会责任感的针对性和实效性。

第六章　大学生社会责任感
培育机制的建构

　　从一个科学命题出发，在不同研究视域下遵循一定的学术范式，采用不同的研究方法，阐释、提升和拓展相关理论，为解决某一现实问题提供基本路径选择，建立现实语境中的体系机制，是一切学术研究的价值目标和终极旨归。在很多时候，理论分析与现实路径、概念阐释与机制建立之间往往存在应然向往与实然语境之间的非对称性、非均衡性、非对等性矛盾。如何破解理论阐发上的应然价值与实践探究中的机制选择矛盾，内在统一于解决问题的脉理方法中，是马克思主义世界观与方法论辩证统一的体现。

　　无论是社会主义核心价值观，还是大学生社会责任感，或者是以社会主义核心价值观为视域来看待大学生社会责任感，首先它们都是一种概念的、意识的抽象存在，如何内化为情感体验，积淀为责任意志，外化为责任行为，需要主体自我的积极体验，以正确价值取向克服工具理性，坚定意志，把作为社会角色所应当承担的责任、义务和使命外化为行为选择。主体自我这一过程的实现，受到多种因素的影响，需要多方面力量的参与，将这些影响因素和参与力量科学地排列组合，并使其以相对稳定的形式加以运行，这就是社会责任感培育机制的建立。

　　根据实证调查研究，结合相关理论分析，我们认为在社会主义核心价值观视域下建立大学生社会责任感培育机制，可以从以下几方面入手。一是建立价值引领机制，探讨如何把社会主义核心价值观融入各类课程教学和思想政治教育体系，使社会主义核心价值观引领大学生成长成才，应当包括目标导向机制、教育内化机制、内容融通机制。二是建立社会协同机制，探讨如何构建学校、家庭、社会有效协同的培养机制，明晰三者各自在培育大学生社会责任感中的作用和地位，应当包括学校教育的主导性机制、社会教育的保障性机制、家庭教育的原生性机制。三是建立效能递增机制，探讨如何不断增强大学生将社会主义核心价值观内化为主体价值追求的自觉性和实效性，应当包括夯实心理认知机制、筑牢动力内化机制、践责能力提升机制、建立分类实施机制。四是建立群体示范机制，发挥榜样群体在社会责任感培养中的示范激励功效，树好典型、用好典型、学好典型，让先进典型成为践行社会主义核心价值观的鲜活教材，应当包括健全青年典型选树机制、完善先进典型宣传机制、深化先进典型学习机制。五是建立监督矫治机制，寻求有效对策，对大学生在情景空间中不负责任的行为予以监督和矫治，应当包括完善监督机制、健全矫治机制。六是建立线上线下共享机制，网络空间和新兴媒介为传播社会主义核心价值观提供了新场域，需要探索建立起社会责任感培育的线上线下共享机制，应当包括日常责任网络化教育机制、网络责任日常化教育机制。七是建立大数据采集分析机制。通过大数据的采集分析，跟踪大学生社会责任感的变化，预测其趋势，总结其规律，为动态调整培育路径方法提供支撑，应当包括搭建多点联动大数据采集平台、打造专业化大数据分析队伍。

第一节　价值引领机制

社会主义核心价值观视域下，培育大学生社会责任感，首先需要的是使大学生获取责任认知，责任认识就需要价值引领。所以需要强化对大学生的价值引领。在马克思主义哲学体系中，价值观是世界观和人生观的重要组成部分，是人们在长期的价值判断、价值选择和价值评价等实践中形成的关于价值的根本观点，它的重要社会功能是对"人与世界的关系应当如何"这一基本问题进行回应。价值观是个人在与社会的长期互动过程中逐渐产生和形成的，受到社会制度、社会规范、社会文化以及个体的客观条件的影响制约，是人们对于各类客观事物价值和尺度的根本性判断，是个体进行行为选择的参照标准。或者说，价值观是个体社会化的重要特性之一，是人生道路的"指明灯"，是理想信念的"总开关"，是成长成才的"助推器"。人类社会历史和文明发展表明，不同社会由于社会制度、历史文化传统的不同和意识形态的差异，有着不同的价值观念和价值体系；一个社会在不同时代有不同的价值观念和价值体系。

培育大学生的社会责任感就需要从价值引领入手，抓住源头，把握关键，从"根"上浇灌，发挥社会主义核心价值观对大学生践履社会责任的引领作用，引导大学生正确认知社会责任，积极体验社会责任情感，形成履行社会责任的坚定意志，从而自觉肩负和履行社会责任。建立价值引领机制就是要解决"引领什么""怎么引领"的问题，前者是认识论的范畴，后者是方法论的问题。"引领什么""怎么引领"就要求建立价值引领的目标导向机制、教育内化机制和内容融通机制。

一 目标导向机制

导向就是引领事物发展方向而确定的目标定位和价值取向。目标导向机制是指人们在社会实践活动中为促使事物达到预期目标和理想效果而设立的带有导向性与目标性的整体合力。基于社会主义核心价值观视域，结合第二章我们对大学生社会责任感具体内容的分析，培育大学生社会责任感，建立目标导向机制，就需要明晰大学生社会责任感培育的目标导向。这种目标导向主要体现在以下几个方面。

（一）坚定理想信念

党的十八大以来，习近平总书记多次发表重要讲话、深入高校考察调研、给青年群体回信，给青年一代的成长成才提出了系列要求和希望。贯穿系列要求和希望的逻辑主线就是青年一代要坚定理想信念。理想信念是大学生道路选择的"航向标"、责任担当的"指南针"、价值取向的"定盘星"，是大学生履行社会责任的精神内核和动力源泉。教育引导大学生坚定理想信念与培育大学生社会责任感，两者的价值旨归内在统一，就是要大学生肩负起为实现中华民族伟大复兴而接续奋斗的时代使命与社会责任。坚定的理想信念，必须在担当社会责任的具体实践中加以体现和彰显；培育大学生社会责任感，就是要引导大学生认识到自我在国家、社会、公民三个层面的具体责任并转化为主体自我的志向、意志和信念。社会主义核心价值观视域下大学生社会责任感中的明确担当大任、塑造政治意识、增强文化自信、厚植爱国情怀、强化职业精神、夯实道德伦理等，本质上就是要引导大学生坚定理想信念、树立远大志，向并将其转化为自身的责任行为。

（二）练就过硬本领

知识本领是人们改造客观世界的物质武器，是担当和履行社会责任的基础。没有扎实的技能、过硬的本领，坚定理想、树立志向、服务社会、担当使命、履行义务都只能停留在意识层面。促进大学生全面发展，就是要使他们德才兼备。若有"才"无"德"，便缺失理想信念与价值强化，缺乏担当社会责任的自觉意识和主动实践；而有"德"无"才"也难免会在践行社会责任时感到"乏力"。因此，"德"与"才"的结合是培育大学生社会责任感的题中应有之义。因此，培育大学生社会责任感要坚持以使大学生练就过硬本领为价值目标导向。

（三）锤炼道德品质

价值观、责任感从来都属于道德的范畴，也是一个人道德品质和道德规范的具体表征。从大学生社会责任感的具体内容来看，国家、社会和公民层面的社会责任感都内在地要求大学生具有良好的道德品质、高尚的情怀和人格修养。社会层面"自由""平等""公正""法治"的价值导向，需要包括大学生在内的每一个社会个体以强烈的责任感和良好的道德品质去加以践行；尤其是公民层面以"敬业"为核心的职业精神，以"诚信"为导向的道德伦理，以"友善"为基础的交际准则，更是个人道德品质的体现。培育大学生社会责任感的过程也是一个锤炼大学生道德品质的过程，必须在此过程中树立锤炼道德品质的目标导向。

（四）强化担当精神

履行社会责任也是人们对客观世界作用于主体的职责使命的承担，是一种客观性的存在和对象性的呈现。作为客观存在的、不以人的意志为转移的社会责任就需要人们自觉担当起来并通过具体行为加以履行，这就需要人们不断强化担当精神。担当精神也是一种抽象的意识存在，唯有通过不断强化才能转化为动力。也就是说，社会责任感的强弱是通过责任行为来体现的。担当精神是一种格局气度，是一种责任态度，也是责任感强弱的检验。大学生履行社会责任就要通过具体的责任行为加以体现。因此，培育大学生社会责任感就是一个不断强化大学生责任担当精神的过程。因此，培育大学生社会责任感也需要以强化担当精神为目标导向。

二 教育内化机制

责任认知是形成社会责任感的基础和前提。认知是主体通过信息输入对客观事物、概念、经验等的感觉和思维。对大学生进行价值引领，就是要通过各类教育实践活动使大学生获取责任认知。同时，将责任认知内化为大学生自我的责任情感和责任意志，这是大学生社会责任感的关键一环。内化是指主体将认知过程中获取的信息经过加工和组合，形成的自我主体情感。因此，需要形成一种价值引领的教育内化长效机制。

（一）理论武装机制

"理论只要说服人，就能掌握群众；而理论只要彻底，就能说服人。"① 价值引领离不开理论教育和思想武装。要使大学生获取对社会主义核心价值观和社会责任感的认知，就要开展相关的教育教学活动，要用相关理论教育引导大学生。"社会主义核心价值观是理想信仰之光、价值坚守之源和精神凝聚之本"②，也是大学生社会责任感培育的基本价值遵循。对大学生进行价值引领，是培育大学生社会责任感的关键内核，而传播社会主义核心价值观既是价值引领的内在逻辑，也是培育大学生社会责任感的必然要求。

一是要推动社会主义核心价值观进教材、进课堂、进头脑，将社会主义核心价值观贯穿于大学生从入学到毕业的全过程，融入大学生生活的各方面。就培育践行社会主义核心价值观，定期开展专题讲座，开设选修课程，组织编写辅导读本。将培育践行社会主义核心价值观的情况纳入第二课堂学分和学生的德育学分认定之中。建立核心价值观融入大学生成长的全过程机制。二是要立足思想政治教育课堂教学，充分挖掘教学内容中有关核心价值观和社会责任感的内容和元素，教育引导大学

①　中共中央马克思恩格斯列宁斯大林著作编译局：《马克思恩格斯文集》第 1 卷，人民出版社 2009 年版，第 11 页。

②　艾楚君：《新时代青年社会责任的理论与实践》，东北师范大学出版社 2019 年版，第 120 页。

生认识到自我的社会责任和时代使命。三是要定期邀请专家学者、名家大师和党政干部开展有关主流价值观和社会责任感的专题报告会、学术讲座，向大学生全面深刻阐释主流价值观、社会责任感的学理意蕴、丰富内涵和具体要求。

（二）社会实践机制

实践是人们在一定思想理论指导下的合目标性和合规律性的对客观事物的改造活动。社会实践是教育教学的基本形式之一，是大学生实现社会化的重要途径，也是增强社会认知和历史体悟的基本路径。在大学生社会责任感培育过程中，社会实践还是将责任认知和责任情感体验内化为责任意志的中介媒质。通过教育对大学生进行价值引领，离不开将接受教育后获取的责任认知内化为责任意志这一环节。因此，开展社会实践是进行价值引领和教育内化的重要内容。

建立起社会实践机制，要做到"三个充分利用"。一是充分利用重要时间节点和重大事件节点，开展主题实践活动，如利用学雷锋纪念日、志愿者服务日组织开展志愿服务活动，让大学生在志愿服务活动中感受到奉献的价值，体验到在"友善"中关爱帮助他人的快乐；利用五四青年节、七一党的生日、国庆节开展专题实践活动，让学生在实践活动中自觉学习"四史"，铭记历史、体悟历史，增强民族自豪感，升华爱国主义情感，从而坚定报效祖国和服务人民的决心，增强社会责任感；在运动会、庆典活动、重要会议等重大活动和抗震救灾等重大事件中，开展社会实践活动，组织大学生以志愿者的身份积极参加重大活动，按照自身的实际条件参与重大事件的处理，或参加重大事件后的志愿服务活动。二是充分利用日常课程实践和实习实训的机会，组织大学生奔赴生产一线，深入基层一线，使大学生在内化专业知识、提升专业技能的同时，增强对生产一线的认知和了解，强化学生对作为个人层面价值规范的"敬业"的理性认知和情感认同，从而培养大学生的工程伦理、职业精神和报国情怀。三是要充分利用寒暑假时间广泛开展社会实践活动，组织大学生深入乡镇农村、社区街道、厂矿企业，深入基层社会和人民群众，开展调查研究、文化下乡、理论宣讲、科技兴农、知识传授、爱心支教等实践活动。当前，尤其要聚焦乡村振兴计划的实施，根据学生学科专业背景开展专题社会实践活动，助力乡村振兴。通过社会实践活动，加强大学生对国情、民情、社情的深入了解，增进同人民群众的情感，从而站稳人民立场，增强对社会责任的认知。

（三）文化熏陶机制

文化是最深沉、最有力、最持久的精神力量。校园文化对学生的价值引领和道德素养形成起着潜移默化、润物无声的作用。对大学生进行价值引领和教育引导，离不开文化的熏陶。因此，要建立文化熏陶机制，根本任务是建立社会主义核心价值观融入校园文化建设的全方位机制。一是要让社会主义核心价值观成为校园文化的主旋律、主基调、主色彩，在校园物质文化建设中，要让物质设施成为社会主义核心价值观的传播载体。二是在校园精神文化建设中，要激荡起培育践行社会主义核心价值观的旋律，校报、校刊、校园网站要开设专栏，通过刊登主题文章，引导大学生自觉思考社会主义核心价值观的时代内涵和具体要求。三是校园文化活动中要凸显社会主义核心价值观主题，定期开展有关培育践行社会主义核心价值观的征文、演讲、辩论、文艺演出等文体活动。四是要组织大学生收看和学习"最美人物""时代楷模""感动中国年度人物"等先进典型的颁奖仪式和先进事迹，以主题班会、集中讨论的形式学习他们身上体现的弘扬社会主义核心价值观、履行社会责任的生动精神和可贵品质。

三　内容融通机制

教育引导大学生树立正确的价值观，承担起社会责任，需要相关教育内容来呈现，并以一定的教育形式为依托。社会主义核心价值观视域下大学生社会责任感的培育本质上就是价值观的塑造、责任感的内化。其社会责任感的具体内容我们在第二章已经做了论述，这些内容内在地统一于高校的教育教学中，教育教学的形式和路径是多种多样的，推动价值引领内容的有效融通，最主要和最根本的就是要实现价值观塑造与知识性传授相融通、课内课外相融通、德育评价与学业评价相融通。

（一）价值观塑造与知识性传授相融通

要把已经上升为国家意志的"落实立德树人根本任务"作为价值引领的首要标准和任务。党的十八大以来，把立德树人作为立身之本，人才培养的评价标准贯穿于各个体系，已成为高校的政治自觉和行动自觉。与此同时，有关方面把立德树人的成效贯穿于思想政治质量提升工程、"十大"育人体系、学科评价、专业建设、各类人才称号申报之中，推动了立德树人根本任务的落地生根。人才培养是高校的主要任务和永恒主题，大学生的成长成才、全面发展包括了价值观的形成和知识才干的增长，因此要把立德树人变为全体教育力量的思想共识和自觉行动，即通常话语情境中的教师既要教书，也要育人，把对大学生的价值观塑造与知识性传授有机融通起来。

（二）课内与课外相融通

课内教学是塑造学生价值观、传授知识的主要渠道，课外活动通常以实践的形式展开，对提高学生素质、内化知识为技能、提升道德素养，坚定责任意志发挥着其他教育形式不可替代的作用。从目前的情况来看，课外教学和实践活动形式多样，内容丰富，但是也呈现出时空分散、价值引领主题不够集中的现象，具体表现为，课外活动组织单位分属于不同的管理序列，有宣传部、组织部、学工部、团委等党群部门和群团组织，有教务、科技、教学单位等管理部门，组织开展课外活动时往往从本部门的职能出发，在主题上、时间上缺乏有效衔接，有时甚至出现冲突和重复的现象。因此，课外活动必须对接课内教学，时间、内容、形式都应当与课内教学有效融通。

（三）德育评价与学业评价相融通

现行对学生综合素质的评价中，德育评价与学业评价处于分离割裂状态，传统的对学生年度综合测评中，德育、智育、劳育分别占一定的比例和分值，往往德育由辅导员、班主任进行评定，智育就是按照各科成绩相加计算出平均分，劳育也由相关管理部门进行认定。这一评价体系的优点在于条块化评定了学生的素质发展，但是也带来了重智轻德的导向。建立德育评价与学业评价相衔接机制，就是改变这一评价模式，突出考察学生的价值取向和社会责任意识。德育重点考察学生在日常生活学习中履行社会责任的情况，学业评价中不能仅仅以考试成绩为标准，各门课程要设置一定的分值考察学生的价值观和责任感。同时学生年度综合评定要建立三方评价机制，即由辅导员或班主任、任课教师、学生代表共同评价，尤其是共同评价其德育学分。

第二节　协调联动机制

大学生正处于成长的黄金期，价值观形成的关键期，责任感养成的可塑期。其社会责任感的培育必须紧紧抓住这个黄金时期，引导他们正确认识走什么样的人生道路，成什么样的人，履行哪些社会责任，怎样实现人生价值。然而，培育青年大学生社会责任感既不是一蹴而就的，也不是一个简单的教育引导叠加的过程，而是一个知、情、行三者循序渐进、彼此融入、相互促进的过程，是一个系统工程。仅靠任何单一力量培育大学生社会责任的理性认知、情感认同和躬耕践行都显得力不从心。因此，做好大学生社会责任感培育工作，必须调动多方力量，整合各类资源，抓住多种要素，建立多元主体协同培育机制，共同致力于大学生社会责任感培育。

学校、社会和家庭是大学生成长中极为重要的三个培育主体，在教育大学生成长成才过程中处于不同的地位，拥有的资源优势各异，教育方法有别，发挥作用不一。其中，学校是大学生教育的主阵地，适合对大学生进行序列规范的教育；社会是大学生成才的淬炼地，重在实践体悟式教育；家庭是大学生成长的原生地，以非正式、浸润式教育为主。然而，在培育过程中有多个行动者参与行动，行动者由于自身的性质不同，行动理念难免有所差异，容易出现彼此行动失调现象，相互之间产生抵触、阻碍甚至冲突。因此，学校、社会和家庭三者要在培育大学生社会责任感中实现资源优化配置、功能互补，就必须形成"三位一体"行动系统。因此，探讨如何构建学校、家庭、社会"三位一体"联动协同培育机制显得尤为重要。"三位一体"具体而言是以"三位"为基础和前提，立足各自优势资源，发挥优势作用，形成目标一致、功能互补、相辅相成的"一体"，合力推动大学生社会责任感培育。

一　学校教育的主导性机制

学校是大学生的第一社会、第二家庭，是大学生学习生活的主要场所，是大学生成长成才的重要阵地。学校教育具有系统性、科学性、专业性、主导性的特点，是对大学生进行价值引领、知识传授、责任感培育的主阵地。学校教育能够使大学生深入理解什么是社会责任，认识到为何要担当社会责任，形成理性、系统的社会责任观，正确做出国家、社会、个人层面的责任取向。当前，对大学生社会责任感的培育，贯穿于高校的教育教学活动全过程，思政课程是主渠道，课程思政中各门课程的价值内涵、思想情怀、人文素养、责任伦理、道德规范等思政元素得到了充分的挖掘和展现；社会实践、主题教育、创新实训、文体活动等第二课堂，也都能较好地体现社会主义核心价值观和培育大学生社会责任感。在高校育人体系中，课程教育居于主导地位，对于人才培养计划目标的达成起着基础性支撑作用，是厚植责任情怀的重要平台。对大学生进行价值观教育和社会责任感培育，内含着教育内容、引导形式、平台载体、实践活动的具体要求，需要多主题的内容安排、多样化的教育形式、多方面的力量参与和多视角的伦理关切。大学生社会责任感的培育是在各类教育实践中得以完成的。其中，内容融通是基础，教师互动是关键，责任落实是保障。因此，就高校内部来讲，需要建立起内容融合机制、教师互动机制、责任落实机制。

（一）内容融合机制

此处的内容融合，主要是指将大学生社会责任感的培育和课程教学内容融会贯通，交融共生。这就要求充分挖掘各门专业课程蕴含的思想政治教育元素和价值引领功能，打造课程思政，实现培育社会责任感与课程教学的融合。从目前的情况来看，在课程思政建设方面，存在着机械化、简单化的倾向，主要表现为以下两点。一是对专业课程中的思政元素、价值引领元素的利用、挖掘、整合还缺乏统一的方法脉络和逻辑理路，主要凭借的是任课教师的感性认知和教学经验，导致在内容融合上机械化痕迹比较明显。二是存在简单化倾向，存在为思政而思政的现象，一些课程简单将思想政治教育的内容杂糅于教育教学之中，有的甚至是思政内容的简单裁剪和嫁接，大学生社会责任感的培育和课程教学内容融合的科学性、体系性不够，缺乏内在的融通机理。

因此，一是要加强顶层设计。要加强价值观引领、社会责任感培育和课程教育融合的顶层设计，在全面总结已有相关实践经验的基础上，做好整体规划，推动二者多方面、全过程、全方位渗透。二是要把大学生社会责任感培育内容贯穿学校培养计划、教学大纲、教学活动、课外实践以及考评等教学体系的各个环节。三是要深入研究价值观教育和课程教育的融通机理，弄懂、弄通、弄透二者育人理念的融合原理，不断深化价值引领与课程教育的双向嵌入实践，在实践中总结和改进育人方法。四是在思想政治教育中根植核心价值理念，突出价值观导向，把引领大学生自觉履行社会责任作为日常思想政治教育的重要内容。同时，要定期举办有关价值引领、社会责任感的专题讲座、学术报告。五是要建立学科标准机制，即按照学科专业的特点，立足专业课程内容，以学科群或专业为单位，突出价值引领导向，制定统一的思政课程和价值引领标准，使每一门课程或者每一个专业的思政内容、价值引领元素都有章可循、有据可依。

（二）教师互动机制

在深入推动"三全育人"综合改革试点工作的教育背景和协调联动的话语情景下，作为学校教育力量的全体教师，包括专任教师、党政干部和后勤服务人员都是对大学生进行社会主义核心价值观教育和社会责任感培育的主体力量。但是，专任教师、党政干部和后勤服务人员分属于不同的管理序列，承担着不同的育人职责，也有着各自不同的育人形式，由此导致专门针对价值观教育和责任感培育的交流互动不够，使得教育合力未能达到最佳状态。

因此，需要建立教师互动机制。一是思政课教师之间的互动，四门思政课教师之间要进一步加强集中交流研讨，就蕴含于四门思政课程中的价值观引领、责任感培育的课程内容，进行挖掘和整合，以更好地贯穿于课堂教学之中。二是要建立党政干部、服务人员与任课教师、辅导员、班主任日常交流互动机制，党政干部、服务人员要将学生的日常行为和表现及时反馈给专任教师、辅导员、班主任，以有针对性地做好学生的思想引导、价值引领工作；辅导员和班主任要及时将大学生在日常学习生活中的现实需要和价值诉求反馈给党政干部、后勤服务人员，以解决学生的实际困难，将解决实际问题与价值引领相结合。三是思政课教师要积极参与专业课的课程思政建设，为专业课程挖掘价值引领和思政元素提供方法论指导；专业课程尤其是交叉学科专业课程教师要建立定期交流制度，就学生价值观引领、思政元素挖掘、课程思政效果等问题进行集体会商和研讨。四是要创新集体备课机制，思政课教师的集体备课可邀请相关专业课教师参加，专业课教师利用集中学习、集中备课机会研讨价值引领和课程思政问题时要邀请思政课教师和学生代表参加，吸纳思政课教师和学生代表的意见建议。

（三）责任落实机制

加强大学生社会主义核心价值观教育和社会责任感培育，并确保工作实效，离不开责任的落实。只有落实责任、明晰职责，才能最大限度地调动育人主体的积极性，使教育资源和教育力量聚焦于大学生的价值观教育与社会责任感培育。党的十八大以来，为落实立德树人根本任务，各高校先后开展了培育践行社会主义核心价值观、思想政治教育、"三全育人"综合改革试点工作等，要依托工作领导小组这一机构，细化职责、压实责任。

一是工作领导小组要结合学校办学定位、办学特色、人才培养规格、学科专业设置等情况，定期开展学生思想政治状况调查研究，根据调查结果，定期研究和解决核心价值观引领、社会责任感培育以及学生思想政治教育中存在的问题，研判学生的思想动态，提出对策，制定方案，细化职责。二是从宏观上，要按照现有层级管理体制，将立德树人根本任务、培育践行社会主义核心价值观、社会责任感培育的具体要求融入各部门、各岗位的工作职责，部门和岗位的年度考评中要在立德树人方面的设置比例和权重。三是要重构以"育人"为核心的教师评价体系，着力解决"人师"问题。重构教师队伍评价体系，完善教师资格认证标准和教师职称晋升体系等，教育行政部门要出台"育人"考评的指导性意见和政策，将师德和"育人"作为核心评价指标摆在首位，强化教师队伍的组织力和战斗力。四是改革现有考评体系，将对学生进行价值引领、社会责任感培育作为教师课堂教学评价和年度考核的内容。

二 社会教育的保障性机制

列宁指出："学习、教育和训练如果只限于学校以内，而与沸腾的实际生活相脱离，那我们是不会信赖的。"① 大学生社会责任感是在现实生活和社会活动中通过责任行为体现出来的。社会生活生动实践，既是大学生社会责任感培育的重要场域，也是大学生社会责任教育的鲜活素材。现实社会具有丰富的教育资源，能够为大学生提供广阔的实践平台，这是学校和家庭教育所不具有的优势。社会教育能够引导大学生走出校门，深入社会躬耕践行责任与担当，淬炼履责能力，深化大学生关于社会责任感的认知和感悟，增进情感融入和认同，最终实现责任认知、情感和行动三者的彼此交融。因此，需要建立起社会教育的保障性机制。

（一）舆论导向机制

社会环境和社会条件与大学生之间本质上是客体与主体的关系。客体的属性、条件和特点对主体实现自我价值具有重要的作用，在一定程度上也影响主体的价值生成。大学生尽管生活在校园中，但不能离开社会现实和社会关系，因此，其价值取向的形成、社会责任感的培育、道德品质的锤炼都会受到社会条件和社会环境的影响，尤其是在信息技术和网络技术快速发展的当下，社会现象和社会热点往往以较快的速度波及大学生。倘若社会舆论导向不正确、社会焦点问题处理不科学、社会现象不公正，等等，就会以信息的形式影响大学生的价值认知，对学校

---

① 中共中央马克思恩格斯列宁斯大林著作编译局：《列宁选集》第 4 卷，人民出版社1995 年版，第 58 页。

教育所形成的价值判断和责任认知形成对抗和消弭。"当前，国内国外'两个大局'交织激荡、'三期叠加'影响不断深化、多种思潮碰撞交锋、社会热点层出不穷等客观现实都会以观念的形式波及和影响人们的思想。"① 因此，需要建立起社会舆论导向机制。

一是要营造正确的舆论氛围，以社会主义核心价值观凝聚思想共识、汇聚强大精神力量，要营造弘扬主流价值观，传递社会正能量的社会舆论氛围，形成整个社会追求真善美的风尚。二是营造风清气正的网络环境，当前大学生"无人不网、无时不网、无处不网"，网络环境深刻地影响着大学生的思想认知、价值取向和责任意识等深层心理结构和品质，有关部门要开展专题网络环境净化行动，全社会要积极营造良好的网络环境，让大学生在弘扬主旋律、充满正能量、彰显责任感的网络环境中接收信息，接受教育，受到熏陶。三是要改进和创新舆论宣传，提高新闻舆论传播力、引导力、影响力、公信力；要充分利用短视频、微电影、抖音等网络平台传播社会主义核心价值观和社会责任感的相关创新理论，宣传有关践行社会主义核心价值观、履行社会责任的先进典型和榜样人物。我们欣喜地看到，中央网信办启动了"清朗·'饭圈'乱象整治"专项行动。"饭圈"乱象治理，是党和国家着眼于社会道德体系和价值体系建设的战略高度，重拳出击整治网络乱象的顺时之举，有利于网络环境的净化，有利于包括大学生在内的青少年的健康成长。

（二）资源共享机制

广阔的社会图景中存在着丰富、生动的教育资源，是对大学生进行社会责任感培育的鲜活素材。要想盘活这些教育资源，最大限度地发挥其育人功效，需要建立起社会资源共享机制。

---

① 艾楚君：《始终保持思想政治工作的生机活力》，《湖南日报》2021 年 8 月 12 日。

一是要"挖掘广泛存在于社会场域中的各类自然资源、红色资源、科技资源、国防资源等等各育人资源体系内的育人元素,形成社会育人资源的谱系图"①。使丰富的社会资源成为对大学生进行社会主义核心价值观教育和社会责任感培育的教育资源。二是整合宣传、网监、教育行政主管部门的力量,加强网络阵地建设。大学生活跃在哪里,育人责任就在哪里。进一步开发网络教育资源,精准施策,牢牢掌握网上舆论主导权,抓住大学生心理,讲求网上引导和监管的艺术,增强他们的价值判断能力和社会责任感,开辟育人新领域、新境界。三是要实现资源共享,盘活社会教育资源,打造具有地域特色的"十大育人"基地,着力解决实践育人问题,要充分利用红色教育资源,遴选建设一批纪念馆、博物馆、高新技术产业园区、社会主义新农村示范点等教育实践基地,打造具有地域特色的育人基地,增强育人活力和效力。

三 家庭教育的原生性机制

培育大学生社会责任感的首要任务是情感认同,情感认同是对理性认知的深入感悟,是大学生真正愿意承担社会责任的标志。家庭是学生的第一学校,家庭是当代大学生成长的原生地,父母、家人是孩子的第一任老师,家长的"言传身教"对大学生社会责任感的形成有着深远的影响。家庭教育的方式以非正式性、潜移默化的引导教育为主,其核心在于亲子间的日常情感交流,对学生个人品质、性格、责任的养成能够起到原生性、基础性作用。由此,在大学生社会责任感培育中,情感资源是家庭所具有的独特优势资源。家长应积极运用情感资源,巩固家庭教育的基础作用。以情入心,以情入脑,以情传

---

① 艾楚君:《"三全育人"的价值意蕴、现实境与破解路径》,《长沙理工大学学报(社会科学版)》2020年第5期。

教，在与大学生的情感沟通中不断熏陶，通过价值传递、行为示范等方式根植家庭教育中的社会责任观，增进大学生对社会责任的情感认同，使他们从理论上的认知走向情感上的理解。因此，需要建立家庭教育的原生性机制。

（一）家风建设长效机制

家风既是社会风尚的具体体现，也是社会风尚的组成部分。家风蕴含着价值观引领和社会责任感培育的功能，对人的价值取向、道德品质、社会责任感的形成具有极强的建构功能。家风建设与社会主义核心价值观和社会责任感培育具有文化、伦理、内容上的内在契合，表现为文化上的同根性、伦理上的一致性和内容上的耦合性。培育大学生社会责任感需要进一步加强家风建设，发挥家风建设为涵育大学生价值观和责任感提供原生场域的重要作用。

一是要把家风建设作为培育践行社会主义核心价值观的基础工程，使社会主义核心价值观在家庭层面落实落细落小，开展社会主义核心价值观进千家万户主题教育活动，让每一个家庭都成为践行社会主义核心价值观的基础场域，使家风建设的微观载体呈现社会主义核心价值观培育的宏大命题。二是创新"文明家庭"评选活动的形式，加大对"文明家庭"先进事迹的展播和宣传力度，举办"文明家庭"先进事迹报告会，进一步发挥"文明家庭"在家风建设中的示范引领作用。可以将"文明家庭"纳入"最美人物"评选范畴，设置和评选"最美家庭"。三是要把家风建设融入日常家庭生活，加强家庭成员的日常自我教育；有关部门和方面可以通过组织开展写家书、读家训、树家风活动和设立家教日、家训月、家风年等创立家风建设品牌，弘扬家庭美德。四是在法律许可和尊重个人隐私的前提下，通过适当方式曝光一批家风不正、家风败坏并造成恶劣社会影响和后果的事例。

（二）家庭互动参与机制

要充分发挥家庭教育在大学生社会责任感培育中的原生性、基础性作用，就要组织动员家庭参与学校教育，建立起家庭互动参与机制。

一是家长要关注子女在学校的思想状况和学习生活情况。在部分家长心目中，子女进了大学就是进了"保险箱"，再加上地域等方面的原因，对子女成长关心的主动性较进入大学前有所下降。家长要积极主动了解关注子女的思想状况和学习生活情况，及时发现问题并反馈给学校。二是高校要利用技术资源，通过建立家校互动平台，将学生在学校的思想表现、学业成绩、素质拓展、获奖评优、志愿服务、社会实践等情况及时通报给家长，使家长能及时了解子女在校期间的学习生活情况。三是要建立家长委员会制度，一方面可以以年级专业为单位组建家长委员会，另一方面可以，以片区为单位组建家长委员会，听取吸纳家长对学校人才培养、思想政治教育的意见建议，学校通过定期召开情况通报会等形式，将学校的育人工作情况定期通报给家长。

（三）行动系统机制

除充分发挥学校、社会和家庭三者在培育大学生社会责任感中的优势之外，三者之间还要形成互补联动机制，才能发挥最大的教育合力。在社会系统领域，"互补"主要是指不同系统之间的互相补充，扩大系统功能，以提高系统的功效。学校、家庭和社会作为大学生社会责任感培育中的多元主体，是培育系统中不同的行动者。通过协调联动大学生责任感培育中的"三位"，促使其在联动过程中形成协调有序、功能互补的有机"一体"，共同致力于提升大学生社会责任感培育系统的功效。

（四）明晰行动系统内涵

社会责任感培育的终极目的在于塑造大学生的品格，使大学生认识自身的责任，学会承担责任，养成责任意识，从而更好地激励自身成长，满足国家和社会发展需求。"三位一体"行动系统实质是指三者之间理念趋同、目标一致、行动协调。学校、社会和家庭三者对于什么是社会责任、怎样履行社会责任的理解不同，也就形成了不同的社会责任理念或者说社会责任观。社会责任观直接指导自身履责行动，不同的观念下，行动取向自然不一样。首先，三者要形成趋同的理念，即社会主义核心价值观视域下的社会责任观，这是对社会责任的科学概括和理论阐述。其次，三者要目标一致，即把受教育者培养成为对自己和他人、对家庭和集体、对国家和社会有责任心的人，遵守相应的行为规范，承担责任并履行义务。最后，三者之间要行动协调，即三者共同践行社会主义核心价值观视域下的社会责任观。因此，学校、社会和家庭之间行动需要相互协调，共同作用于行动对象，即在大学生社会责任感培育中，通过三者共同践行社会责任，合力促成大学生社会责任感的形成。

（五）丰富行动系统内容

学校是对大学生进行教育的主阵地，同时也是连接家庭和社会的纽带，在三者中处于核心地位。因此，必须以学校为主导，积极组织家庭与社会参与大学生社会责任感的培育。首先，学校可以通过开家长会、就业会等方式，把社会主义核心价值观视域下的社会责任感相关教育理念灌输给家长以及政府、事业单位、企业等社会组织机构，引导家长和社会各方充分认识到大学生社会责任感培育的重要性，认同社会主义核心价值观视域下的社会责任观，并以此作为自身行为取向的基本遵循，达到培育理念一致。其次，家庭作为学生成长的重要场所，对学生的社会责任情感认同具有基础影响和作用。家长应积极参与学校的组织，响应学校的号召，与学校和社会保持高度密切联系，接受学校的社会责任感培育理念，在协调中规范自身培育行动，并在生活中积极践行社会责任，通过言传身教帮助大学生进一步加深对社会责任的理解和情感认同。最后，社会是大学生社会责任感的淬炼地，是大学生社会责任感转化为责任行动的关键一环。社会各方应努力与高校、家庭之间形成合力，将社会责任细化为考评指标和用人条件，注重对大学生社会责任品德的考量，为大学生践行责任提供社会导向，促使学校、家庭、社会三者形成协同培育的新局面。

第三节　效能递增机制

青年阶段是人生"拔节孕穗期"，最需要精心引导和栽培。大学生只有在个体价值观念上普遍认同和内化社会责任感，才能将社会责任感外化于行。从教育学视角看，正所谓"才者，德之资也；德者，才之帅也"。社会责任感作为一种"德"，是与人的理想、信念、志向和价值观高度统一的，是能为国家和社会作出贡献的强大内动力。从人才学视角看，社会责任感是大学生成长成才的根基，因为"一个人要成长进步，要有所成就、有所建树，离不开上进心、求知欲、责任感"[1]。从伦理学视角看，社会责任感是指导个人行为的道德准则，在调节个人利益与集体利益关系中能起到重要作用，指导大学生正确处理个人与他人、社会的关系。从社会学视角看，大学生融入社会的过程，是将社会责任感内化于心、外化于行，形成属于自己的价值体系和道德观念的过程，也是促进大学生成为具备社会责任感的真正实践者的过程，更是大学生品德教育的应有之义。而构建大学生社会责任感培育效能递增机

---

① 李瑞环:《学哲学　用哲学》，中国人民大学出版社 2005 年版，第 17 页。

制，则能够通过一系列教育活动，使社会责任感所蕴含的思想、观念、行为等内容，为大学生所接受，并内化为深刻而稳定的心理结构，外化为现实个体动机和行为，以促进社会责任感由"隐形观念"向"显性行动"转变。也就是说，在大学生社会责任感培育中，要强化培育效能的递增。

一 夯实心理认知机制

马克思主义认为人的思想意识是一种立体结构状态，包括心理、观念、思想三个层次。从静态结构角度看，最初是心理层次上的意识。因此，大学生社会责任感内化建立在学生对社会责任的认知基础之上，即对社会责任表象的认识、对社会责任内涵的理解与对社会责任行动的认可，在此基础上形成自我的社会责任观念、自觉履责意识与责任情感，不断强化对社会责任的心理认同，最终将社会责任融为自我不可或缺的部分。因此，对大学生社会责任感的培育需要夯实心理认知机制。

（一）深化责任认知

责任认知是指认知者对于特定条件下发生的行为、事件及其结果的感知、归因、评估和推断的过程。责任认知的核心是作出某人对某事是否应承担责任以及应承担何种责任的判定。[①] 社会责任感认知是人们对社会责任规范和意义的理解，是个体在成长过程中，意识到社会责任的存在，并在履行责任过程中获得了对自己成长发展有利的影响，产生愿意并且能够履行责任的心理。因此，认知基础是大学生的责任基石，只有当大学生意识到什么是责任，懂得为什么要履行责任，才能逐渐增强情感投入，形成个人坚定的责任意志，自觉提高自己的主观能动性，自觉选择履行社会责任的行为。一是从加强社会责任感认知教育入手，建

---

① 况志华：《责任心理学》，上海教育出版社 2008 年版，第 115 页。

立系统性社会责任感教育体系，贯穿终生。从新生开学典礼、新生第一课就做好大学生责任教育引导，帮助大学生正确认识自身所肩负的社会责任和时代使命，通过离校责任清单、毕业典礼社会责任教育，培育毕业大学生社会责任观念，形成高校大学生社会责任感教育体系的闭环。二是充分利用重大社会事件节点，帮助学生深化责任内涵理解。充分利用疫情防控、抗震救灾等重大事件中的制度优势、感人故事、先进人物等作为鲜活素材，引导大学生进行判断、反思与自我评价，从而更加深刻地理解社会责任感，重塑自身的责任信念。

（二）加强情感认同

责任情感主要指人们对责任行为、事件及其结果能否满足自身需要或是否符合其价值取向而产生的一种内心体验。[①] 从情感层面讲，责任情感是伴随着责任认知而产生的，并随着责任认知的深化而加强，同时又为责任行为提供了情感动力。根据责任情感的性质，可以将其分为积极情感和消极情感，情感性质的不同对个体责任心理的形成和发展产生的作用也会不同，积极乐观的情感有助于增进责任心理认同，消极悲观的情感会起阻碍作用。一是要以责任实践激发大学生社会责任情感认同。定期组织暑期"三下乡"、青年志愿服务、党史人物访谈等各类社会实践活动，引导大学生扎根基层担当历练，在奉献中淬炼对祖国的大爱、在实践中不断深化对社会责任感的体悟，不断增强对自身责任行动的认同。二是要以学生组织凝聚大学生责任共识，维系责任情感。以青年志愿者协会、地球环保协会、低碳协会等校园社会团体为载体，充分发挥学生组织在号召学生、凝聚学生方面的作用，引导学生积极参与各类社会责任主题探讨，参加各类社会责任活动，在交流、碰撞中不断加深学生的责任认识，形成责任共识，维系责任情感。三是要做好总结表

---

① 况志华：《责任心理学》，上海教育出版社 2008 年版，第 121 页。

彰，激发同辈责任情感共鸣。通过定期召开社会责任践行动员大会、表彰大会，颁发各级荣誉称号，激励学生自身参与社会责任活动的认同，并通过学校各级新媒体平台对优秀社会责任践行者事迹进行宣传报道，激发同辈群体的责任情感共鸣。

二 筑牢动力内化机制

马克思主义认为，自由意志是一种相对的存在，是主体在认识活动中所追求和表现出的一种状态和境界，自由是责任存在的必要前提。大学生对自由的追求，建立在个体对自我实现的渴望之上，表现出相应的责任行为，将这种外在的道德要求在责任行为过程中不断内化为个体的责任自觉性。

（一）培育道德诉求

道德需要是一种社会性的需要，是个体在社会道德生活中逐步获得的高级需要。它是推动个体参与道德活动的驱动力。[1] 社会责任感作为一种积极的道德情感体验，个体一旦意识到自己的道德需要，便会产生积极的正向道德活动，以满足道德诉求。美国社会心理学家马斯洛将人的需要从低到高分为五个等级，即生理需要、安全需要、归属与爱的需要、尊重的需要和自我实现的需要。[2] 大学生进入学校后，随着自我意识的不断发展，他们也会逐渐产生尊重和爱的需求，他们也想要展示自我，赢得尊重，实现自己的人生价值。这种对自我实现的追求，能够推动大学生正确认识自我和他人以及社会的关系，激发他们承担责任的意识，促使他们在这些行为过程中，体会责任行为所带来的正面的情感体验，把对他人和社会的奉献行为、责任意识作为自己的道德应然，从外

---

① 彭希林：《青年道德心理学研究》，国防科技出版社 2002 年版，第 131 页。
② 佐斌：《大学生心理发展》，高等教育出版社 2004 年版，第 52 页。

在行为中完善个性，培养自己的社会责任感。要始终坚持"立德树人"这一根本任务，更加注重对学生品德的培育。将大德、大爱、大情怀等思想道德教育融入学生日常教育管理，帮助学生树立正确的人生方向、价值观念和道德情操，引导学生将自我在社会中的定位提高到德道这一层面，以对社会责任贡献的大小评定光荣与否，以对时代的责任和使命的担当为自我价值追求。要深化人与社会关系教育，通过社会主义核心价值观内涵剖析国家、社会、个人三者之间的关系，帮助大学生进一步明晰自我的社会责任，激发学生的道德荣誉感，增强学生社会责任践行的担当意识。

（二）强化培育成效

人的意识及社会意识的结构运行情况，隐含着价值观培育效果的运行轨迹。认知、情感、意志、行动四个要素相互独立，但能相互促进，共同作用于社会责任感的培育。良好的社会责任感培育成效能够进一步推动以上四个要素在塑造个人成长过程中发挥更大的作用。而扩大社会责任感效果的影响力，发挥榜样的示范教育作用，可以引导鼓励更多的大学生自觉加强个体的世界观、人生观和价值观教育，摆脱功利主义和个人主义的不良倾向，重视提高个人的思想道德修养，主动承担起对他人和社会的责任，不断内化外在社会规范和道德准则。由此可见，培养大学生社会责任感的主要效果在于使大学生带着强烈的责任情感和坚定的责任意志积极投入履责实践。那么，培育的效果越好，就越有利于促进大学生深化责任认知，使大学生带着更强烈的情感动力自觉践行责任行为。因此，一是要坚持育人成效的目标导向，以育人效果作为衡量教育成效主要参考，加强对学生品德培育的考核，加大对一线教育者的支持力度。二是要加强培育效果宣传力度，拓宽辐射范围，加大对育人效果的深度挖掘，采用报纸、海报、橱窗、展板、官网、官微等多种媒体宣传，形成教室、办公楼、食堂、宿舍、实验室等多场域全覆盖，不断巩固和扩大教育成果。

三　践责能力提升机制

个体不断成长，与社会和他人的联系也日益密切，对社会责任的认知由窄到宽，由浅到深；履行责任义务也从无到有，从少到多。大学生在对道德行为的判断中不断提高辨别能力、思维能力与行动能力，其社会责任感的有无强弱也最终体现在其社会责任行为中。因而，履责能力是学生践行社会责任的关键所在，强化责任机制不可或缺。能力是知、行、意三者在行动者上的统一，在认知的前提下应加强大学生意志磨炼与责任践行，在反复淬炼中提高履责能力，更好地担当责任与使命。

（一）磨炼责任意志

从意志层面来讲，责任意志在责任认知、责任行为、责任品质转化的过程中扮演着重要角色，它能帮助人们坚持自己的责任意识和行为方式。责任意志支配责任行为可以分为三个主要阶段：第一阶段是产生责任动机，明确责任行动的目的；第二阶段是选择履责方式，取决于所养成的履责习惯；第三阶段是实施履责行为，履责行为是否能够实施取决于个体的思想意志。因此，在实施责任行为这个阶段需要个体在强烈的心理动力驱动下，克服一切困难和矛盾去践行责任行为。因此，既要帮助大学生深化道德认知，也要注重磨炼大学生的履责意志，使其坚定责任信念，形成自己独立的价值判断准则和客观公正的道德评价标准，知道自己选择什么样的行为方式是具有社会责任感的表现，尤其是在面临挫折和诱惑的情况下，大学生要坚定社会责任感信念和意志。

（二）践行责任行为

责任行为是指对那些特定责任事件的发生、过程及其结果造成了直接或间接影响的行为表现。[1] 判断个体责任感水平的高低，主要是从外在表现形式即责任行为来评价，从而得出是否具备个体责任感生成能力的结论。而责任行为能力的生成和发展是个体责任认知、责任情感认同以及责任意志的综合体现，而对责任的认知、情感认同以及对责任坚定的信念和意志，只有在责任行为实践中才能得到落实。因此，无论个体的责任意识和责任情感有多强烈，都必须转化为个人内在社会责任品德，并在实践中得到检验和巩固。如大学生可以通过参加社团、志愿服务等实践活动，在利他过程中，升华对责任感的理解和感悟，强化积极正向的责任感体验和情感认同，体会到社会责任感对于个人成长的促进作用，从而促使自己将责任行为和品德付诸实际行动，实现知行合一。

四 建立分类实施机制

大学生社会责任感的形成受到多重因素的影响，既有主体自我在生理心理等方面的差异性影响，也有社会环境的综合性影响。大学生社会责任感的培育本质上是一种教育的实践，因而，其培育效果也受到教育内容、教育方式、教育路径的影响。主客体共同作用的原理告诉我们，客体在教育内容、方式等方面能契合主体的需要就会取得事半功倍的效果，反之则事倍功半。第五章实证调查研究显示，人口统计学意义上，不同专业、学科、地域、学校类型的不同群体在责任认知、责任情感、责任意志、责任行为以及各自的具体维度上存在较为显著的差异。这就要求我们建立分类实施机制，以增强大学生社会责任感的培育效能。分类实施，就是要分析不同群体的特点，根据不同群体的特点，确定不同的培养主题，采取不同的培养形式开展大学生社会责任感的培育。从现有的一些培育大学生社会责任感主题教育实践活动来看，大多确定一个主题，采用基本相同的形式来开展，忽视了不同年级、不同群体学生的

---

[1] 何建华：《道德选择论》，浙江人民出版社 2000 年版，第 243 页。

认知水平、心智结构、接受心理等方面的差异性。因此，建立分类实施机制就是要尊重客观规律和学生的特点，根据不同群体学生认知水平、心智结构、接受心理的不同，确定不同的教育主题，采用不同的教育方式，观照不同学生的特点开展相关教育活动。

第四节　群体示范机制

群体是按照一定的社会关系、社会角色和聚类标准结合起来的共同体，是社会的基本单位之一。优秀群体对社会风尚、道德信仰、价值体系、社会规范具有强大的示范引领作用，对思想认识、精神共识、社会责任具有强大的凝聚功能。由此，优秀社会群体也成为社会风尚的目标引领，民族精神的价值坐标，道德规范的榜样示范。习近平总书记指出："精神的力量是无穷的，道德的力量也是无穷的。伟大的时代呼唤伟大精神，崇高的事业需要榜样引领。"[①] 先进典型构成的优秀群体是社会群体中的先进代表，传承着优秀基因，彰显着时代精神，体现着主流价值，是学习的榜样、行为的典范和道德的楷模。培育大学生社会责任感，需要发挥先进典型的群体示范作用，用先进典型的感人事迹、精神品格、道德情操、价值旨趣，引领社会主流价值，传递社会责任担当，促进对社会主义核心价值观的价值认同和道德共鸣。因此，培育大学生社会责任感需要建立起群体示范机制。

建立群体示范机制，就是要从当代青年和大学生中选树、培育一大批德才兼备、全面发展并且能够践行社会主义核心价值观，担当社会责任，为祖国、为民族、为人类不懈奋斗，无私奉献，英勇顽强的先进典型。优秀青年群体是青年中的先进代表，优秀青年人物属于青年同辈中

---

①　习近平：《在会见第四届全国道德模范及提名奖获得者时的讲话》，《人民日报》2013年9月27日。

的典型，具有与青年群体兴趣趋同、性格相似、生活交织、情感交融等特性，在大学生群体中具有极强的示范作用。习近平总书记指出："青年模范人物是广大青少年学习的榜样，肩负着更多社会责任和公众期望，在青少年中乃至全社会都有着很强的示范带动作用。"① 因此，要高度重视青年先进模范群体在青年大学生中的示范作用。以健全青年典型的选树机制为前提，以完善青年典型的宣传机制为重点，以深化青年典型的学习机制为关键，建立群体示范机制。通过树好典型、用好典型、学好典型，发挥榜样群体在大学生社会责任感培育中的示范激励作用，让青年典型成为践行社会主义核心价值观的鲜活教材。

一　健全青年典型选树机制

一个时代有一个时代的主题，青年总是在时代主题中逐浪前行，砥砺奋进。每个时代总有一批优秀青年群体立时代浪潮，发时代先声，担时代责任，并引领广大青年肩负时代使命奋勇前行。逐浪追梦者，充分彰显了我国青年具有强烈的社会责任感，在青年群体中起到了强烈的示范效应。引导大学生主动担当社会责任、履行社会义务，就必须紧密结合时代主题，选拔和培育好青年先进典型和模范。一方面，要紧紧把握时代脉搏，选好具有时代特征的青年典型；另一方面，也要充分认识到青年典型并非天生，需要经过后天教化、培育和塑造，要发挥青年典型对大学生群体的激励示范效应，还应将典型培育与大学生特性有机结合起来。

（一）契合时代主题发现典型

时代的主题和鲜明特征总是在时代典型群体和先进人物的身上得到

---

① 习近平：《在实现中国梦的生动实践中放飞青春理想》，《人民日报》2013 年 5 月 4 日。

生动的体现，而时代主题又往往是社会责任和时代使命的高度凝练。因此，需要契合时代主题发现和选树先进典型。习近平总书记反复强调："当今中国最鲜明的时代主题，就是实现'两个一百年'奋斗目标、实现中华民族伟大复兴的中国梦。"① 这一时代主题也为当代青年建功立业、人生出彩、实现理想、贡献青春提供了无比广阔的空间。因此，一是树立和发现先进典型要紧紧围绕这一时代主题，把握时代脉搏，对标社会主义核心价值观；将镜头聚焦于青年履责担当、道德垂范、志愿服务、科技创新、边疆立业、军营建功、爱心支教、危难帮扶、社会奉献等方面的先进事迹和模范典型。二是要充分挖掘青年群体先进事迹和模范典型中所体现的强烈的社会责任担当、深厚的家国情怀和高尚的道德品质，将其转化为大学生可以感知、可以触摸、可以学习的精神谱系。三是扎根青年群体，建立全面、系统、科学的青年典型选拔机制，以品德为首要考量，以行动为必要支撑，以影响为重要参考，细化选拔指标，拓宽选拔渠道，优化选拔方式，及时准确地发现、选培青年群体中的优秀分子。四是要培育好先进典型，发现青年群体中的优秀分子后，要根据其性格特点、事迹类别、潜质后劲、社会影响等，量身定做培育方案，为其提供更多的机会平台，指导其在更多的历练和实践中更快更好地成长，进一步提升其示范引领的潜质。

（二）结合学生特性培育典型

优秀群体、先进典型之所以能够发挥标杆作用，就在于他们能深入人心，能够成为学习的榜样，能够成为激励人们的对象。典型一旦脱离现实生活，就会成为"空中楼阁"；典型一旦不能与人们的心理品格、情感体验同频共振，就难以成为学习和效仿的对象。因此，典型必须是

---

① 习近平：《立德树人德法兼修抓好法治人才培养　励志勤学刻苦磨炼促进青年成长进步》，《人民日报》2017 年 5 月 4 日。

来自身边的鲜活的、生动的、具体的形象。因此，发挥群体示范效应，引领大学生践行社会主义核心价值观和树立社会责任感，必须注重从大学生身边培育典型，结合大学生身心特点培育典型。要根据大学生生活、学习等现状，培育和树立先进典型。一方面，培育典型要"有血有肉"，不能空谈道德，塑造"神人"，而应培育在大学生周边的，真实生动、个性鲜明、活生生的青年人物，让他们能够看得见、摸得着、走得近。另一方面，要凸显先进典型践行社会主义核心价值观、担当和力行社会责任的时代精神，将个人与国家、社会紧密结合，通过生活、学习中的平凡小事彰显伟大精神，增强典型的吸引力、影响力和号召力。

二　完善先进典型宣传机制

先进典型是静止的客观存在，只有将其传播好、宣传好才能展现其立体、动态的鲜活形象，激发其所蕴含的精神价值。先进典型宣传的成败在一定意义上决定了其示范作用的强弱。通过宣传使大学生了解、认识其先进事迹，感悟体会其精神价值，才能激发起大学生以先进典型为榜样、为示范、为标杆的深层心理意识。在信息化时代的背景下，信息的传播方式发生了巨大的变化，新媒体技术迅猛发展，具有快速性、海量性和共享性特点，这为做好先进典型的宣传工作提供了机遇和条件。因此，结合信息化时代特征和大学生需求特性，完善先进典型宣传机制，将先进典型的责任形象传播到大学生的眼中、耳中、脑中、心中，是发挥典型示范效应的重点。

（一）拓宽先进典型宣传度

在传统的先进典型宣传中，以报纸、海报、展板、广播、班会、座谈会为媒介的传统媒体和形式占据了主导位置，是大学生接收信息流的主渠道，在先进典型的宣传中也发挥重要作用。但随着时代的发展，以微博、抖音、易班、QQ、微信为代表的新媒体迅速崛起，成为大学生接收信息流的主要通道，传统媒介的宣传作用被大幅削弱。因此，做好先进典型宣传工作，要充分考虑新旧媒体两者在宣传方式、方法、特点上的差别与共性，既要保持传统媒体的优势，又要挖掘新媒体技术的正面作用，将其科学"嫁接"于先进典型的宣传中，① 推动传统媒体和新兴媒体的有机结合，形成全面系统的先进典型宣传教育平台，实现大学生信息流的全面覆盖，提高先进典型的知晓率。

（二）提升先进典型影响力

大学生发展并非同一模式，践行社会责任的路径也不尽相同，而是多元并驱、灿烂多姿的。开展先进典型宣传工作，引导大学生对标先进，肩负社会责任，不能千篇一律，要重视宣传先进典型的多样性和差异性。一是采用多元化视角宣传先进典型，对在学习争先、科技创新、创新创业、志愿服务、自强不息、敬老爱幼、勇于牺牲、助人为乐等多方面涌现出来的先进典型进行分类宣传，讲好各类先进典型在不同领域勇于担当和践行社会责任的故事。二是采用差异性视角宣传先进典型，对不同成长背景、经历的先进典型分门别类地进行宣传，剖析在不同环境中大学生该如何成长为履职担当的标兵、模范。通过宣传各种各样的先进典型，让每一个青年大学生都能够在其中找到自我归属感强的榜样，满足其学习和效仿的需求，提高先进典型的宣传效度和影响力。

三　深化先进典型学习机制

榜样的力量是无穷的，培育青年大学生社会责任感不能仅靠教育灌输，更需要榜样的示范带动。正如列宁所说："要在斗争中作出受教育

---

① 饶华：《新媒体背景下大学生思想政治教育的创新策略》，《中国高等教育》2014 年第18 期。

和守纪律的榜样"①。但榜样的示范和带动作用不是空谈就能实现的,而是通过深入学习榜样精神力量,主动将其融入自身成长规划,在由被动转为主动的过程中逐步实现的。因此,要深化先进典型的学习机制,将先进典型生动阐释的社会主义核心价值观作为大学生学习、成长道路上的旗帜,在各类学习活动中不断加深对典型精神的感悟和认同,不断强化对榜样行为的模仿和效法。一方面,要深入挖掘典型责任内涵,从本质特征上认识和学习典型内涵。另一方面,要深入思考,将对先进模范的学习全面融入大学生成长规划。

(一) 深入挖掘典型内涵

先进典型,既是社会群体中普通的一员,有着一般意义上的社会角色;又是耀眼的存在,是大学生学习的榜样。一方面,先进典型生活在一定的社会关系中,在学习生活工作和其他社会实践活动中与普通大学生有着相似的经历,在兴趣爱好、衣食住行等方面与普通大学生也有相近的需求;另一方面,之所以成为典型在于其平凡行动背后所蕴含的时代精神,所体现的主流价值,所担当的社会责任。由此可见,对于先进典型的学习不能浮于表面,不在于对其事迹的普遍宣讲,也并非对其言行的简单模仿,而应挖掘先进典型身上蕴含的精神内涵和展现的信仰理论,从深层次总结和提炼先进典型之所以谓之典型的特性。因此,要做好先进典型内涵深入挖掘工作,在开展向先进典型学生的教育活动中要凸显先进典型的精神内涵,并将其与大学生履行社会责任的特性相结合,内化为大学生的日常责任行为,使向先进典型学习的内容既接地气、有温度,又显精神、有高度。

---

① 中共中央马克思恩格斯列宁斯大林著作编译局:《列宁选集》第 4 卷, 人民出版社 1995 年版, 第 365 页。

（二）全面融入成长教育

实践证明，任何系统、深入的学习都离不开主动意识的觉醒，大学生学习先进典型既要通过显性教育，也需要辅之以隐性教育。教育和引导大学生学习先进典型，必须把先进典型关于道德品质、价值取向和社会责任的思想精髓和行为典范与大学生实际相结合，全面融入大学生成长教育中，长期贯彻于大学生思想观念、道德情操、行为准则的方方面面。以全方位、多角度、长周期的典型教育，营造崇尚先进、学习先进、争做先进的良好风气，激发大学生见贤思齐的意识，主动将先进典型当作自身"参照群体"，从心理深层结构中将自身归属于先进典型群体，以其价值观、责任感和行为规范作为自身基准，紧密结合社会需求和个人实际，把先进典型的感人事迹和所体现的优良品质融入自我的成长规划，用先进典型的精神之光照亮自己的前行之路。

第五节　监督矫治机制

辩证唯物主义认为，外因是事物发展变化的重要条件，对事物的发展起着加速或减缓的作用，甚至在一定条件下，外因的变化会决定事物的发展方向。因此，在重视事物发展内因的同时，也要注重事物发展的外部条件，努力构造良好的外部环境，推动事物的变化发展。承担和践履社会责任实质上就是对带有客观性、普遍性和约束性的社会规范的遵循，履行社会所赋予的责任和规定的义务，而不负责任的行为是对社会规范的偏离和违背，是一种社会"越轨"。① 当前，在校大学生大多是"00后"独生子女，成长环境较为优越，家庭、学校和社会对其较为宠爱，少数大学生缺乏必要的社会监督和约束，削弱了社会规范对其的约

---

① 郑杭生：《社会学新修概论》，中国人民大学出版社 2003 年版，第 412 页。

束性，导致出现社会责任意识薄弱、个人责任意识缺失等不负责任的"越轨"行为。与此同时，进入信息化时代，网络上充斥着一些不良信息，极易对青年大学生形成误导和诱导，使其推卸其本应肩负的社会责任。如近年来，较为流行的网络词"佛系"青年、"躺平"姿态，实质上反映了少数大学生不愿遵守社会规范，不愿意承担社会责任的思想，如果任其蔓延开来，将形成集体性趋势和群体性效应，影响和腐蚀大学生的价值选择和社会责任感。因此，大学生社会责任感培育需要外部条件进行约束和规范，要建立有效的监督矫治机制，对大学生在现实情景中不负责任的"越轨"行为予以全面监督和及时矫治。

一　完善监督机制

大学生社会责任感最终体现在现实情景的责任行动上，将大学生抽象的担责意识转变为具体的践责行动，需要对不负责任的行为进行必要的监督，以形成震慑效应。监督机制的完善与否直接关系着监督举措能否有效贯彻和落实，即是否对大学生的行为起到强有力的约束作用，进而在规范其行为的过程中促使其形成良好的习惯。完善监督机制，要从监督的主体和客体两方面着手。从监督主体来看，要联合各方力量，形成统筹兼顾的监督系统；就监督客体而言，要准确把握客体的特性，结合其需求，寻找有效对策，约束其行为。

（一）强化日常行为监督

社会规范的强制性来源于其普遍性和集体性，即社会规范并非单一个人所制定的，也不是社会中的哪一团体机构所决定的，而是社会各方集体意识的集中表达，既包括约定俗成的风俗习惯、道德伦理，也包括正式确定的法律、规章、制度等多种形式。当前，我国社会规范的内涵高度浓缩于社会主义核心价值观中。要对大学生遵守社会规范，承担社会义务的行为进行全方位监督，主要在于不断优化多方联动监督机制，通过整合学校、家庭、社会各方力量，形成监督导向一致、标准统一的监督系统，使监督范围互通，监督手段互补，监督行动协调，全面覆盖大学生的各个空间领域和时间阶段，囊括校园内外学习、生活、实习、就业、休息、娱乐活动，对大学生在不同情景中不负责任的行为进行全面监督。一是要强化对大学生日常行为的监督，严格按照高校《普通高等学校学生管理规定》《高等学校学生行为准则》《学生安全教育及管理规定》以及各高校自行制定的《学生手册》对学生日常行为进行强有力的监督，对违规违纪的学生既要坚持教育引导，又要按照相关规定和条例严格处理，惩前毖后，治病救人。二是要建立起朋辈监督体系，充分发挥同辈群体的影响力，以软性制度约束大学生言行。通过进一步完善学生党组织行为规范、学生干部管理手册，从班级、年级、学院、学校层面分别建立文明督导队等措施，加强对学生的监督，进一步规范学生在公共场合的言行举止，推动形成相互提醒、相互监督、相互矫正的习惯和氛围。三是要完善反馈体系，形成监督闭环。对在公共场合言行失范、违规违纪的学生进行批评教育和纪律处分的同时，加大对不良行为的曝光力度，并对其自我悔改的情况进行及时反馈与跟进。这既可以对学生起到警示教育作用，提醒学生增强责任意识，注意自身行为；又能形成舆论压力和群体压力，督促学生及时改正自身的不良言行。

（二）强化社会责任考评

心理学家斯金纳的研究发现，人的行为总受到一定情景的刺激和强化，对大学生责任行为进行监督首要在于建立一套规范性强、操作性易、效用度高、覆盖面广的社会责任考评机制，以此来刺激和强化大学生遵守社会规范的意识与行为。在建立大学生社会责任考评系统时，将社会主义核心价值视域下的责任观与大学生行为规范相联系，把责任观细化为具体的责任行动，量化指标，并将其贯穿于大学生养成教育的始终，融入大学生日常管理，对大学生遵守社会规范的情况进行考核与评价，形成系统性监督，及时生成相关记录，梳理后形成大学生个人责任档案，将之纳入大学生人事档案，成为评优评先、就业推荐的重要依据。一方面，这种监督考核机制的强化可以对大学生形成激励导向，即对大学生遵守社会规范的行为进行相应表彰和奖励，刺激大学生在相似的情景中重复这种履责行为，以期获得更多的奖励。另一方面，对违反社会规范的行为进行相应批评和惩罚，通过惩罚的刺激，强化大学生在任何情景中都要遵守社会规范的意识，起到刚性约束作用，在约束下逐渐使大学生将这种社会规范内化为自身行为规范，并积极主动遵循规范，践行自身所承担的社会义务。

二　健全矫治机制

大学生社会责任感的培育不能仅靠外部的奖励和惩罚来刺激和强化其行动倾向，必须在监督的基础上形成定期反馈机制，对大学生一段时期内的社会责任担当表现进行考评反馈，以便了解其担当意识和责任行动的现状，根据具体情况制定相应的教育策略，有针对性地进行深层次责任教育和引导，及时对大学生不负责任的行为进行矫正和治疗，在矫治中加深其对担责行动的理性思考，进而改变自身的责任意识和行为倾向。由此可见，需要健全矫治机制。

（一）建立信息反馈平台

大学生责任感的培育并非朝夕之功，对社会责任的情感体验态度和行为选择也不是一成不变的，而是处于一个从无到有、从浅到深、从抽象到具体的变化之中。因此，要及时了解大学生社会责任感培育现状及存在问题，为制定相应的矫正治疗措施，帮助大学牢固树立担责意识和积极采取责任行动夯实决策基础。反馈是获取信息、了解情况和掌握动态的前提，没有反馈就没有制定对策的依据。在全面监督的基础上建立大学生社会责任感定期反馈机制，可以从以下三方面入手。一是要建立信息共享机制，大学生缺乏社会责任感的种种表现要及时传达到有关部门，尤其是要能够反馈给辅导员和班主任；辅导员和班主任能够及时掌握信息，有针对性地开展教育引导式谈话，进行批评教育，乃至给出处理建议。二是要畅通信息渠道，通过成立学生文明督导队、信息员队伍，及时发现学生中不履行社会责任的情况，对情况进行分门别类整理后报送相关部门，为采取教育引导措施提供依据。三是要拓宽反馈渠道，通过公布官方媒体、网站、邮箱和电话来收集反馈信息与资料；落实反馈闭环，对反馈信息定期核查并公布核查结果和处理情况。

（二）采用干预矫治方式

矫治一词本意是对犯罪人员的矫正和治理，带有一定的惩罚性，在这里矫治是指对大学生不负责任的行为进行矫正和治疗，以引导教育为主。建立监督矫治机制的最终目的是对大学生不正确的责任认识和不负责任的行为选择进行必要干预，在干预中对其意识和行为进行矫治。因此，在设立定期反馈机制后还要建立起配套的干预矫治机制，通过开展针对性教育，全面推进大学生不负责任行为的矫正和治疗。一是要针对违规违纪学生采取行为矫正措施，学校教师和员工可以通过点名提醒、严肃询问、批评教育等干预手段及时对其不良行为进行制止，以免扩大其行为的影响范围，造成对其他学生的偏差性误导。二是要坚持教育治疗和纪律处分相结合，既要及时处理违规违纪行为，又要坚持以教育治疗为主，采取长期责任辅导成长教育，以班级团体辅导、教师定期帮扶、户外素质拓展、社会志愿服务等多种方式浇灌责任之魂，培育担当意识，根植高尚的道德品质和奉献精神于内心。三是要结合社会主义核心价值观内涵，从国家、社会和个人三个层面深入阐述，引导学生重新定位自我与国家、社会的关系，认识自身行为的不当之处，帮助学生逐步树立自身责任意识、规范意识，引导学生自觉践行社会义务。

第六节　线上线下共享机制

场域概念源于物理学中的场论，指一种力的作用空间，突出作用空间的结构性。法国社会学家布迪厄在建构主义的结构主义视角下对场域进行了界定，认为社会世界是由具有大量相对自主性的小世界构成的，这些有着自身独特逻辑的小世界谓之场域。① 大学生社会责任感的培育并不是在虚无缥缈的抽象世界或漫无边际的真空中，而是以一定的场域为载体，进行社会主义核心价值观和社会责任观念的传播和教育。现实生活场域占据了大学生生活和学习的全部，对大学生思想和行为的教育引导也集中在日常生活之中。但当前我国社会正处于快速发展期，作为对社会存在的一种"镜像"反映，网络的兴起与扩展正带来一场深刻的社会变迁，使人们进入了崭新的网络社会。② 网络对于个人有着重要影响。

根据中国互联网络信息中心第 47 次《中国互联网络发展状况统计报告》显示，截至 2020 年 12 月，我国网民规模达 9.89 亿，较 2020 年 3 月增长 8540 万，互联网普及率达 70.4%，网民中学生群体规模最大，占比为 21%。③ 网络已然成为大学生自主学习、生活娱乐、情感交流的栖息地。网络空间和新兴媒介的飞速发展为传播社会主义核心价值观提供了新场域，正如习近平总书记所说："互联网是一个社会信息大平台，亿万网民在上面获得信息、交流信息，这会对他们的求知途径、思维方式、价值观念产生重要影响，特别是会对他们对国家、对社会、对工

---

① 侯钧生：《西方社会学理论》，南开大学出版社 2010 年版，第 413 页。

② 邓志强：《网络场域：青年研究的时空转向——基于五种青年研究期刊的内容分析》，《中国青年研究》2019 年第 10 期。

③ 中国互联网络信息中心：《第 47 次中国互联网络发展状况统计报告》，2021 年 2 月。

作、对人生的看法产生重要影响。"① 因此，要做好大学生社会责任感的培育，需要探索建立线上线下共享机制，实现日常教育和网络教育的无缝对接。一方面，进行日常责任网络化教育，牢牢占领网络场域这个新阵地，利用网络新兴媒介，把现实场域中的责任行为与责任意识以网络化方式呈现，进行线上网络责任教育。另一方面，进行网络责任日常化教育，继续紧抓现实生活中的责任培育，把网络中应尽的责任和担当生活化、现实化，融入线下日常化教育。通过线上线下共享机制，发挥双线育人合力，共同推进大学生社会责任感培育工作。

一　日常责任网络化教育机制

场域具有自身独特的逻辑，亦可称为规则，不同场域的逻辑难以通用。网络场域与现实生活场域既密切相关，又有所不同。网络场域不能脱离现实而存在，但网上探讨和交流的话题都是源于现实生活，实质是对日常生活的一种镜像反映和延伸，但在网络中的交流方式、语言体系等与日常生活迥然不同。如果把现实生活中的制度、规则、价值理念教育直接照搬照抄运用到网络场域中，只会显得苍白无力，网民读之味同嚼蜡。因此，在网络场域传播社会主义核心价值观，需要将社会主义核心价值观"网络化"，这里的网络化是指不改变社会主义核心价值观的实质内涵，仅按照网络场域的"规则"进行相应形式的转化，把抽象的责任理论转变为图文兼备、声情并茂的网络化教育话语，以大学生喜闻乐见的形式呈现出来，使枯燥的理论和文字充满生机与活力，引发大学生的情感共鸣和深度认同，在同频共振中对之进行责任教育和引导。

(一) 构建日常责任网络化呈现模式

网络场域是由网络行为主体在互动过程中逐渐构成的空间社会，在

---

① 习近平：《在网络安全和信息工作会议上的讲话》，《人民日报》2016 年 4 月 26 日。

网民彼此交往中逐渐形成了网络人际关系与行为规范，以及个体行动者在网络情景中的行为习惯。大学生社会责任感培育的内容源于现实社会空间，涵盖了公民应当肩负的政治责任、法律责任、文化责任、环境责任等多个方面，网络化教育其实质是将现实生活中以社会主义核心价值体系为内核的日常行为责任，在网络这个虚拟社会中进行传播和教育，对网络中的大学生群体进行责任教化。虽然教育行为的主客体、教育内容、教育目的等方面未发生变化，但不同的空间场域，必须遵循相应的规范、制度和习惯，否则只会引起情感上的抵触、心理上的排斥和行为上的否定，降低社会责任观念的认可度和接受率。构建日常责任网络化呈现模式，可以从以下三方面入手。一是要将日常责任的教育内容网络化。在遵循社会主义核心价值观内涵的基础上，结合网络空间中的人际交往准则、交往内容和交往方式进行相应转化，将网络公共空间中大学生的社会责任与现实生活场域中的日常责任内容相互衔接和融通。二是要将责任教育表达方式网络化。把社会责任从简单的文字、单一的讲述、静态的显示，转换为集图片、文字、音频、视频于一体的综合阐释，呈现立体化的动态表达模式，在网络空间中讲好现实担当故事，吸引大学生的注意力，增强其认同感，进行潜移默化的责任教育。三是要建立起相应的网络化教育平台，承接好日常责任网络化教育的宣传和支持，通过建立官方微信、微博、视频号等多种方式，做好日常责任教育宣传和舆论引导工作，为日常责任网络化教育提供平台支持。

（二）建立日常责任网络化教育语系

话语作为任何场域行动者之间沟通的工具，既是一种资源，又是一种权力，虽然其表征的方式有文字、音频、符号等多种形式，但归根结底是话语权力属性的建构功能和引领作用的发挥。在网络社会中，话语权力依然具有至关重要的作用，权威话语对个体的塑造具有很强的约束性和规范性。正如福柯所认为的那样："话语是危险的，那些掌握权力的人试图对那些他们认为对自己构成潜在危险的话语施加控制。"① 网络场域并非世外桃源，相反比现实中的观念冲突和碰撞更为激烈，一旦主流意识在网络场域中失语和缺位，必然面临着多元化意识形态的挑战。② 在网络空间中进行大学生社会责任感培育，必须将日常责任放入网络情景中进行充分考虑，探索建立一整套关于现实责任教育的网络话语体系，涵盖责任认知范式、责任解释模型和责任行动模式，确保体系严密、逻辑贯通、结构完整，形成对社会责任强有力的话语阐释，牢牢掌握网络空间中的话语领导权，在网络场域与大学生进行对话中推动社会责任理念的传递。首先要将社会责任基本概念内涵进行语系转变，结合网络场域中语言的特殊性，对社会责任概念进行界定。不同于以往学术概念中单一的文字界定，而是通过文字、符号、图片、视频等多种方式嵌入，并加以组合与排列，形成多个层面、多个视角、全方位的概念阐释，帮助学生快速深入理解社会责任内涵。二是建构深层次理论体系，从马克思主义、社会学、心理学、行为学等多学科领域切入，结合网络空间中群体的特性、心理及行为特征，建构起一整套深层次的社会责任理论教育体系，用理论教育人、说服人、赢得学生的共鸣。三是持续扎根网络空间，及时推进教育语系的完善，针对网络场域中出现的新景观、流行词语、热图等丰富教育语系，如"躺平""打工人""不讲武德"等，整理和归纳新的教学素材，以鲜活的教育案例寻求与青年大学生的同"屏"共振。

二　网络责任日常化教育机制

网络社会是以互联网技术为依托，在网络场域居民之间行动交往的

---

① ［美］乔治·瑞泽尔：《后现代社会理论》，谢立中等译，华夏出版社 2003 年版，第64 页。

② 杜仕菊、刘林：《"微时代"主导意识形态的场域定位与话语转型》，《思想理论教育》2018 年第 10 期。

过程中所建构的，兼具虚实二重性和相互塑造关系，① 既与现实社会紧密相连，是对现实生活的反映和延伸；又明显具有虚拟社会的特性，成员之间的沟通行动是在空间隔离、时间差序、身体缺位的情景中进行的，带有匿名性、符号性、平等性特征。作为一种空间社会形态，网络场域的存在和运行依赖于对网络社会规范和规则的基本遵循，这些规范根源于现实生活中的法律、制度和道德，并契合网络社会自身的特性。大学生网络责任日常化教育，是在结合网络场域的特性下，深挖网域空间中行动的责任内涵，寻找网络责任现实化映射方法，帮助大学生正确认识自身网络行为背后蕴含的现实意义和影响，通过在日常化线下教育中引导大学生主动遵循网络社会规范，培育其网络社会责任感。

（一）探寻网络责任现实化映射方法

在长期的网络生活中，网民在沟通中形成了自我习惯，在快速化、群体化的扩张中塑造了网域空间的特殊景观。与此同时，网络生态特性也催生了大量失范行为，如侵犯他人隐私、名誉，传播色情、暴力、恐怖信息；也有一般的违规和道德失范，如违规抄袭、不遵守人际交往一般规则等。以大学生人际交往为例，当前，许多大学生热衷于用各类表情包在网络空间中进行沟通，符号化表达自身的情感和想法，出现了一言不合就斗图的现象，通过狂发表情包对他人进行嘲讽、攻击和谩骂，宣泄不满、愤怒、无奈等情绪，这实际是网络空间中网民群体所建构的一种亚文化，② 映射出部分网民在现实生活中价值取向个体化、思想道德庸俗化和行为方式极端化，本质上是一种网络社会失范行为。因此，做好大学生网络社会责任日常化教育，首先，要对网络中大学生各类失

---

① 郑元景：《虚拟生存：虚实共生的存在》，《河南科技大学学报（社会科学版）》2010年第1期。

② 蒋建国、李颖：《网络涂鸦表情包：审丑狂欢抑或娱乐的大麻》，《探索与争鸣》2017年第1期。

范行为和现象进行正确判断，通过讲座探讨、主题研讨交流等多种方式，引导学生学会辨别网络中的失范行为，帮助学生树立正确的网络责任认知。其次，要从心理学、社会学、伦理学等多个学科视角，结合社会主义核心价值观核心要义，深入剖析色情、暴力、抄袭等各类"越轨"行为对于个人身心健康的长期危害，提高学生警觉意识。最后，深度梳理和剖析网络中的各类不良现象，深挖其映射出的现实品质和问题根源，通过大家讲坛、专家讲解、名家讲座等多种形式，引导学生正确认识各类网络失范行为的背后是现实失德，从思想道德层面对学生进行教育。

（二）摸索网络责任日常化教育路径

网络责任的培育与日常教育看似脱离，实则是对立统一的关系。一方面，个体现实责任意识和行为是网络行为倾向的重要依据，对网络行为表现产生重要影响；另一方面，个人网络担当的习惯又反过来影响现实生活中的责任践行。因此，摸索网络责任日常化教育路径显得十分必要。摸索网络责任日常化教育路径，可从以下三方面入手。一是要找准网络行为与现实社会责任内涵的关联之处。探寻网络行为现实化映射，在深度剖析的基础上，将之与现实社会责任内涵、行为规范连接起来，在关联中找寻示范之处作为大学生网络责任日常化教育的融入点和突破口。二是要摸索讲解网络行为所蕴含社会意义的路径，通过在线下各类总结表彰大会、主题班会、座谈会、宿舍走访中融入网络规范行为元素，帮助大学生认识网络行为背后的社会意义，强化其责任意识。三是加大宣传力度，在学生宿舍、食堂、操场等日常公共活动空间设置横幅、海报、展板等网络文明宣传标语，营造大学生在网络空间中的践责氛围，引导大学生主动遵循网络社会规范，积极充当网络空间中主流价值的传播者、主旋律的弘扬者、网络规范的维护者。

第七节　大数据采集分析机制

伴随着信息技术的飞速发展，人类社会进入了"信息爆炸"的大数据时代。大数据时代的到来无疑为人类社会各领域发展产生了深远的影响，对于大学生社会责任感培育而言亦是机遇和挑战并存。党和国家高度重视大数据的发展，审时度势地部署数字化中国的时代新篇章。早在 2015 年五中全会"十三五"规划中就提出了实施大数据国家战略；国务院也出台了《促进大数据发展行动纲要》，并在教育领域提出了"教育文化大数据工程"；习近平总书记在不同场合，多次强调要重视大数据的运用，并于 2017 年 12 月中共中央政治局第二次集体学习时指出，要坚持以人民为中心的发展思想，推进"互联网 + 教育"，推进教育、就业、社保、医药卫生、住房、交通等领域的大数据普及应用。①

大学生社会责任感培育是一个动态发展的过程，具有周期性长、反复多变、表现多面的特征，对学生责任现状的客观了解，是科学制定培育决策的依据和前提。但作为一种内心行为倾向，一方面，社会责任的表现形式带有很强的隐蔽性，体现在大学生具体的日常行动中，在琐碎的行动中折射出其责任意识和责任行动；另一方面，社会责任涉及面广，涵盖了大学生学习、生活、社交、实践等多个方面，如果仅靠传统的日常接触、谈心谈话、问卷调查等方式来观察、统计、分析大学生社会责任培育难免显得滞后、片面和模糊。因此，大学生社会责任感培育要紧跟形势，拥抱新时代，实施数字化培养战略，建立起大数据采集分析机制，通过大数据的采集分析，及时、全面、精准了解其责任意识和行为现状，在长期跟踪大学生社会责任感培育的过程中，分析其变化、预测其趋势、总结其规律，为动态调整培育路径方法提供有效支撑。

---

① 习近平：《实施国家大数据战略加快建设数字中国》，《人民日报》2017 年 12 月 9 日。

一 搭建多点联动大数据采集平台

大数据采集分析机制的核心是数据采集和数据分析，其中以数据采集为基石，数据采集是否及时、全面和精准直接影响分析结果的客观与否。由于大学生学习和活动具有多面性、时段性、空间性等特征，其责任感呈现为多样化、零碎化、复杂化，任何单一主体在特定空间范围和时间节点上对其行为所形成的观察、统计和分析，都是片面、残缺和主观的。做好大学生责任感培育数据采集工作，必须搭建多点联动大数据采集平台。在组织层面，建立强有力的领导机构，整合教学、教务、学工、后勤、保卫、心理、图书馆、新媒体等多个部门，明晰各自责任范围和具体职责，打破孤岛格局，形成联动效应，实现对线上各种网络社交平台、浏览器、App 和线下教室、食堂、图书馆、宿舍、操场等学生活动空间的全面覆盖。在技术层面，将传统的交流观察、谈话了解、发放问卷和现代的物联感知、视频录制、平台技术并用，通过相互结合，优势互补，涵盖学生个人不同时段的所有"数据节点"[1]，形成对学生责任感数据的高效采集。

（一）成立统一组织领导机构

搭建多点联动大数据采集平台是一项系统工程，离不开制度的保障。加强顶层设计，成立大数据采集统一组织领导机构，为培育大学生社会责任感提供决策依据，是整合各管理部门的有效方式。从组织框架上讲，要建立多点联动大数据采集平台，需要学校管理体系中横向和纵向多部门联动，但这些二级单位存在级别并列或隶属，职能交叉或隔离的现实情况，没有一个统一组织领导机构，就会导致出现相互推诿和拉

---

① 李楠、张凯：《大数据时代高校思想政治教育的创新》，《马克思主义理论学科研究》2019 年第 5 期。

扯，造成大数据采集平台虚而不实、散而不聚、持而不久。要预防这种形式主义，就必须有一个强有力的领导核心，在学校党委层面成立统一领导机构，由分管校领导直接担纲，统筹协调各个部门，形成信息采集平台统一"战线"，着力贯彻落实数字化人才培养战略，切实推动大数据采集机制在各个部门生根发芽。

（二）现代与传统技术并用

大学生社会责任培育数据的采集过程需要依靠技术条件支撑。现代和传统采集技术各有明显优劣性，两者并用是打造多点联动大数据采集平台的必然之路。传统数据采集方式主要是通过教职工个人在日常接触学生中观察、记录和汇总相关信息，其优点是可以在面对面接触中更加真实地感知学生对责任行为的态度、情绪和状态，进而剖析其行动逻辑，不足之处在于在数据来源多元化、信息量几何倍数增长的新时代，这种人工方式会耗费大量的人力、物力和财力，且由于个体的受众偏好，容易蒙上一层主观色彩，产生"茧房信息"效应。[①] 现代化技术则是通过视频、App、物联感知技术等来采集学生行为数据，其优点在于具有及时性、全面性和联系性，不足则体现为伦理性、泛化性和存在数据异化的可能。大数据采集平台的打造既不能囿于传统采集技术，又不能完全依赖于现代技术，抛弃优良经验方法。在进行大学生社会责任感培育数据采集时，要充分发挥现代和传统技术的优势，使其有机结合，相互辅助，共同作用于学生数据采集工作。

二 打造专业化大数据分析队伍

数据本身并不具有价值，其价值产生于数据的整合与分析，在分析

---

① 方玲玲：《警惕互联网时代社群学习的"信息茧房"效应》，《中国教育学刊》2019年第10期。

中对事物的发展规律性进行把握和预测。大数据之"大"，并不仅仅在于它产生并传播了海量数据，更重要的意义在于提供了大量前瞻性的信息和知识，即大数据的核心价值是预测功能。[①] 建立大数据采集分析机制，对大学生社会责任感进行数据采集的目的是全面、准确地了解大学生责任感的培育现状和问题，为动态调整其培育路径和方法提供有效支撑。然而任何技术条件都是人所创造的，机器无法自动建立起数据之间的联系，各种采集机制、回归模型都是人所设定的，大数据的分析最终要依靠专业人才来完成。因此，数据价值的挖掘和运用主要在人，打造一支思维新、能力强的专业化分析队伍是大数据采集分析机制的重中之重。

（一）树立大数据思维

思维是行动的先导，指引着行动的方向，大数据的运用首要在于观念的更新和思维的转变。当前，随着信息化时代的飞速发展，从客观上讲我国已经进入了大数据时代，但从主观上看许多领域的人群都不同程度地缺乏数据思维，对数据的价值认识浅显，甚至不屑一顾，呈现出明显的思想滞后性，大数据大多流于表面，徒具形式，而没有深入人心。高校作为大学生社会责任感培育的主阵地，教育管理者自身数据观念的认知直接影响着对学生责任感培育数据的重视程度，进而关系着大学生社会责任感培育的精准识别、问题探析和对策调整。因此，打造一支专业化大数据分析队伍，核心在于教育管理者数据观念的自我更新、数据思维的牢固树立，要通过各种宣传、讲解，引导教工队伍对大数据客观存在进行深入思考，变革原有的思维方式，构建大数据思维，重视用数据说话、用数据决策、用数据教育，把运用大数据分析学生社会责任感培育的观念深入脑海，沉入内心。

---

① 刘辉：《大数据时代思想政治教育的微传播化》，《思想理论教育》2014 年第 6 期。

（二）开展大数据知识培训

数据分析能力的强弱关系到大数据能否运用和运用好坏，大学生社会责任感培育需要教育工作队伍具有专业化的数据分析能力，能够全面、系统和深入地对学生社会责任感情况进行梳理、归纳和总结。本领来源于学习，打造专业化大数据分析队伍，要不断强化教育培养，扎实推进大数据专业训练，切实要做好教育者大数据分析能力的培育工作。一方面，要加强理论知识学习，通过开展各种形式的大数据知识培训、沙龙辅导交流、数情分析竞赛，着力提高教育队伍的专业知识水平，完善其大数据分析和运用的知识结构。另一方面，要强化实践操作，紧密结合大学生社会责任感的培育，定期进行相关数据情报汇总和实操分析演练，在实践中不断提高大数据分析和运用能力，夯实能力基础。

第七章 大学生社会责任感培育
效果的评价体系

效果评价是对教育实践成效的检验，也可以看作教育实践中的基本环节。对大学生社会责任感培育效果进行评价既是培育实践不断深化发展的客观要求，也是有效适应培育实践创新发展的重要内容，还是推动培育实践不断提升科学化水平的重要环节。在以往对大学生社会责任感培育的研究中，学界较少从效果评价的角度展开研究。一是因为作为意识形态和精神层面的社会责任感，体现其可测量性、可感知性、可评价性具有一定的难度，把握对其测量所要遵循的原则也并非易事。二是从学理上构建起一个较为科学和全面的评价体系，需要精准把握社会责任感的具体内涵。本研究中，较好地把握了社会主义核心价值观视域下大学生社会责任在国家、社会、个人三个层面不同维度上的具体内涵，较好地体现了社会责任感的可测量性和可评价性，为构建大学生社会责任感培育效果的评价体系提供了学理基础和条件。

第一节 大学生社会责任感培育效果评价的价值意蕴

大学生社会责任感的培育不仅蕴含对主体的行为规约教育，更是对主体的社会化教育、责任使命教育。对大学生社会责任感培育效果进行评价是落实立德树人根本任务的内在要求，大学生社会责任感培育效果评价需要深化回答"评价什么""如何评价"等问题，这就要求评价体系的内在尺度必须明确培育目的与培育内容，这也是坚持问题导向的重要手段；大学生社会责任感培育效果评价体系对于责任感培育效果、管理和实践的评价与判断具有重要作用，完善大学生社会责任感培育效果的评价机制对于其责任感培育具有检验作用进而前置为参照标准，是形成动态的培育逻辑，构建长效机制的重要途径。

一 落实立德树人的内在要求

立德树人内在地要求对培育效果进行评价。立德树人是高校的立身之本，是检验一切工作成效的根本标准。立德树人是我国思想政治实践工作的核心标准，是由我国独特的历史、文化和国情所决定的，立德树人内在地要求对大学生社会责任感培育效果进行评价，评价体系的构建是对"培养什么样的人""如何培养人"以及"为谁培养人"这些根本问题的回应，通过审思性实践"立何种德"与建构性反馈"树何种人"，构建符合育才成长规律、思政育人规律、政治工作规律的科学应用。

评价体系落实立德树人的内在要求是体现中国独特文化、赓续文明的客观需求。大学生社会责任感培育实际上属于思想政治教育的内容，我国思想政治教育从诞生起就天然地与国家独特的文化和历史联系起来，这种独特的文化与历史酝酿了"以德为先"的思想观念、道德规范。在五千多年文明历史的长河中，"立德"在文明赓续和血脉传承中起着非常重要和独特的作用。如《了凡四训》所言"务要日日知非，日日改过"；《陶氏家训》所言"齐家本于修身。身也者，祖考之遗体而子孙之观型也，继往开来，担当世道，皆于是乎赖之"；三国时期李康所言"若夫立德必须贵乎，则幽、厉之为天子，不如仲尼之为陪臣也"；等等。评价体系落实立德树人的内在要求是中国自古以来崇德、尚德的必然结果。步入新时代以来，中国特色社会主义现代化建设进一步发展，这就在客观上对大学生责任培育提出了更高标准、更严要求。评价体系的构建亟须从中国传统文化的"德性文化"和"德性世界观"中汲取养分，在中国现代化建设的进程中承接历史文化的接力棒。

评价体系落实立德树人的内在要求是满足社会发展的基本需求。评价体系的构建直接关系着学生思想政治素养的提升和人生观、世界观、价值观的形成，关系着高校思想政治教育的不断深化和创新。但是，思想政治教育所面向的群体并非抽象的、封闭的。一方面，大学生所处的社会与时代是充满变化和发展的环境，这就要求评价体系落实立德树人的内在要求促进个人的发展的同时，也要促进个人与社会的融合。另一方面，社会属性是人的本质属性，个人的发展不能独立于客观环境之外，大学生社会责任感培育不能脱离客观社会进行抽象的照本宣科。新时代大学生思想政治素质是在新的环境条件下形成与发展的，呈现出新的特征和趋势，教育者的教育、引导与受教育者的认同、接受之间的矛盾运动过程更为复杂，在新时代思想政治工作上有着更新更高的任务内涵和目标要求。在当前信息化时代，互联网技术高度发达，网络文化纷繁复杂，社会思潮日益多元化，致使"立德树人"根本任务的实现面临更多的现实挑战，评价体系客观上需要符合先进教育理念、先进技术，有科学方法支撑，结构合理，符合中国特色社会主义现代化建设对人才培养的迫切需要。

评价体系落实立德树人的内在要求是满足大学生成长成才的基本逻辑。习近平总书记在学校思想政治理论课教师座谈会上强调，思想政治理论课是落实立德树人根本任务的关键课程。青少年阶段是人生的"拔节孕穗期"，最需要精心引导和栽培。① 评价体系落实立德树人的内在

① 习近平：《用新时代中国特色社会主义思想铸魂育人　贯彻党的教育方针落实立德树人根本任务》，《人民日报》2019 年 3 月 19 日。

要求就是促进大学生社会责任感培育体系的学理性和政治性相统一，以透彻的学理回应大学生思想困惑、价值取向迷失等一系列问题，以彻底的思想理论引导学生做崇德尚德的奋斗者。评价体系落实立德树人的内在要求就是将青年责任与时代、与使命、与民族结合起来，揭示了青年与时代这一主客体的内在统一。大学生成长成才实现个人价值就应当勇担时代责任，用富有时代气息的责任观凝聚中国青年的力量，将时代责任内化为党为国为民的内在品格。"新时代中国青年要担当时代责任。时代呼唤担当，民族振兴是青年的责任。"① 由此可见，大学生成长成才的基本逻辑与中国的时代使命、历史任务是密不可分的，大学生成长成才的基本逻辑需要评价体系落实立德树人的内在要求作为有力的依托力量。②

二 坚持问题导向的重要手段

"坚持问题导向"是提升思想政治教育实效和培育大学生社会责任感效果的基本原则。"坚持问题导向"符合马克思主义的认识论和辩证法。新的历史条件下，大学生社会责任感培育面临更多的现实问题和理论挑战。大学生社会责任感培育效果评价体系的构建急需更有针对性、实效性、时代性的挑战，评价体系要贯穿强烈的问题意识、鲜明的问题导向，发现问题、正视问题、解决问题。大学生社会责任感的培育本身就是一个动态的、发展的过程，从历史发展经验来看，外部驱动对于高等教育，尤其是高等教育中的思想政治教育影响最为直接和主要，诸如国际形势演变、社会制度变迁、经济社会发展、科技产业革命等外部需

---

① 习近平：《在纪念五四运动 100 周年大会上的讲话》，《人民日报》2019 年 5 月 1 日。
② 艾楚君、焦浩源、易锦：《新时代青年成长成才的基本遵循和道路选择——基于习近平总书记给青年群体 35 封书信的文本分析》，《中国青年研究》2021 年第 4 期。

求驱动都时刻影响着教育的发展。① 而当前高校思想政治教育面临的主要外部动因，是世界百年未有之大变局和中华民族伟大复兴战略全局，在国内外开放交流程度日益扩大，思想多样、文化交融和观念碰撞的态势下，就需要构建以问题为导向的评价体系，从时代背景和发展局势中把握培育过程中的重点、难点问题，并且因时制宜、顺势而为地利用变局所衍生的思想政治教育资源来应对复杂外部环境，从而提升对大学生社会责任感的培育能力，培养具有战略眼光、国际视野、政治坚定、素质过硬的时代新人。

"坚持问题导向"在大学生思想政治教育中的运用是继承中国共产党的实践优势，是马克思主义思想政治教育的方法论创新。首先，评价体系通过坚持问题导向增强大学生社会责任感的目标指向性，准确把握学生思想水平、政治觉悟、道德品质和文化素养，针对少数大学生在理想信念、价值认知、社会责任感和思想道德观念上的矛盾、困惑等一系列问题，在学科体系、教学体系、教材体系、管理体系等的构建中，紧紧围绕阶段性要求和总目标的价值旨归进行设计和践行。② 其次，评价体系的建设通过问题导向，在内容设计层面紧紧围绕鲜明的时代主题。责任感的培育很大程度上反映在新时代大学生所面对的复杂矛盾上，反映在需要解决的实际问题上。我们处在"百年未有之大变局"的现实诉求背景下，"中华民族伟大复兴"时代使命的召唤中，面临的问题矛盾也是多种多样的，坚持问题导向可以在培育内容上进行深化改革，渐次调整。再次，坚持问题导向使评价体系兼具行动上的可行性和价值取向上的实用性。坚持问题导向赋予了评价体系实效长效的科学决策，综合了教育主体的辩证思维、底线思维、系统思维等能力的提升，增强了

① 刘国瑞：《国家重大战略转换期高等教育现代化的定位与思路》，《高等教育研究》2020 年第 5 期。

② 艾楚君、胡景谱：《试论"主题式教育"融入大学生思想政治教育的优势及路径》，《思想理论教育导刊》2021 年第 4 期。

发现问题、提出问题、解决问题等各类实践能力。坚持问题导向要求具体问题具体分析，做到对症下药；透过现象看本质，从纷乱复杂的偶然事例中把握事物的必然性；抓住事关全局的重要问题，进而起到纲举目张的作用。① 最后，坚持问题导向要求强化教育力量的协同性，大学生责任感培育是多维度、多方面的系统教育，要坚持问题导向就要围绕各薄弱环节、突出的焦点问题形成育人合力，保证责任教育的全方位覆盖，形成又有侧重又有联系的育人场所，持续发力、分布发力、久久为功。

大学生社会责任感培育评价体系"坚持问题导向"折射的是宗旨观念、责任意识，彰显的是忧患意识、进取精神，展示的是积极向上、奋勇向前的工作状态。评价体系的建设，其根本目的是洞悉大学生的思想观念问题、查找大学生责任培育感体系中的教学缺陷、价值引领上的不足，在此基础上对培育方法进行革新，对教育队伍进行建设。在大学生社会责任感培育体系评价过程中坚持问题导向、靶向施策是优化教育结构的有力措施。通过问题导向对培育方法进行革新，对教育质量进行提高，对要素组合集结、协调和优化，实现集约式发展，是以提高效率和效益为要求的"内涵增长"。

三　构建长效机制的重要途径

大学生社会责任感培育重在构建起长效机制。评价体系作为实践支撑不仅仅是对培育质量的评定，更是对工作的评定和价值的判断。构建具有长效机制的大学生社会责任感培育体系，需要评价体系总结此前的工作成果，借鉴先进的工作经验和办法，对大学生责任感教育成果进行巩固，保持大学生责任感先进性，培养大学生崇高的教育理想、高深的专业素养、高品质的专业化服务能力，为提升责任感培养质量、形成更

---

① 刘云山：《增强问题意识　坚持问题导向》，《党建》2014 年第 6 期。

高水平责任培养体系提供可靠的保障。

评价体系的构建是巩固大学生责任教育成果的需要。大学生责任教育不可能毕其功于一役，大学生社会责任感在形成机制上可以分为责任认知、责任情感、责任意志、责任行为四个构成要素，从主体责任认知的获得，到责任情感的形成和责任意志的强化，再到责任行为的具体展现，是基于认知行为内在逻辑的一个循序渐进的过程，是相互关联相互渗透的，四者共同促进大学生责任感的形成。这个形成过程往往是具体的、变化的，受诸多因素影响。①培育路径并不是一成不变、一劳永逸的，它需要随着形势的变化而不断丰富。形成构建长效有用的责任教育新办法首先需要一套社会责任感的生成机理及培育路径，其次需要一套具有"内化""强化""干预""反馈"功能的评价体系对运行机制进行推动和监督，评价体系的构建有助于在责任教育活动中将优秀的成果转化为先进的教育经验，使责任教育入耳入脑入心。

评价体系的构建是保持大学生责任感先进性的需要，培养大学生崇高的教育理想、高深的专业素养、高品质的专业化服务能力的需要。社会责任感的生成机理及培育路径担负着价值引导、人格塑造、精神培育的铸魂育人使命，直接影响着思想政治工作的效果，决定着新时代人才培养质量的高低。责任教育的关键在于高水平人才培养体系的构建，评价体系构建则保证了社会责任感的生成机理及培育路径，要关注学科思想政治教育特色与成效，总结与提炼在学科建设中思政教育的特色做法，强化人才培养的价值引领与政治导向的作用，保证培养出的人才具备崇高的教育理想、高深的专业素养、高品质的专业化服务能力。探索长效机制是在大学生社会责任感上实现与体现

---

① 艾楚君、宋新：《大学生社会责任感生成机理及培育路径研究》，《湖南科技大学学报（社会科学版）》2017年第1期。

的，大学生对于社会责任感的接受、认同与践行并非单向、直线性的流程式过程，评价体系的构建有助于准确把握多主体、多要素以及多结果之间的内在运作机理。[①]

评价体系的构建为提升责任培养质量、形成更高水平的责任培养体系提供了可靠的保障。大学生社会责任感培育效果的评价体系能够把握大学生责任感培育、落实情况和实际效果，并作为评价和衡量现有培育体系的重要指标，使大学生社会责任感的培育工作走向制度化、规范化和科学化。首先，高校大学生责任感培育评价体系需要鲜明的价值引导，用以规范责任培育工作的方法。其次，需用评价体系丰富大学生责任感的内涵，对大学生的成长给予科学引导。最后，评价体系帮助培育路径构建。通过培育组织设计、投入机制、激励约束机制及考评机制，实现大学生专业素养与责任价值的系统整合，形成高质量、高水平的培养体系。

第二节　大学生社会责任感培育效果评价的基本原则

大学生社会责任感培育效果评价的基本原则在大学生社会责任感培育效果评价的理论和实践中具有重要的作用。客观准确的社会责任感培育效果评价原则有利于促进大学生社会责任感培育的创新和发展，有利于提升大学生社会责任感培育效果评价的科学性和有效性。确立合理有效的培育效果评价原则是开展大学生社会责任感培育效果评价的基石。要客观科学评价社会责任感培育效果应当遵循下基本原则：坚持知识评价与价值评价相结合、坚持客观评价与主观评价相结合、坚持结果评价与过程评价相结合、坚持定性评价与定量评价相结合。

---

① 艾楚君、杨超：《新常态下大学生社会责任感培育机制研究》，《北京教育（高教）》2017 年第 2 期。

一　知识评价与价值评价相结合

大学生社会责任感培育是一项教育实践活动，任何教育实践活动都是借助一定的教育形式进行知识传授，也可以说知识传授是教育实践活动的本质特征。大学生社会责任感培育首要任务就是对大学生进行有关责任感知识的传授，使大学生获取社会责任感的感性认知。知识性传授是大学生社会责任感培育的重要内容和根本任务。任何教育实践活动最终的目的都是使受教育者形成正确的价值认知和价值取向，大学生社会责任感培育的目的就是使大学生在接受相关知识传授的基础上，形成正确的价值认知、价值判断，担当起主体的社会责任，从而在现实情景中转化为责任行为。价值性是大学生社会责任感培育的逻辑主题和目标旨归。因此，对大学生社会责任感培育效果进行评价，要坚持知识性评价与价值性评价相结合的原则。

知识评价是指对大学生掌握的相关责任感理论知识，责任认知的客观化、系统化、标准化的知识进行考核量化，对大学生社会责任感的知识、实际应用情况进行较为全面完整、客观准确的分析和评定。大学生获取责任认知，了解到自我社会角色应当承担的社会责任和时代使命，认识到价值体系和道德规范之于自我的责任要求，是形成社会责任感的基础和前提。因此，评价大学生社会责任感最重要的是评价其对责任感相关知识的掌握程度。首先应当评价大学生对社会责任感的基本概念、主要内容、实践要求，以及社会主义核心价值观视域下大学生在国家、社会、个人三个层面不同维度上责任感的具体内容的了解程度。其次，应当评价大学生对于国家层面出台的相关制度中知识性、普遍性和约束性的规定和要求的掌握和了解程度，如《公民道德实施纲要》《关于培育和践行社会主义核心价值观的意见》《新时代爱国主义实施纲要》等重要制度和文件，为大学生社会责任感培育的知识评价提供重要依据。再次，党的十八大以来，习近平总书记在高校考察指导、主题讲话、与青年座谈、给青年群体书信中对当代中国青年如何强化担当精神、肩负社会责任、全面成长成才提出了系列希望和要求，形成了当代马克思主义青年观。这一当代马克思主义青年观以概念性、知识性的形式成为大学生全面发展的行动指南，也应当成为对大学生社会责任感知识性考评的依据。

检验大学生社会责任感培育的成效，关键就是要看大学生是否形成了正确的价值观念、价值标准和价值取向。因此，要对大学生社会责任感培育效果进行价值评价。价值评价是评价主体对客体所产生的应用成果、实际价值等方面进行的评价。价值评价以实际价值效能为基础，是不同于认识事物客观属性的特殊形式的评价。大学生社会责任感培育效果的价值评价，主要是指对大学生社会责任感培育效果评价性的认识，是针对大学生社会责任感培育这一具体实践活动对大学生主体所产生的价值影响的评价，关键在于评价大学生是否真正具有强烈的社会责任感，是否将责任认知转化为了责任行动，是否认识到了自我的社会责任和时代使命并能够在实际行动中体现出责任担当。对大学生社会责任感培育效果的价值评价关键在于考察大学生是否能够将国家、社会、个人三个层面多重维度的社会责任感内容内化于心、外化于行，能够按照社会责任感的内容要求自我，践履责任。

大学生社会责任感培育效果评价要将知识评价原则和价值评价原则相结合。知识评价关乎在实际培育工作中能否用正确、精准、丰富的知识教育大学生、引领大学生，是大学生社会责任感培育效果评价的基础和前提。价值评价体现了大学生社会责任感培育的重大意义和最终目标，是大学生社会责任感培育效果评价的根本和关键。离开知识评价，大学生社会责任感培育会失去内容和机制保障；离开价值评价，大学生社会责任感培育就可能失去价值保障和衡量标准。要做好大学生社会责任感培育效果评价，就要坚持知识评价原则和价值评价原则相结合。

二 客观评价与主观评价相结合

做好大学生社会责任感培育效果评价要坚持客观评价与主观评价相结合。

客观评价往往是由上级部门组织相关机构、专家组成评价小组，或由第三方机构进行评价，其通常根据有关部门制定的评价指标和评价体系，逐一对照进行评价。目前，还没有专门针对大学生社会责任感培育效果的客观评价制度和指标体系，但是在教育行政部门对高校思想政治工作的评价中，内含了对大学生社会责任感的评价内容，如评价中的学生访谈，主要就是通过访谈了解学生的价值观念、思想水平、政治觉悟，并以此作为评价思想政治工作效果的依据。相关政策文件中的规定为对大学生社会责任感培育效果进行客观评价提供了政策依据，如《关于加强和改进新形势下高校思想政治工作的意见》中明确指出"要健全高校思想政治工作评价体系，研究制定内容全面、指标合理、方法科学的评价体系"①。客观评价从事实出发，相对公平公正，具有权威性和说服力，涵盖指引、监督、评价等多项功能。对大学生社会责任感培育效果的客观评价，可以依托现有的对高校思想政治工作的考核评价、思想政治工作质量提升工程的评价、学校党建工作评价、"三全育人"综合改革试点工作的检查验收等来进行，在以上考核评价的指标体系中设置大学生社会责任感培育效果评价的指标和分值。同时，对大学生社会责任感培育效果的客观评价，高校可以根据人才培养规格、学科专业特色，自行制定评价指标和评价体系，自行组织评价工作小组开展评价工作，以增强评价的灵活性、特色性、针对性和多样性，使大学生社会责任感培育更符合各高校人才培养的特质。

---

① 《中共中央国务院印发〈关于加强和改进新形势下高校思想政治工作的意见〉》，《人民日报》2017 年 2 月 28 日。

主体自我的成就感、认同感是激发自我效能的关键因素，主体自我的评价是正视问题、改进不足、扬长避短进而促进全面发展的内在驱动力。因此，客观评价除了通过各个维度来检验大学生社会责任感培育的效果和质量外，大学生社会责任感培育效果评价还须坚持主观评价的原则。主观评价原则相对于客观评价原则，更注重大学生内在自我的认同感和发展观。从当前对大学生综合评价的实际情况来看，对大学生社会责任感的主观评价内隐于大学生德育自我评价、学年综合测评自我评价之中。对大学生社会责任感培育效果进行主观评价，有利于大学生理性审视自我的责任意识和责任情感，校检自我的责任感强烈程度，更好地化理性认知、情感认同为践责能力，在现实情境中履行好社会责任。因此，可以依托现有的学生自我评价，也可以以学年为单位开展专门的社会责任感自我评价，不断提升大学生社会责任感主观评价的科学性和有效性。

在大学生社会责任感培育效果评价中坚持客观评价与主观评价的有机结合，有利于增强大学生社会责任感培育的针对性，推动大学生社会责任感培育的创新发展。评价内容要坚持客观性，结合大学生主体，使其从对社会责任感的认知到认可再到实践，实现从思想到行为的根本转变。大学生社会责任感培育效果评价的方法多元，可采取实名考试、无记名问卷调查、统计分析等来具体测评评价效果。

三　结果评价与过程评价相结合

大学生社会责任感培育是一项持久性、系统性、动态性、发展性工作，需要把握合规律性与合目的性的辩证统一。大学生社会责任感培育旨在对学生进行价值引领，培养学生的担当精神，强化其社会责任感；同时，大学生社会责任感的培育不是一蹴而就的，也往往不能立竿见影，需要时间、空间、事件等各方面的检验和历练。因此，对大学生社会责任感培育效果的评价要坚持结果评价与过程评价相结合。

结果评价一般是指在项目实施和计划执行结束后，通过听取汇报、问卷调查、访谈答辩等多种形式对项目实施和计划执行所产生的结果与效能进行评价，其优点是可做出结果的动态性观察。作为政治性、实践性强的大学生社会责任感培育工作，出发点和落脚点，就是使大学生形成对国家、社会、自然以及他人等应该或必须负责任的认知、情感和信念，并匹配形成与之相适应的承担责任、履行义务的自觉态度。① 归根结底，大学生社会责任感培育的根本目标是指引大学生形成正确的理想信念和道德品质，形成敢于担当的高远价值追求。大学生社会责任感培育的价值旨归也就是培育堪担民族复兴大任的新时代人才。因此，要抓住大学生这一主体，重视对其在思想理念、价值立场、担当精神等方面的培育结果评价。习近平总书记在全国教育大会上的讲话中指出，教育工作以"凝聚人心、完善人格、开发人力、培育人才、造福人民为工作目标"，"培养德智体美劳全面发展的中国特色社会主义建设者和接班人"②。因此，大学生社会责任感培育效果评价要坚持结果评价原则，着眼于目标是否达成，大学生是否理想信念坚定、具有担当精神，是否能担负起建设中国特色社会主义的重任。

同时，大学生社会责任感培育效果评价需要把握过程评价原则。过程评价原则泛指过程观察和调研，根据大学生社会责任感培育工作项目的结果和作用，及时把控大学生社会责任感培育工作的变化过程和未来走向，在实践过程中深入剖析探讨形成现阶段结果的原因，进而关注培育工作的动态变化及未来发展。大学生社会责任感培育效果要注重结果评价，但是在培育工作中发展和形成的结果都是在培育过程中实现的且

---

　① 易畅：《大学生社会责任感的培育机制》，《光明日报》2014 年 10 月 22 日。

　② 习近平：《坚持中国特色社会主义教育发展道路　培养德智体美劳全面发展的社会主义建设者和接班人》，《人民日报》2018 年 9 月 11 日。

为动态发展的。大学生社会责任感培育效果和质量需要以培育过程为实施路径，大学生社会责任感培育过程情况在较大程度上展现了培育工作效果的情况。根据实际工作来看，大学生社会责任感培育的效果需要一段或更长的时间来显现，所以更加需要注重对培育过程中信息的积累和收集。

大学生社会责任感培育效果评价需把握结果评价与过程评价有机结合原则。大学生社会责任感培育效果评价工作中结果评价与过程评价都至关重要，不能顾此失彼，将二者割裂开来。应坚持结果评价和过程评价相结合，进而优化培育过程，推动大学生社会责任感培育工作长效发展。

四　定性评价与定量评价相结合

定性评价与定量评价，是评价领域经常使用的概念和方法，有着明确的内涵所指，与其他评价方法相比更具客观性。大学生社会责任感培育效果评价中也要坚持定性评价与定量评价相结合的原则，全面有效地反映大学生社会责任感培育效果。

大学生社会责任感培育效果评价应做好定性评价。定性评价是指运用分析和综合、比较与分类、归纳和演绎等逻辑分析方法，对评价对象做"质"的分析，再对评价所获得的数据、资料进行思维加工，对评价对象做出整体性的描述。侧重于对评价对象的直接表现和观察结果作出定性判断，带有一定的经验性和主观性。大学生社会责任感培育具有鲜明的价值导向，实质上是为党育人、为国育才这一战略性、系统性工程的组成部分。同时，大学生社会责任感又是大学生这一行为主体的理想信念、思想品德、价值观念、道德素养、知识本领、担当精神等的综合体现，往往表征着主体内在的责任情感、责任意志。对每一个具体大学生的社会责任感应当有一个总体的"画像"。因此，要对大学生社会责任感培育效果做出定性分析，就要看培育工作是否坚持了正确的政治方向，就是要考察大学生是否具有正确的政治立场、价值取向，是否能将自己的责任行为在服务祖国、服务社会、服务人民中转化为具体的责任行为。

定性分析带有一定的主观性，任何评价除总体描述的定性分析外，还需要一定的量的描述来增强评价的客观真实性。大学生社会责任感培育效果评价也不例外，还应做好定量评价。定量评价是指用数学的方法收集处理数据资料，对评价对象做出定量结果的价值判断，强调数值计算和量化，较为客观精确、方便快捷。大学生社会责任感培育效果评价坚持定量原则旨在从"量"的角度规范、衡量大学生社会责任感培育效果和质量的好坏。应当根据评价指标和分值设置，来计算其在责任感上获得的分数，以此作为衡量大学生社会责任感强弱的标准，作为大学生社会责任感培育效果的评价依据。应当注意的是，定量评价在一定程度上满足了以比较、评比、选拔为目的的评价需求，但应避免过度定量评价，以防忽视评价对象的个性发展和多元标准。

大学生社会责任感培育效果评价应做到定性评价与定量评价相结合。马克思主义认为，性质和数量是对立统一的矛盾，质是区分事物、划分事物界线的前提和基础，量是事物的规模、程度和速度以及它的组成部分在空间上的排列组合等可以用数量表示的规定性，二者相互依存，不可分割。大学生社会责任感培育效果评价既要用好定性评价，还要用对定量评价，二者各有所长，优势互补，有利于准确反映培育工作的真实情况。坚持定性评价和定量评价相结合，有利于从"性质"方面评价培育效果和评价对象是否有正确的价值方向，有利于从"数量"方面较为准确地反映出评价对象的整体或局部风貌。通过"质"和"量"全面掌握评价对象的特质，进而推动大学生社会责任感培育质量的提升。

第三节　大学生社会责任感培育效果评价的内容维度

作为一个完整的评价体系，应当包括评价的基本原则、评价的主要内容、评价的具体方法、评价的指标体系。对教育类实践活动效果的评价，在评价的内容上，往往又包括了教育对象接受效果评价、教育过程评价、教育结果评价、领导管理评价、教育队伍评价等。前面已经提及，当前对大学生社会责任感培育效果的评价体系，内隐于各类对高校思想政治工作的质量评价之中。目前，还缺乏专门的大学生社会责任感培育效果的评价。无论是在对高校思想政治工作的质量评价中增加大学生社会责任感培育效果的权重和分值，还是开展专门的大学生社会责任感培育效果评价，最重要的都是找到评价的内容维度。因此，本研究中我们着重探讨大学生社会责任感培育效果评价的内容维度。

一　评价内容

本研究立足于社会主义核心价值观视域下大学生社会责任感的培育，在对大学生社会责任感培育效果的评价上，就应当突出培育践行社会主义核心价值观的导向，根据研究中社会主义核心价值观视域下大学生社会责任感的具体维度和内容，在评价内容上我们依然可以按照国家、社会、公民三个层面不同维度上社会责任感的具体内容进行评价。因而，评价内容的一级指标可以设置为国家层面、社会层面、公民层面。二级指标可以根据国家层面的价值导向、社会层面的价值目标、公民层面的价值规范进行设置，具体而言，国家层面的二级指标可以设置为明大任担当，塑政治意识，强文化自信，练过硬本领；社会层面的二级指标可以设置为实现全面发展，尊重基本权利，维护社会公平，培育法律意识；公民层面的二级指标可以设置为厚植家国情怀，强化职业精神，夯实道德伦理，遵循交际准则。三级指标则可以按照上述 12 个二级指标和下面我们讨论的评价维度进行设置。

二　评价维度

根据社会主义核心价值观视域下大学生社会责任感的具体内容，在二级指标下设置评价维度，是大学生社会责任感培育效果评价的关键内容。根据第二章我们对社会主义核心价值观视域下大学生社会责任感结构维度的探讨，此处我们分析大学生社会责任感的评价维度，为构建大学生社会责任感培育效果评价的具体指标体系提供理论基础。

（一）国家层面的评价维度

社会主义核心价值观视域下，国家层面大学生社会责任感的具体内容就是大学生担当实现"富强"的大任、塑造"民主"的政治意识、强化"文明"的文化自信、练就推动"和谐"的过硬本领。根据这四个方面的具体内容，可以确定国家层面社会责任感的四个评价维度。

在明大任担当的评价维度中，主要评价的内容有三点。一是大学生的理想信念，是否树立起为人民谋幸福、为民族谋复兴的远大志向，树立起共产主义远大理想和中国特色社会主义共同理想。二是大学生的使命意识，是否具有自我社会角色的责任意识和使命意识并将其转化为内在的意识品格。三是大学生的担当精神，是否能认识到担当民族复兴大任是当代青年成长成才的价值旨归，是否具有强烈的担当精神，能否做到敢于担当、善于担当。

在塑政治意识的评价维度中，主要评价的内容有四点。一是政治立场，看大学生是否坚决拥护党的领导，听党话、跟党走，做到爱党、爱国和爱社会主义的内在统一，是否能够做到"两个维护"、增强"四个意识"、坚定"四个自信"。二是人民情怀，看是否具有全心全意为人民服务的根本宗旨，能否深入人民、扎根人民、服务人民。三是政治鉴别能力，看大学生能否运用马克思主义分析观察社会现象，抓住现象本质，保持政治定力；能否坚决反对历史虚无主义，敢于与错误思想和言论进行坚决斗争。四是参与政治生活，看大学生能否有序参与政治生活，行使自己的民主政治权利。

在强文化自信的评价维度上，主要考察评价大学生是否具有坚定的文化自信；能否弘扬优秀传统文化，弘扬革命传统，继承红色基因；能否推动社会主义先进文化的发展。

在练过硬本领的评价维度上，主要考察的内容有四点。一是理论素养，看大学生是否具有一定的理论基础和较为厚实的人文素养。二是基础知识，看大学生是否具有明确的学习目标和端正的学习态度，是否系统全面掌握了专业基础知识。三是专业技能，看大学生是否能将专业知识运用于具体实践，是否具备了一定的专业技能。四是创新意识，看大学生是否具有创新意识和创新能力，能否积极参与创新创业的实习实训。

(二) 社会层面的评价维度

社会主义核心价值观视域下，大学生在社会层面上的社会责任感主要包括：以"自由"为根本，实现全面发展；以"平等"为取向，保障基本权利；以"公正"为目标，维护社会公平；以"法治"为手段，培育法律意识。据此，我们也可以将大学生在社会层面社会责任感的四个方面的内容设置为四个考评维度。

在实现全面发展的评价维度上，主要评价的内容有三点。一是自由认知，能否认识到自由的价值，能否认识到自由是实现全面发展的基础。二是自觉意识，评价大学生能否认识到全面发展的重要性，是否具有全面发展的意识，有无阶段性的学业规划和完整的生涯规划，是否能将社会责任感的认知内化为情感体验。三是自律意识，看大学生能否自觉将责任情感体验转化为责任意志，在无人监督的情况下能否自律，能否展现责任行为；是否具有规则意识，评价大学生能否遵守规章制度、维护社会公共秩序和道德伦理秩序。

在保障基本权利的评价维度上，主要考查的内容有两点。一是平等理念，看能否做到人人平等，践行平等观念；能否在知行合一中促进平等理念在形式与实质上的统一。二是平等权利，看大学生是否树立起正确的权利观、义务观，能否做到既享受权利又履行义务。

在维护社会公正的评价维度上，主要评价的内容有两点。一是公正理念，看大学生能否切实做到贯彻公正理念，坚持公正行动，用公正的标准处理事务。二是公正秩序，评价大学生能否积极维护和推动社会公正，在日常公共情景中能否维持公正的秩序。

在培育法律意识的评价维度上，主要评价的内容有三点。一是法治意识，评价大学生是否有法治意识，能否积极推动法治建设。二是法律知识，评价大学生是否掌握了基本的法律知识和基础的法律法规，能否用法律条文来要求和约束自己，使自我敬畏法律、尊重法律。三是法律运用，评价大学生能否信法守法用法，能否尊崇法律规定，履行法律义务，善于运用法律武器。

（三）个人层面的评价维度

在个人价值准则层面，大学生社会责任感具体包括以"爱国"为内核，厚植家国情怀；以"敬业"为核心，强化职业精神；以"诚信"为导向，夯实道德伦理；以"友善"为基础，遵循交际准则。我们同样将这四个内容设置为公民层面指标下的四个具体考评维度。

在厚植家国情怀的评价维度上，主要评价学生是否具有强烈的爱国主义精神，是否能够坚持道路自信，是否具有坚持爱国和爱党、爱社会主义相统一的政治立场，能否将爱国之情转化为强国之志、报国之行；能否坚决捍卫祖国的尊严，能否维护民族大团结；能否响应祖国的号召，积极参加征兵服役、志愿服务、西部计划、"三支一扶"、村干部计划、基层选调、特岗教师等专门面向大学生的专项项目。

在强化职业精神的评价维度上，主要评价三方面内容。一是职业理想，评价大学生是否能将个人职业理想与服务国家、服务社会有机联系起来，使个人价值与社会价值有机结合。二是职业目标，看大学生能否根据自己的学科专业、知识技能，结合自己的性格特征、能力特长、兴趣爱好选定正确的职业目标。三是职业精神，评价大学生能否坚持精益求精、追求卓越的职业精神，能否把职业作为自己的事业追求，并具有无私奉献的精神。

在夯实道德伦理的评价维度上，主要评价一方面内容。一是讲诚信，看大学生能否把诚信作为道德价值追求，在具体的学习、生活和人际交往互动中，能否做到诚实守信、诚恳待人。二是追求高尚的道德品质，看大学生能否积极参加道德实践，能否不断锤炼道德品质，能否坚持正确的价值判断标准，明辨是非、站稳立场、恪守正道。

在遵循交际准则的评价维度上，主要评价两方面内容。一是注重友善品德，看大学生能否在社会关系和人际交往互动中做到团结友爱、待人友好、互帮互助、相互关爱、守望相助、善良纯真。二是遵循友善准则，看大学生能否在现实情景和日常生活中以友善作为交际的基本准则，秉持友善原则。三是弘扬友善美德，看大学生能否积极传播友善，敢于揭露和自觉抵制假恶丑，积极追求向往真善美。四是践行友善观念，看大学生能否自觉投入志愿服务、公益活动、爱心援助、义工活动等体现友善观念的实践活动。同时还要评价大学生是否具有正确的生态文明理念。

第四节 大学生社会责任感培育效果评价的指标体系

根据以上对大学生社会责任感培育效果评价基本原则和内容维度的分析，我们初步设置出以下的指标体系，为开展大学生社会责任感培育效果评价提供参考。如图 7.1 所示。需要说明的是，对大学生社会责任感培育效果的评价包括组织领导的评价、培育内容的评价、培育方法的评价等多个方面。如前所述，对组织领导、培育方法的评价事实上已经内蕴于对高校有关思想政治教育效果的评价中，因此，我们的指标体系设置侧重于对大学生这一主体社会责任感的评价，分值设置也可以根据人才培养规模和人才培养特征自行调整。在以后的研究中，我们将进一步深化指标体系的研究。

图 7.1　　大学生社会责任感培育效果评价指标体系

一级指标	二级指标	三级指标
国家层面社会责任感（富强、民主、文明、和谐的价值导向）	明大任担当	1. 理想信念坚定，树立起共产主义远大理想和中国特色社会主义共同理想；能够认识到自我必须担当民族复兴大任。
		2. 具有远大目标，能够将人生理想融入为祖国为人民的服务之中。
		3. 具有使命意识，能够认识到自我的时代责任与历史使命。
		4. 具有坚强意志，能够不怕困难，敢于迎难而上。
		5. 具有担当精神，对分内的工作和任务不推诿。
		6. 具有奋斗精神，没有不劳而获、好逸恶劳、投机取巧的思想和行为。

一级指标	二级指标	三级指标
国家层面社会责任感（富强、民主、文明、和谐的价值导向）	塑政治意识	7. 能认识到"民主"的内涵和要求，正确行使民主权利。
		8. 政治立场坚定，拥护党的领导和社会主义制度，热爱祖国，维护国家利益，自觉学习并贯彻落实党的路线方针政策和基本方略。
		9. 能切实做到"两个维护"，不断增强"四个意识"，坚定"四个自信"，具有服从大局的意识，没有反动言论和思想。
		10. 关心时政热点，有较高的政治鉴别能力，不参与任何有损祖国尊严和荣誉、危害社会秩序和破坏社会安定团结的活动，能与错误的思想与言行作斗争，不造谣、不信谣、不传谣。
		11. 按要求参与党团组织的民主生活，学会行使选举权。
	强文化自信	12. 能认识"文明"的深刻内涵和基本要义。
		13. 具有较高的文明素养，日常生活中有文明的言谈举止、生活方式、爱好情趣。
		14. 具有高度的文化自信，主动了解中国故事，传播中国声音。
		15. 能继承优秀传统文化，弘扬红色基因，积极弘扬社会主义先进文化。
		16. 能积极参加校园文化活动，组织或参与展现文化自信的文化活动。
	练过硬本领	17. 能理解"和谐"的核心要求和价值诉求。
		18. 具有较高的理论素养，经常阅读经典书籍，有一定的人文素养。
		19. 学习目标明确、学习态度端正，无经常旷课现象。
		20. 基础知识扎实，每学期无不及格和补考现象。
		21. 积极参加教育部认定的44项科学竞赛和其他行业类学科竞赛；积极参加大学生"互联网＋"创新创业大赛等各类创新竞赛活动。
		22. 努力获得提升综合素质、业务能力的结业证书或各类技能证书。

续　表

一级指标	二级指标	三级指标
社会层面社会责任感（自由、平等、公正、法治的价值目标）	实现全面发展	23. 能树立以"自由"为根本，实现全面发展的意识。
		24. 能正确认知自我、接受自我、欣赏自我、悦纳自我。
		25. 身心健康，积极参加体育锻炼，自觉学习心理健康知识。
		26. 具有自觉意识、自律意识、规则意识，能严格要求自己，遵守法律法规、校纪校规和各项规章制度，无违法犯罪记录和违纪违规行为。
		27. 积极参加政治学习、集体活动、劳动教育和社会公益活动，增强个人集体荣誉感。
	保障基本权利	28. 能理解平等的内涵和要求，树立人人平等的理念。
		29. 在人际交往互动中尊重人，尊重人的基本权利。
		30. 有正确的权利观，既能享受权利也能履行义务。
		31. 遵守《普通高等学校学生管理规定》中对权利义务的规定。
		32. 关心学校的发展和建设，积极向学校提出合理化建议。
	维护社会公平	33. 能正确全面深刻理解公正的内涵和基本要求，树立公正理念。
		34. 构建公正秩序，要积极维护公正，对学习、生活、工作等方面涉及利益性、竞争性的公共事务要做到公正参与、公正竞争。
		35. 以公正为目标，切实实现好、发展好、维护好人民群众的根本利益。
		36. 勇于同违背和破坏学校和社会公平的现象与行为作斗争，培养公平公正的意识。
		37. 积极参与促进社会公平的志愿服务活动。
	培育法律意识	38. 积极推动法治建设，具有法治意识。
		39. 能积极学习法律知识，掌握相关的法律条文。
		40. 能做到学法、守法、用法，敬畏法律，尊崇法律。
		41. 遵守宪法和其他法律法规，无违法犯罪的记录。
		42. 能利用法律保护自己的权益。

一级指标	二级指标	三级指标
个人层面社会责任感(爱国、敬业、诚信、友善的价值规范)	厚植家国情怀	43. 具有强烈的爱国主义精神,坚决维护祖国主权和领土的完整。
		44. 敢于与有损国家尊严的言行作斗争。
		45. 坚持爱国和爱党、爱社会主义高度统一。
		46. 维护民族团结,尊重各民族的宗教信仰、风俗习惯,能帮助少数民族学生的学习生活、成长成才。
		47. 能将爱国之情转化为报国之志,积极参加征兵服役、志愿服务、西部计划、"三支一扶"、村干部计划、基层选调、特岗教师等专门面向大学生的专项工作。
		48. 职业选择能与国家建设需要相结合。
	强化职业精神	49. 具有敬业精神,能做到干一行爱一行。
		50. 具有正确的职业理想,能把个人的选择、个人的事业、个人的发展与推动社会的进步与文明发展、创造社会价值有机结合起来。
		51. 具有合理的职业目标,能根据自己的学科专业、知识技能,结合自己的性格特征、能力特长、兴趣爱好确定职业选择和职业目标。
		52. 具有奉献精神。
	锤炼道德品质	53. 具有诚实守信的优良品质,在日常生活、学习、工作以及人际交往中做到诚实为人,诚恳待人,坦诚相见。
		54. 积极参加道德实践活动,如志愿服务、时代新风行动、各类群众性创建活动、移风易俗行动等道德实践活动。
		55. 具有正确的价值判断标准,明辨是非、站稳立场、恪守正道。
		56. 明大德、守公德、严私德。没有不道德的行为。

续　表

一级指标	二级指标	三级指标
个人层面社会责任感（爱国、敬业、诚信、友善的价值规范）	遵循交往原则	57. 能践行友善理念，在交往关系中以友善作为交际的基本准则，秉持友善原则。
		58. 能践行诚实守信原则，以诚相待，言而有信。
		59. 与人交往，做到公正平等、宽容谦让，能够正确处理同学之间的矛盾。
		60. 在日常交往中做到互相尊重、互助互利、和睦友善、乐于助人。
		61. 自觉向"最美人物""时代楷模"等先进典型学习。
		62. 自觉投入公益活动、爱心援助、义工活动等实践活动。

《社会主义核心价值观视域下大学生社会责任感测量量表》

(注：实证调查研究使用该量表)

亲爱的各位同学：

非常感谢您对本课题研究的支持。因研究需要，本问卷问题较多，有些是否定陈述，请耐心细致作答。答案没有对错之分，且采用匿名方式，问卷数据仅做研究之用，不会对任何一份问卷做价值评判。请根据您的第一反应作答。

再次感谢您的支持！祝您学习进步！

"社会主义核心价值观视域下大学生社会责任感培育机制研究"课题组

一 个人基本情况（请在相应的□内打"√"）

1. 性别：男□ 女□

2. 政治面貌：共产党员（含预备党员）□ 共青团员□ 群众□ 民主党派□

3. 学历：专科□ 本科□

4. 生源地：农村□ 城镇□

5. 所在年级：大一□ 大二□ 大三□ 大四□

6. 就读的学校为："985"或"211"高校□ 普通本科院校□

地方本科院校□ 高职高专□

7. 所属民族：汉族□ 其他民族□

8. 就读学科：哲学□ 法学□ 经济学□ 文学□ 历史学□
教育学□ 心理学□ 管理学□ 理学□ 工学□ 农学□ 医学□ 艺术学□ 体育学□ 其他□

二 调查问卷（请在相应的选项下打"√"）

层面	维度	序号	内　容	非常不符合	不太符合	不确定	比较符合	非常符合
国家层面：富强、民主、文明、和谐	责任认知 准确性	1	我了解"富强、民主、文明、和谐"的基本理论内涵。					
		2	富强是实现中华民族由站起来、富起来到强起来的伟大飞跃。					
		3	社会主义民主的本质是人民当家作主。					
		4	文明是一个国家的软实力。					
		5	和谐是人类孜孜以求的美好社会形态。					
	整体性	6	我对"两个一百年"的奋斗目标很清楚。					
		7	富强就是要从2020年到21世纪中叶分两步走全面建设社会主义现代化强国。					
		8	我很清楚我国的人民代表大会制度、多党合作制、政治协商制等相关民主制度。					
		9	我知道十九大报告提出的我国发展新的历史方位。					
		10	和谐不仅是解决中国发展道路问题的价值立场，也是建立全球国际政治伦理与国际秩序的指导原则。					

续 表

层面	维度		序号	内 容	非常不符合	不太符合	不确定	比较符合	非常符合
国家层面：富强、民主、文明、和谐	责任认知	深刻性	11	我对"四个全面"战略布局、"五位一体"总体布局、"四个伟大"的具体内容很清楚。					
			12	我觉得我国现行的国体、政体是实现社会主义现代化强国的制度保障。					
			13	文明是一种深层次的民族精神内核。					
			14	2018年"两会"的召开将促进国家的富强和民主。					
			15	新时代机构改革是建成富强民主文明和谐美丽社会主义现代化强国的需要。					
	责任情感	认同感	16	建设社会主义现代化强国离不开一代又一代大学生的接力奋斗。					
			17	人民当家作主是社会主义民主政治的本质和核心。					
			18	"宪法"修订是实现富强民主文明和谐价值目标的需要，是国家长治久安的保障。					
			19	"一带一路"通往人类命运共同体，是中华文明复兴的战略体现。					
		归属感	20	中国梦是国家的梦、民族的梦，也是每个人的梦。					
			21	国家好、民族好，人民才会好。					
			22	我为生活在中华民族复兴的追梦时代深感自豪。					
			23	我国现阶段实行的社会主义民主制度使公民深感自主与安全。					
			24	国家文明和谐，才有百姓的安居乐业。					

续 表

层面	维度	序号	内 容	非常不符合	不太符合	不确定	比较符合	非常符合
国家层面：富强、民主、文明、和谐	责任情感	效能感.	25	我深信我国一定能够建设成为富强民主文明和谐美丽的社会主义现代化强国。					
			26	我深信我国一定能够逐步实现社会主义的真正民主。					
			27	我不但满意当代中国的文明建设,而且相信中华文明将会促进世界文明的繁荣。					
			28	当代中国的社会和谐程度不是令人十分满意。					
	责任意志	坚定性	29	我高度赞同十八大以来党中央的治国理政方略必将推动实现国家的富强。					
			30	我高度赞同坚持人民当家作主是实现民主的价值旨归。					
			31	我坚信文明复兴是文化自信的基础力量。					
			32	我坚信和谐是社会主义制度的内在价值诉求。					
		自觉性	33	我赞同人民有信仰,国家才有力量。					
			34	民主不是抽象的绝对的,而是体现在公民社会政治经济文化的具体活动中。					
			35	大学生要自觉做文明的守护者、传承者。					
			36	大学生要自觉做和谐社会的推动者。					
		自制性	37	我认为只有努力掌握科技文化知识,才能为实现国家富强贡献力量。					
			38	面对不文明的现象,我通常会睁一只眼闭一只眼。					
			39	我坚决反对不民主、不文明、不和谐的现象。					

续　表

层面	维度		序号	内容	非常不符合	不太符合	不确定	比较符合	非常符合
国家层面：富强、民主、文明、和谐	责任行为	信心	40	实现国家富强，只有坚决拥护中国共产党的领导。					
			41	通过健全我国的民主制度和民主渠道，一定会促进我国法治建设。					
			42	通过国家治理体系和治理能力现代化，文明和谐的社会形态一定能实现。					
		决心	43	我能用坚定行动维护国家利益并为国家富强不懈奋斗。					
			44	我坚决赞成2018年“两会”对宪法的修订，必将推动民主的发展。					
			45	我要用实际行动推动我国文明、和谐社会的实现。					
		恒心	46	我始终将坚持“四个自信”作为实现国家富强的精神动力。					
			47	当祖国需要我的时候，我能挺身而出。					
			48	对诋毁国家形象、有损国家利益的言行，我通常不会坚决制止。					
			49	我经常积极参加民主选举和民主管理活动。					
			50	我能在日常行为中践行文明、和谐的要求。					
社会层面：自由、平等、公正、法治	责任认知	准确性	51	我了解“自由、平等、公正、法治”的基本理论内涵。					
			52	人人享有同等的自由。					
			53	只有相互平等的自由，没有行使特权、歧视与压迫他人的自由。					
			54	公正是社会主义社会的内在要求。					
			55	法治是自由的“保护神”，离开法治就没有自由可言。					

续　表

层面	维度	序号	内　容	非常不符合	不太符合	不确定	比较符合	非常符合
社会层面：自由、平等、公正、法治	责任认知 整体性	56	我了解党的十九大报告提出的我国社会主要矛盾的转化。					
		57	自由是指人的意志自由、存在和发展的自由。					
		58	平等是宪法规定的公民基本权利，同时也是法治国家必须遵循的宪法原则。					
		59	公正以人的解放、人的自由平等权利的获得为前提。					
		60	我了解全面推进依法治国总目标是建设中国特色社会主义法治体系、建设社会主义法治国家。					
	深刻性	61	自由不是无条件的自由，是个人自由与集体自由的有机统一。					
		62	平等既是社会主义社会的本质特征，又成为社会主义发展的内在要求。					
		63	公正是人们的一种生存理念，是调节社会关系的一种价值评价标准。					
		64	法治是治国理政的基本方式，依法治国是社会主义民主政治的基本要求。					
	责任情感 认同感	65	我很认同社会主义核心价值观。					
		66	极少数公民没有传递社会正能量、弘扬社会主旋律是可以接受的。					
		67	我赞同党中央严厉打击涉黑涉恶组织和势力，深挖背后保护伞和腐败。					
		68	我赞同对违法犯罪行为进行严厉处置。					
		69	国家监察委员会的成立将促进社会的公正和法治。					

层面	维度	序号	内　容	非常不符合	不太符合	不确定	比较符合	非常符合
社会层面：自由、平等、公正、法治	责任情感 / 归属感	70	当今自由民主繁荣的社会常常激起我心底的热爱与依恋。					
		71	社会一些不平等、不公正的现象令我顿生逃离与厌世念头。					
		72	中国社会当下日益健全的法制环境,令我深感安全和幸福。					
	效能感	73	当今社会给公民提供了相对自由的环境,我也能为促进自由做出较大贡献。					
		74	当今社会,难以使每个公民享受到真正、充分平等的待遇。					
		75	我相信当今社会能给公民提供公正平等的环境和机会。					
		76	我国公民都受到了法律的较好保护。					
	责任意志 / 坚定性	77	我坚信自由、平等、公正、法治是人类社会普遍追求的价值理念。					
		78	我认为我们一定能建立和完善新时代中国特色社会主义法治体系。					
		79	我拥有维护社会公平正义的坚定意志。					
	自觉性	80	自由不能凌驾于社会利益之上,也不是绝对的个人自由。					
		81	我对社会存在的不公正现象有时会熟视无睹或无动于衷。					
		82	面对做好事反被讹诈,我内心有过纠结,但还是会主动帮助他人。					
		83	我能自觉维护公平正义。					

续　表

层面	维度		序号	内　容	非常不符合	不太符合	不确定	比较符合	非常符合
社会层面：自由、平等、公正、法治	责任意志	自制性	84	我能正视贪污腐败、拜金主义等不良社会风气并不受其影响。					
			85	面对有失公正和平等的现象，我内心有过焦虑，但不会去做。					
			86	面对网络上的负面新闻，我有时也会跟风评论，发泄情绪。					
	责任行为	信心	87	通过每一个公民的努力，我坚信自由平等、公正法治的价值导向一定能实现。					
			88	我确信法律面前人人平等。					
			89	我坚信社会是公正的。					
			90	我相信法律是维护公平正义的。					
		决心	91	我坚决维护社会的平等、公正。					
			92	我认为应该珍惜当下公民拥有的自由权利。					
			93	在人性本善的传统文化影响下，全面推进依法治国是存在一定困难的。					
		恒心	94	看到马路上跌倒的老人小孩，我通常会去扶起来，并帮助其联系家人或医院。					
			95	我经常积极参与学校、社区选举等行使公民权利的活动。					
			96	我对违反自由、平等、公正的不良社会现象常常及时予以制止。					
			97	对网络中的不当言行，我常常会进行批驳。					
			98	火灾等危机事件发生时，可以理解少数公民不顾他人只顾自己的逃生行为。					

续 表

层面	维度		序号	内 容	非常不符合	不太符合	不确定	比较符合	非常符合
个人层面：爱国、敬业、诚信、友善	责任认知	准确性	99	我了解爱国、敬业、诚信、友善的基本理论内涵。					
			100	对自己祖国极其忠诚与热爱的深厚情谊就是爱国主义精神。					
			101	敬业是人类社会最为普遍的奉献精神。					
			102	诚信是现代社会人际交往的基石。					
			103	友善是我国优秀的传统价值理念。					
		整体性	104	爱国主义是凝结民族力量的核心纽带。					
			105	爱国敬业诚信友善涵盖了社会公德、职业道德、家庭美德、个人品德等各个方面。					
			106	爱国、敬业、诚信、友善彼此相辅相成,构成公民个人的价值行为准则。					
			107	中国特色社会主义要求每个公民养成爱国、敬业、诚信、友善的高尚品德。					
		深刻性	108	爱国主义不是抽象的,而是具体的行动。					
			109	敬业是一种公民必备的职业道德。					
			110	诚信应当成为公民内在的精神内核。					
			111	友善是中华民族的传统美德,应该体现在公民日常行为中。					
	责任情感	认同感	112	我不赞成中国人拥有双重国籍。					
			113	干一行爱一行是基本的职业道德。					
			114	我赞成见义勇为、见义智为、舍己救人的高尚行为。					
			115	人对善的永恒追求是友善成为需要的内在依据。					

续　表

层面	维度	序号	内　容	非常不符合	不太符合	不确定	比较符合	非常符合
个人层面：爱国、敬业、诚信、友善	责任情感	归属感	116	对祖国的热爱给予了我巨大的精神力量。					
			117	作为繁荣富强的今日中国一分子,我深感荣幸。					
			118	践行诚信友善给我带来自己所属群体的关爱与温暖。					
		效能感	119	我会更加热爱日益文明富强的祖国。					
			120	我会更加努力地学习任务。					
			121	在人际互动中,我能够更加由衷地提升自己的诚信度。					
			122	我认为少数恶人是难以变得友善的。					
	责任意志	坚定性	123	为了早日实现"两个一百年"的奋斗目标,大学生必须敬业与奉献。					
			124	每个公民在任何情况下都必须坚定展现出爱国行为。					
			125	艰难困苦的学习工作境况下都应该体现出坚强的敬业精神。					
			126	每个公民都应该坚定遵循诚信友善的处世规范。					
		自觉性	127	在没有人监督的情况下,要自觉践行社会主义核心价值观。					
			128	我会自觉践行自己的职业价值观。					
			129	诚信和友善应当成为我国公民的精神品格。					
		自制性	130	我坚决反对我国公民违背爱国主义的言行。					
			131	不管什么情况下,我都会见义勇为和舍己救人。					
			132	面对社会领域里的欺诈、虚伪行为,我坚决予以抵制。					

续　表

层面	维度	序号	内　容	非常不符合	不太符合	不确定	比较符合	非常符合
个人层面：爱国、敬业、诚信、友善	责任行为	信心	133	我坚信我国公民能够积极践行社会主义核心价值观。					
			134	我坚信人的本质是诚信友善的。					
			135	只要激发人的主观能动性,人们都能爱国、敬业。					
		决心	136	我愿意到基层去建功立业,报效祖国。					
			137	我有明晰的学业和职业规划并付诸学习实践。					
			138	我坚决将爱国、敬业、诚信、友善的要求落实在具体的行动中。					
		恒心	139	我常常参与献血、义务劳动、捐赠等志愿服务类社会公益活动。					
			140	一有机会我就在重大危机事件和国家重大事件中争当志愿者。					
			141	有人在网络上发布虚假信息和不当言论时,我常会及时制止。					
			142	我通常能做到文明礼貌、善待他人,帮助需要帮助的人。					
			143	我总能与亲人、朋友和同学友好融洽相处。					

主要参考文献

一　马克思主义经典著作、党的文献

中共中央马克思恩格斯列宁斯大林著作编译局：《马克思恩格斯选集》
　　第1—4卷，人民出版社2012年版。

中共中央马克思恩格斯列宁斯大林著作编译局：《马克思恩格斯全集》
　　第1卷，人民出版社1956年版。

中共中央马克思恩格斯列宁斯大林著作编译局：《马克思恩格斯全集》
　　第2卷，人民出版社1957年版。

中共中央马克思恩格斯列宁斯大林著作编译局：《马克思恩格斯列宁斯
　　大林论青年》，中国青年出版社1981年版。

毛泽东：《毛泽东选集》第1—4卷，人民出版社1991年版。

邓小平：《邓小平文选》第1—3卷，人民出版社1994年版。

习近平：《习近平谈治国理政》第一卷，外文出版社2014年版。

习近平：《习近平谈治国理政》第二卷，外文出版社2017年版。

习近平：《习近平谈治国理政》第三卷，外文出版社2020年版。

中共中央宣传部：《习近平总书记系列重要讲话读本》，学习出版社
　　2016年版。

中央文献研究室：《习近平青少年和共青团工作论述摘要》，中央文献
　　出版社2017年版。

中共中央宣传部：《习近平新时代中国特色社会主义思想三十讲》，学

习出版社 2018 年版。

本书编写组：《习近平总书记教育重要论述讲义》，高等教育出版社 2020
年版。

胡锦涛：《坚定不移沿着中国特色社会主义道路前进　为全面建成小康
社会而奋斗——在中国共产党第十八次全国代表大会上的报告》，
《人民日报》2012 年 11 月 18 日。

习近平：《决胜全面建成小康社会　夺取新时代中国特色社会主义伟大
胜利——在中国共产党第十九次全国代表大会上的报告》，《人民日
报》2017 年 10 月 28 日。

习近平：《在实现中国梦的生动实践中放飞青春梦想　在为人民利益的
不懈奋斗中书写人生华章——在同各界优秀青年代表座谈会上的讲
话》，《人民日报》2013 年 5 月 5 日。

习近平：《把培育和弘扬社会主义核心价值观作为凝魂聚气强基固本的
基础工程》，《人民日报》2014 年 2 月 26 日。

习近平：《青年要自觉践行社会主义核心价值观——在北京大学师生座
谈会上的讲话》，《人民日报》2014 年 5 月 5 日。

习近平：《在知识分子、劳动模范、青年代表座谈会上的讲话》，《人民
日报》2016 年 4 月 27 日。

习近平：《把思想政治工作贯穿教育教学全过程　开创我国高等教育事
业发展新局面》，《人民日报》2016 年 12 月 9 日。

习近平：《坚持中国特色社会主义教育发展道路　培养德智体美劳全面
发展的社会主义建设者和接班人》，《人民日报》2018 年 9 月 11 日。

习近平：《在纪念五四运动 100 周年大会上的讲话》，《人民日报》2019
年 5 月 1 日。

习近平：《坚持中国特色世界一流大学建设目标方向　为服务国家富强
民族复兴人民幸福贡献力量》，《人民日报》2021 年 4 月 20 日。

习近平：《在庆祝中国共产党成立 100 周年大会上的讲话》，《人民日

报》2021 年 7 月 2 日。

《关于培育践行社会主义核心价值观的意见》，《人民日报》2013 年 12
　　月 24 日。

《新时代公民道德建设实施纲要》，《人民日报》2019 年 10 月 28 日。

《关于实施中华优秀传统文化传承发展工程的意见》，《人民日报》2017
　　年 1 月 26 日。

《关于加强和改进新形势下高校思想政治工作的意见》，《人民日报》
　　2017 年 2 月 28 日。

《新时代爱国主义教育实施纲要》，《人民日报》2019 年 11 月 13 日。

《关于新时代加强和改进思想政治工作的意见》，《人民日报》2021 年 7
　　月 13 日。

二　学术著作

陈琦、刘儒德：《当代教育心理学》，北京师范大学出版社 2002 年版。

李德顺、马俊峰：《价值论原理》，陕西人民出版社 2002 年版。

谢军：《责任论》，上海世纪出版集团 2007 年版。

田秀云、白臣：《当代社会责任伦理》，人民出版社 2008 年版。

刘书林：《社会思潮与青年教育研究》，高等教育出版社 2010 年版。

江庆心：《人在世界中的位置及其责任》，中央编译出版社 2011 年版。

袁贵仁：《价值观的理论与实践——价值观若干问题的思考》，北京师
　　范大学出版社 2013 年版。

沙莲香：《社会心理学（第 4 版)》，中国人民大学出版社 2014 年版。

乌杰：《系统哲学基本原理》，人民出版社 2014 年版。

韩震总主编：《社会主义核心价值观·关键词》（丛书），中国人民大学
　　出版 2015 年版。

艾四林：《社会主义核心价值观与大学生思想政治教育研究》，中国文
　　史出版社 2015 年版。

高湘泽：《原义"责任伦理"纲要》，武汉大学出版社 2015 年版。

魏海苓：《责任与担当：大学生社会责任感养成机制研究》，知识产权
　　出版社 2016 年版。

陶培之：《当代中国大学社会责任研究》，苏州大学出版社 2016 年版。

包雅玮、程雪婷：《青年大学生社会责任感培育研究》，中国社会科学
　　出版社 2017 年版。

张明海：《社会主义核心价值观网络传播模式创新研究》，光明日报出
　　版社 2018 年版。

黄四林：《大学生社会责任感研究》，北京师范大学出版社 2019 年年版。

艾楚君：《新时代青年社会责任的理论与实践》，东北师范大学出版社
　　2019 年版。

杨晓华：《大学生社会责任感培育路径研究》，上海交通大学出版社
　　2020 年版。

冯刚等：《高校思想政治教育工作质量评价研究》，人民出版社 2020
　　年版。

冯刚、高山：《新时代高校思想政治教育治理论》，中国社会科学出版
　　社 2021 年版。

三　学术论文

刘云山：《着力培育和践行社会主义核心价值观》，《党建》2014 年第
　　2 期。

冯霞：《当代大学生社会责任感教育与培养研究》，《学术论坛》2009 年
　　第 2 期。

杨茹、丁云、阚和庆：《大学生社会责任感的内涵、理论基础及实现意
　　义探析》，《思想理论教育导刊》2012 年第 11 期。

魏进平、冯石岗：《大学生社会责任感的形成机理和提高策略》，《河北
　　师范大学学报（哲学社会科学版）》2013 年第 7 期。

张志伟：《当代大学生社会责任感内涵解析及其教育路径》，《思想理论教育》2014 年第 10 期。

黄蓉生、胡建军、崔健：《加强大学生社会主义核心价值观教育的多维思考》，《思想理论教育》2015 年第 6 期。

吴玲：《大学生社会责任感在和谐社会构建中的价值探究》，《教育探索》2014 年第 4 期。

王丽丽、张森林：《当代大学生社会主义核心价值观的构建策略》《东北师范大学学报〈哲学社会科学版〉》2014 年第 4 期。

李星：《实然语境与应然价值的双重变奏——大学生社会主义核心价值观之内化机理》，《当代青年研究》2014 年第 4 期。

唐亚阳、杨超：《社会主义核心价值观视域下当代大学生社会责任感培养研究》，《思想教育研究》2014 年第 6 期。

赵志勇、刁连成：《论新时期大学生社会责任感的价值及其构成》，《黑龙江高教研究》2014 年第 6 期。

邱伟光：《培育大学生社会主义核心价值观认同机制探析》，《思想政治课研究》2014 年第 6 期。

刘峰、宋悦：《大学生社会责任感问题探析》，《思想理论教育导刊》2014 年第 11 期。

方传安：《社会主义核心价值观视域下大学生社会责任感教育》，《思想理论教育导刊》2015 年第 8 期。

刘峰、刘佳：《基于大学生社会责任感培育的文化自觉论析》，《思想教育研究》2015 年第 9 期。

魏进平、刘雪娟、薛玲：《我国大学生社会责任感现状及影响因素研究——基于东部十一所高校的调查》，《社会科学论坛》2015 年第 9 期。

韩雅丽：《社会主义核心价值观视域下大学生社会责任感培育路径探析》，《国家教育行政学院学报》2015 年第 12 期。

马新民、顾友仁：《大学生社会主义核心价值观教育的二维视界》，《学术论坛》2016 年第 2 期。

雷燕：《学生社会责任感教育中的问题与对策》，《教育与管理》2016 年第 9 期。

赵永明等：《社会主义核心价值观视域下"00"后大学生社会责任感培育论略》，《淮南师范学院学报》2016 年第 3 期。

徐烈：《大学生社会责任感的价值、属性与培养策略》，《思想理论教育》2016 年第 4 期。

朱磊：《当代大学生社会责任状况调查研究与思考》，《湖北社会科学》2016 年第 6 期。

刘兴华：《大学生核心价值观生成机理与培育机制探究》，《思想政治教育研究》2016 年第 6 期。

马建青、陈曾燕：《习近平关于青年社会责任的重要论述解析》，《毛泽东邓小平理论研究》2016 年第 10 期。

熊超：《中国当代大学生社会责任感研究的反思》，《陕西社会科学》2016 年第 12 期。

陈树文、蒋永发：《红色文化在大学生社会责任感培养中的价值与实现》，《思想教育研究》2017 年第 1 期。

侯锡铭：《立德树人视角下的大学生社会责任感》，《中国青年社会科学》2017 年第 2 期。

靳玉乐、廖婧茜：《儒家责任论视域下的大学生社会责任感培养》，《现代大学教育》2017 年第 5 期。

陶利江：《社会主义核心价值观融入日常生活的逻辑理论》，《中共浙江省委党校学报》2017 年第 5 期。

胡建、刘惠：《大学生社会主义核心价值观认同建构的阶段性分析》，《思想理论教育导刊》2017 年第 8 期。

方晓春：《社会主义核心价值观与马克思主义价值理论的逻辑关系》，

《毛泽东思想》2018 年第 1 期。

季国平、王永贵：《论大学生社会责任感意识形态话语权构建》，《广西社会科学》2018 年第 1 期。

陈树文、林柏成：《新时代做好大学生社会责任感培育工作的四个维度》，《思想理论教育导刊》2018 年第 2 期。

周明星：《大学生社会责任感培养的五个维度研究》，《思想政治教育研究》2018 年第 6 期。

吕剑新：《基于 CIPP 评价模式的社会责任感培育要素分析》，《统计与决策》2018 年第 5 期。

谈传生：《习近平奋斗观的思想内涵、理论渊源与价值意蕴》，《湖湘论坛》2018 年第 6 期。

崔成前：《基于核心价值观的大学生社会责任感培养路径研究》，《江苏高教》2018 年第 8 期。

王振宇：《新时代少数民族大学生社会责任感培育路径探究》，《贵州民族研究》2018 年第 9 期。

佟斐：《以优秀传统文化滋养社会主义核心价值观的几点思考》，《中南民族大学学报（人文社会科学版）》2019 年第 6 期。

王雅瑞、曲建武：《把握好大学生社会主义核心价值观教育的"三个维度"》，《思想理论教育导刊》2019 年第 10 期。

胡圣知：《大学生社会责任感培育刍议》，《学校党建与思想教育》2019 年第 16 期。

周子杰：《当代大学生价值观的缺失和塑造》，《人民论坛》2019 年第 30 期。

郭丹、郑永安：《情绪智力对大学生社会责任感的影响研究》，《高教探索》2020 年第 2 期。

徐晓滢、李艳：《构建大学生社会主义核心价值观的三维认知架构》，《中国高等教育》2020 年第 2 期。

陶金花：《他律与自律：大学生责任感教育的路径》，《学校党建与思想教育》2020 年第 19 期。

王白云：《新时代大学生社会责任感教育的新图景》，《江苏高教》2021 年第 1 期。

项久雨、欧丹：《马克思主义视域下"四史"教育的价值逻辑与深刻意蕴》，《马克思主义理论学科研究》2021 年第 7 期。

艾楚君、宋新：《大学生社会责任感生成机理及培育路径研究》，《湖南科技大学学报（社会科学版)》2017 年第 1 期。

艾楚君、焦浩源：《理想、本领、担当：逻辑关联、价值意蕴及实现路径》，《长沙理工大学学报（社会科学版)》2018 年第 3 期。

艾楚君、焦浩源、宋新：《大学生社会责任感的时代内涵及其培育路径——基于 60 位全国大学生年度人物先进事迹的文本分析》，《思想理论教育》2018 年第 8 期。

艾楚君：《习近平青年责任观论析》，《湖湘论坛》2019 年第 3 期。

艾楚君、焦浩源：《试论高校思想政治教育协同机制的构建》，《思想教育研究》2019 年第 6 期。

艾楚君、谈传生、焦浩源：《新时代五四精神的价值内涵及传承路径》，《中国地质大学学报（社会科学版)》2020 年第 6 期。

艾楚君、焦浩源、易锦：《新时代青年成长成才的基本遵循和道路选择》，《中国青年研究》2021 年第 4 期。

艾楚君、胡景谱：《试论"主题式教育"融入大学生思想政治教育的优势及路径》，《思想政治教育理论导刊》2021 年第 4 期。

四　报刊类

刘奇葆：《在全社会大力培育和践行社会主义核心价值观》，《人民日报》2014 年 3 月 5 日。

河北省社会科学基金项目课题组：《不断增强大学生的社会责任感》，

《人民日报》2012年2月16日。

靳诺：《用梦想激励青年　用奋斗引导青年》，《中国教育报》2013年5月13日。

黄蓉生：《青年大学生思想政治教育的时代主题》，《光明日报》2013年7月2日。

贾凤姿：《用核心价值观培育当代大学生》，《人民日报》2014年1月6日。

刘贝贝、林建成：《培育大学生社会主义核心价值观认同的四个原则》，《人民日报》2014年7月16日。

黄蓉生：《积极引导青年学生树立社会主义核心价值观》，《光明日报》2014年7月30日。

李军林：《大学生社会主义核心价值观的培育践行路径》，《光明日报》2014年10月3日。

易畅：《大学生社会责任感的培育机制》，《光明日报》2014年10月22日。

李良荣、桂勇：《90后大学生紧握时代接力棒》，《人民日报》2015年4月30日。

王东维、胡建：《培养大学生社会责任感的三个维度》，《中国教育报》2016年9月9日。

秦龙：《百年大党与大国青年》，《光明日报》2021年5月4日。

韩喜平：《坚持马克思主义的问题导向》，《光明日报》2016年8月1日。

艾楚君：《提升青年社会责任感　谱写五四精神新篇章》，《湖南日报》2019年5月3日。

何绍辉：《以社会主义核心价值观滋养青年》，《人民日报》2019年7月13日。

骆郁廷：《强化青年社会责任　践行时代使命担当》，《中国社会科学报》2020年4月23日。

项久雨：《何谓中国信仰》，《学习时报》2020 年 8 月 24 日。

罗碧琼、唐松林：《推动社会主义核心价值观落地落实》，《人民日报》
2021 年 4 月 20 日。

周林：《推动社会主义核心价值观内化于心》，《中国社会科学报》2021
年 7 月 28 日。

艾楚君：《为推动构建人类命运共同体贡献青春力量》，《光明日报》
2021 年 8 月 31 日。

五　外文文献

1. Gough H G. , McClosky H. , Meehl P E. , "A Personality Scale for So-
cial Responsibility", *Journal of Abnormal and Social Psychology*, 1952,
47 (1).

2. James Yokley, "Social Responsibility Therapy for Harmful, Abusive Be-
havior", *Journal of Contemporary Psychotherapy*, 2010, 40 (2) .

Wray – Lake. L. , *The Development of Social Responsibility in Adolescence*:
Dynamic Socialization, *Values*, *and Action*, ph. D. , The Pennsylvania
State University, 2010.

3. Sofia Graziani. Between Chinese Youth and the Party: The Communist
Youth League's Revival and Adjustments in the Early Post – Mao Era. The
Journal of the European Association for Chinese Studies 2, 83 –
125, 2021.

4. Justin Wu. ACROSS THE GREAT DIVIDE: The Sent – Down Youth Move-
ment in Mao's China, 1968 – 1980. Pacific Affairs 94 (3), 596 –
598, 2021.

5. Shensi Yi. Brothers, Comrades or Competitors The Communist Party and
Youth League in Shanghai, 1925 – 1927. History 107 (374), 121 –
142, 2022.

6. Mathew YH Wong，Paul Vinod Khiatani，Wing Hong Chui. Understanding youth activism and radicalism：Chinese values and socialization. The Social Science Journal 56 （2），255 – 267，2019.

7. Sofia Graziani. May Fourth Youth Day From Yanan to the Early People's Republic：The Politics of Commemoration and the Discursive Construction of Youth. Twentieth – Century China 44 （2），237 – 252，2019.

后　记

本书是国家社科基金项目《社会主义核心价值观视域下大学生社会责任感培育机制研究》的结题成果。

由于长期耕耘在高校思想政治工作的第一线，我一直关注青年的成长成才。青年是祖国的未来，民族的希望，这是马克思主义政党关于青年地位作用话语表达中的价值遵循。今年恰逢中国共产主义青年团建团100周年，在党的领导下一代又一代青年始终与党同心、与人民同行、与时代同发展、与民族同命运，以深厚的家国情怀和强烈的责任担当，肩负起历史使命和社会责任，在我国革命、建设和改革的不同历史时期谱写了绚丽的青春篇章。新时代青年是实现第二个百年奋斗目标的先锋力量，大学生是青年中优秀群体，他们的社会责任感直接关乎到能否堪当民族复兴大任。引领新时代青年激发历史主动精神，增强历史自信，担当时代使命，本质上就是要培育他们的社会责任感。这既是落实立德树人根本任务的内在要求，也是需要思想政治工作者认真思考的重大问题。深入思考和研究大学生社会责任感，对落实十九届六中全会提出的"必须抓好后继有人这个根本大计"精神，为实现第二个百年奋斗目标而凝聚青年力量具有重大意义。

在本项目的研究过程中，课题组成员按照研究任务的分工任劳任怨、辛勤付出、一丝不苟，他们身上体现的严谨精神和学术旨趣常常令我感动。在研究过程中，学术前辈骆郁廷、项久雨、魏进平、余乃忠、梁建新、吴增礼、罗仲尤给予了我悉心的指导，邓治文、宋新、焦浩源、陈佳为实证调查研究做了大量工作，成黎明、杨果、汪华丽、刘怡、董治佑、胡景谱、黄文韬、刘阳等给予了我鼎力相助。在出版过程中，长沙理工大学马克思主义学院以及陈万球、张明海，中国社会科学出版社以及杨晓芳给予了大力支持和帮助。在此，一并表示衷心的感谢。

本书借鉴了前人和同仁们的研究成果，尽量在引注中标明，但难免挂一漏万，敬乞原谅和衷心致谢。

今年星城长沙的春天姗姗来迟，两场白雪翩然而至。整理完本书稿，正值阳光灿烂、春暖花开。不禁口占四句：

又见鹅黄上柳枝，江南累雪复苏迟。

晚春总有桃花景，留得韶华尽在诗。

又记起三年前获批研究项目时，辗转难眠有些欣喜和激动，也曾涂鸦过小诗二首，一并附上。敬请读者朋友们批评指正。

其一

搜肠刮肚遂成文，料是经年倍煞神。

黉舍几多朝北望，榜单一示遣谜云。

蹙眉既展勤修劣，案简重开典对坟。

痛饮春花秋月酒，陈思才调拟同抡。

其二

字裹艰辛计六千，穷经究义案台前。

几从儒士谈高阔，屡饰笺牍喜雅言。

鸿宝书中寻秘术，黉宫门里忌江淹。

终期卷帙丹青溢，养晦韬光再续篇。

二〇二二年三月